精益自主

Flow Kaizen
流动改善

多品种小批量趋势下的精益落地之道

周彬彬 陈亮 肖松敏 编著

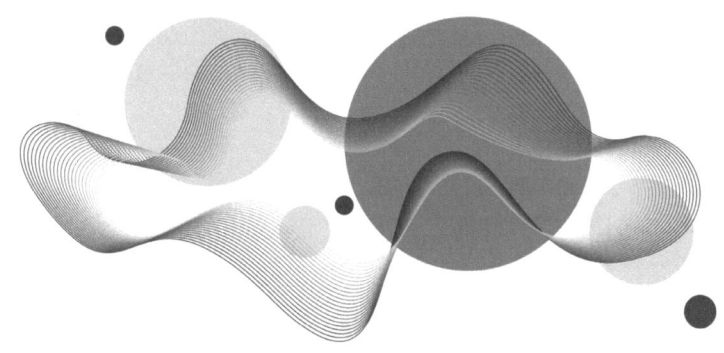

机械工业出版社
CHINA MACHINE PRESS

客户对产品需求的多样性越来越明显，多品种、小批量、定制化生产成为一种趋势，适应这一趋势的精益流动改善管理方法正在逐渐成熟。

本书作者专研流动改善方法，通过布局设计、成套工装、快速换型等促进产线的生产流动；通过顺序线边、成套超市、水蜘蛛设计等促进内部物流流动；通过识别问题、解决问题和管理问题，促进问题解决流动；通过精益班组、人才培养、点灯工程等，促进日常管理流动。本书是这些流动改善方法和落地措施的实践性总结。

本书适合进行多品种、小批量、定制化产品生产的制造型企业的生产管理人员、物流人员、精益推进者在工作中阅读使用。

图书在版编目（CIP）数据

流动改善：多品种小批量趋势下的精益落地之道 / 周彬彬，陈亮，肖松敏编著. -- 北京：机械工业出版社，2025.7. -- (精益自主研实战系列教程). -- ISBN 978-7-111-78562-0

Ⅰ. F407.406.2

中国国家版本馆CIP数据核字第2025P9X078号

机械工业出版社（北京市百万庄大街22号　邮政编码100037）
策划编辑：李万宇　　　　责任编辑：李万宇　单元花
责任校对：潘　蕊　张亚楠　封面设计：马精明
责任印制：单爱军
北京华宇信诺印刷有限公司印刷
2025年8月第1版第1次印刷
169mm×239mm・14.5印张・271千字
标准书号：ISBN 978-7-111-78562-0
定价：69.00元

电话服务　　　　　　　　网络服务
客服电话：010-88361066　机　工　官　网：www.cmpbook.com
　　　　　010-88379833　机　工　官　博：weibo.com/cmp1952
　　　　　010-68326294　金　书　网：www.golden-book.com
封底无防伪标均为盗版　　机工教育服务网：www.cmpedu.com

贯穿始终的思考

我们所做的，其实就是注意从接到客户订单到向客户收账期间的作业时间，消除其中不能创造价值的浪费，以缩短作业周期。

All we are doing is looking at the time line from the moment the customer gives us an order to the point when we collect the cash. And we are reducing that time line by removing the nonvalue-added wastes.

大野耐一（Taiichi Ohno）

让流动驱动管理，而不是让管理限制流动。

Let the flow manage the processes, and do not let management interfere with the flow.

今井正明（Masaaki Imai）

前　言

流动改善，落地为王

随着社会和市场的发展，客户需求的多样性也越来越明显，从传统的福特黑色 T 型车大批量生产，到丰田的柔性化、均衡化生产，以及各行各业涌现的单元线、脉动线等，生产方式也在发生变化。多品种、小批量、定制化成为一种趋势，适应这一趋势的精益流动生产体系也在探索和成熟中。

流动，是精益生产追求的目标，是精益成熟度的重要体现。对于多品种、小批量、定制化产品而言更是如此，客户希望在更短的时间内获得所需的产品。在管理者的核心指标中，质量（Quality，Q）、成本（Cost，C）、交付（Delivery，D）是最核心的三个指标，通常顺序也是质量第一、成本第二、交付第三。多品种、小批量、定制化产品的管理者往往会将质量和成本放在心里而将交付挂在嘴边。准时化（Just In Time，JIT）交付是这类产品追求的目标，而流动是实现准时化目标的最佳途径：通过布局设计、成套工装、快速换型等促进产线的生产流动；通过顺序线边、成套超市、水蜘蛛设计等促进内部物流流动；通过识别问题、解决问题和管理问题，促进问题解决流动；通过精益班组、人才培养、点灯工程等，促进日常管理流动。

落地，是精益管理者和推进者追求的目标，是精益实践的根本要求。精益工具的获取相对容易，但在工厂中的落地往往很难。真正通过精益获得成功的企业并不多，真正"知其然、知其所以然"的管理者不多，以及"授之以鱼、授之以渔"的推进者和咨询顾问也不多。如何让精益的工具和思维在企业中落地运行，并不断适应和优化，是每一个管理者和精益推进者要思考的课题。

本书命名《流动改善：多品种小批量趋势下的精益落地之道》，有三个方面的含义：①将内容重点放在流动改善上，促使产线生产流动、内部物流流动、问题解决流动、价值流流动和日常管理流动，因为只有流动起来，才能实现交付周期最短、质量最高、成本最低；②将范围聚焦在多品种、小批量、定制化的产品上，以适应市场和行业发展趋势；③将方向强调在落地上，因为促进流动的工具和思维有很多，但真正落地运行其实并不容易。笔者从事精益咨询近

15年，在丰富实践的基础上精选多种流动工具与系统，从推进和实施的角度展开讲解，更有利于读者学习和落地运用。

"流动改善，落地为王"，希望本书能对相关从业者有所帮助。

最后声明，本书的观点并非全部出自笔者，而是把精益前辈和同仁所领悟的理论和思想，把服务过的众多企业所用的工具和思维，进行了系统梳理和总结，在此向精益前辈和所引用企业致敬，并表示感谢。由于时间和能力有限，难免有不足之处，我将继续反省和完善。

周彬彬

目 录

前言　流动改善，落地为王

第1章　流动改善落地之道概述 ·· 1
   1.1　多品种、小批量、定制化产品的生产特征 ···························· 1
   1.2　多品种、小批量、定制化产品在生产中的常见问题 ················ 2
   1.3　多品种、小批量、定制化产品流动改善模型 ························ 4
      第1章小结　把握趋势，系统推进 ·· 5

第2章　产线生产流动落地之道 ··· 6
   2.1　产线生产流动概述 ·· 6
      2.1.1　需要生产流动改善的典型现象 ····································· 6
      2.1.2　产线生产流动高效工具介绍 ······································· 6
   2.2　布局设计 ·· 8
      2.2.1　广义的布局设计阶段划分 ·· 8
      2.2.2　布局设计的目标与原则 ·· 13
      2.2.3　常见的布局形态 ·· 17
      2.2.4　布局设计的输入与输出 ·· 20
      2.2.5　布局设计的落地之道 ··· 26
   2.3　成套工装 ·· 30
      2.3.1　生活中的成套 ··· 31
      2.3.2　成套的优缺点分析 ··· 32
      2.3.3　物料工装的成套程度 ··· 33
      2.3.4　成套工装的设计步骤 ··· 34
   2.4　快速换型 ·· 37
      2.4.1　快速换型的含义 ·· 37
      2.4.2　快速换型的步骤 ·· 38
      2.4.3　快速换型的延伸运用 ··· 41
      第2章小结　流动改善，落地为王 ······································ 42

第3章　内部物流流动落地之道 ··· **44**

- 3.1 内部物流流动概述 ········· 44
  - 3.1.1 需要内部物流改善的典型现象 ········· 44
  - 3.1.2 内部物流流动高效工具介绍 ········· 45
- 3.2 顺序线边 ········· 46
  - 3.2.1 线边设计的原则 ········· 47
  - 3.2.2 看板形式和顺序形式的对比 ········· 48
  - 3.2.3 顺序线边的适合情形 ········· 48
  - 3.2.4 顺序线边的使用方式和相关计算 ········· 49
  - 3.2.5 顺序线边的设计步骤 ········· 50
- 3.3 成套超市 ········· 51
  - 3.3.1 成套超市的特点 ········· 52
  - 3.3.2 成套预警 ········· 53
  - 3.3.3 成套超市布局设计 ········· 54
  - 3.3.4 成套配备 ········· 55
  - 3.3.5 自动化成套超市 ········· 56
- 3.4 水蜘蛛设计 ········· 57
  - 3.4.1 水蜘蛛概述 ········· 57
  - 3.4.2 水蜘蛛标准作业 ········· 59
  - 3.4.3 水蜘蛛设计步骤 ········· 60
  - 3.4.4 AGV 形式的水蜘蛛 ········· 65
- 第 3 章小结 兵马未动,粮草先行 ········· 67

第 4 章 问题解决流动落地之道 **68**
- 4.1 问题解决流动概述 ········· 68
  - 4.1.1 需要问题解决流动改善的典型现象 ········· 68
  - 4.1.2 问题解决流动高效工具介绍 ········· 69
  - 4.1.3 问题解决流动的内涵 ········· 70
- 4.2 识别问题工具集 ········· 71
  - 4.2.1 大野耐一圈 ········· 72
  - 4.2.2 小时控制板 ········· 73
  - 4.2.3 数据体系 ········· 74
- 4.3 解决问题工具集 ········· 78
  - 4.3.1 三级会议 ········· 79
  - 4.3.2 改善周与微型改善周 ········· 83
  - 4.3.3 月光工作室 ········· 89

流动改善：多品种小批量趋势下的精益落地之道

  4.4 管理问题工具集 ·· 91
    4.4.1 班组管理区 ·· 91
    4.4.2 快反会议室 ·· 92
    4.4.3 项目管理作战室 ··· 93
  第 4 章小结 识别浪费，消除浪费 ·· 104

第 5 章 价值流流动落地之道 ·· **105**
  5.1 价值流流动概述 ·· 105
    5.1.1 需要价值流流动改善的典型现象 ·· 105
    5.1.2 价值流流动高效工具介绍 ··· 106
    5.1.3 价值流流动改善输出 ·· 108
  5.2 价值流分析概述 ·· 108
    5.2.1 什么是价值流分析 ··· 108
    5.2.2 绘制价值流图的特点 ·· 109
    5.2.3 价值流分析内容与工具 ··· 110
    5.2.4 价值流分析步骤 ·· 111
  5.3 价值流规划 ·· 114
    5.3.1 从问题池到项目池 ··· 114
    5.3.2 项目立项与主计划制订 ··· 118
    5.3.3 价值流项目开展思路提炼 ··· 125
    5.3.4 价值流分析与规划活动要点 ··· 128
  5.4 价值流管理 ·· 130
    5.4.1 项目管理作战室概述 ·· 130
    5.4.2 项目管理作战室的作用 ··· 132
    5.4.3 价值流项目管理作战室的内容 ·· 134
    5.4.4 价值流项目管理作战室布局设计 ·· 138
  第 5 章小结 运筹帷幄，系统规划 ·· 139

第 6 章 日常管理流动落地之道 ·· **140**
  6.1 日常管理流动概述 ·· 140
    6.1.1 需要日常管理流动改善的典型现象 ··· 140
    6.1.2 日常管理流动高效工具介绍 ··· 140
  6.2 精益班组 ··· 142
    6.2.1 精益班组管理内容 ··· 142
    6.2.2 精益班组管理逻辑 ··· 143
    6.2.3 星级班组认证体系 ··· 146

         6.2.4　班组管理蜕变历程 ·· 150
         6.2.5　班组管理落地实践心得 ··· 160
   6.3　精益人才培养 ··· 162
         6.3.1　精益带级课程体系 ·· 162
         6.3.2　课程开展方式 ·· 164
         6.3.3　精益线上课程体系 ·· 167
         6.3.4　精益内训师 ··· 168
         6.3.5　精益线上训练营 ··· 171
   6.4　点灯工程 ·· 173
         6.4.1　系列文化建设活动 ·· 173
         6.4.2　精益沙龙分享会 ··· 177
         6.4.3　精益工作法 ··· 177
   第6章小结　构筑基石，构建灵魂 ··· 181

第7章　流动的最低要求落地之道 ··· **183**
   7.1　流动的最低要求改善概述 ·· 183
         7.1.1　需要流动的最低要求改善的典型现象 ···································· 183
         7.1.2　流动的最低要求改善工具介绍 ··· 184
   7.2　5S落地之道 ·· 184
         7.2.1　5S认证体系概述 ·· 184
         7.2.2　5S铜牌认证流程 ·· 185
         7.2.3　5S铜牌认证开展步骤 ··· 186
   7.3　目视化落地之道 ·· 190
         7.3.1　目视化改善概述 ··· 190
         7.3.2　目视化标准手册 ··· 191
         7.3.3　目视化改善实践心得 ·· 192
   7.4　标准化落地之道 ·· 194
         7.4.1　分层审核概述 ·· 194
         7.4.2　分层审核改善步骤 ·· 195
         7.4.3　分层审核落地要点 ·· 199
   第7章小结　打好地基，筑牢长堤 ··· 200

第8章　精益思维落地之道 ·· **201**
   8.1　精益思维概述 ··· 202
         8.1.1　管理的定义 ·· 202
         8.1.2　两种思维与两种循环 ·· 202

8.2 Gemba Walk 思维 ·· 203
8.2.1 Gemba Walk 的要素与目的 ····················· 203
8.2.2 Gemba Walk 的核心理念 ·························· 204
8.2.3 Gemba Walk 案例 ·································· 205
8.3 Obeya 思维 ··· 208
8.3.1 Obeya 思维的核心理念 ·························· 209
8.3.2 Obeya 案例 ·· 210
第 8 章小结 守破离，从招式到心法 ·························· 218

后记 ··· **219**

第 1 章

流动改善落地之道概述

我们都已熟知精益来自丰田公司，起源于丰田佐吉对织布机的自动化研究，发展并成熟于丰田汽车的准时化生产，至今丰田汽车依然是精益的标杆。但是，如今的汽车生产早已不是传统的批量生产，而是柔性化生产，一条总装线上会同时生产多种车型。在各行各业，为了满足日益强烈的个性化需求，生产方式都在发生变化，从高速度、大批量的流水线，转向柔性化方向发展，出现了单元线、脉动线、工作站等不同的生产方式。本书基于多品种、小批量、定制化的发展趋势，结合笔者近年来咨询项目的实战经验，与读者分享这种趋势下的精益落地之道。

本章将整体介绍多品种、小批量、定制化产品的特征，总结这类产品在生产及管理中常见的问题，分享适合这些特征的流动改善模型，并稍微细化这一改善模型，讲解各模块的适应条件和开展内容，整体概述后续章节内容。

1.1 多品种、小批量、定制化产品的生产特征

顾名思义，多品种、小批量、定制化产品是指在特定的市场需求下，产品的品种多但需求量较少的产品。相较于传统的大批量产品而言，这类产品通常具有以下特征：

1）型号多、数量少。这是首要特征，基于客户需求，产品型号多，但需求数量较少，某些定制化或科研型产品甚至只有一个。

2）流程范围广。从商务接单开始，就需要有针对性地进行设计，包括前期技术、设计、采购、生产、质量、物流，一直到售后的产品服务或者收款，甚至可能覆盖产品的整个生命周期。

3）交付周期长。因为流程范围广，以及具有过程变更等不可控因素，这类产品的交付周期较批量产品要长很多。

4）库存较少。由于客户需求型号和数量的不确定性，通常这类产品的成品库存较少或者没有，以减少呆滞风险和资金占用。

5）流程中的异常更多。客户需求不明确、各种变更、部门间的协同、工艺的不成熟、物料的定制化、供应商的不稳定等，都会导致在交付周期内的异常更多。

1.2 多品种、小批量、定制化产品在生产中的常见问题

针对1.1节中介绍的产品特征，笔者结合实践经验，从不同的角度总结、归纳了多品种、小批量、定制化产品在生产中的一些常见问题。

1. 产品交付的角度

从产品交付的角度，会出现"交付延迟，成本增加"问题。如果在整个价值流中没有好的过程管理和改善，就会存在生产效率低、返工返修多、安全隐患多、团队士气低等问题，导致交付延迟、成本增加。极端情况下还会导致客户投诉、付款延迟等，最后客户会不再合作，不再续单。

2. 团队成员的角度

从团队成员的角度，会出现"家家有本难念的经，各种抱怨"问题。从员工角度，来源多头、不知道轻重缓急、临时任务太多、让员工自己协调资源、能者多劳但不多得等，导致员工缺乏积极性。从部门角度，对员工的任务不清楚、上级领导直接安排任务、人员技能不足、项目人员考核难等，导致部门工作氛围不佳。从管理者的角度，对进度不能及时了解、各工序都在争夺资源、缺乏考核标准、各种扯皮等，导致工作无法顺畅开展。

特别是项目经理或价值流经理，在人、机、料、法、环，设计、采购、质量、计划、生产，客户供应商上下游等方面，各种协调，疲于应付。图1-1为价值流经理状态示意图，虽然有些夸张，但确实是很多价值流经理的真实处境。

3. 精益工具与系统的角度

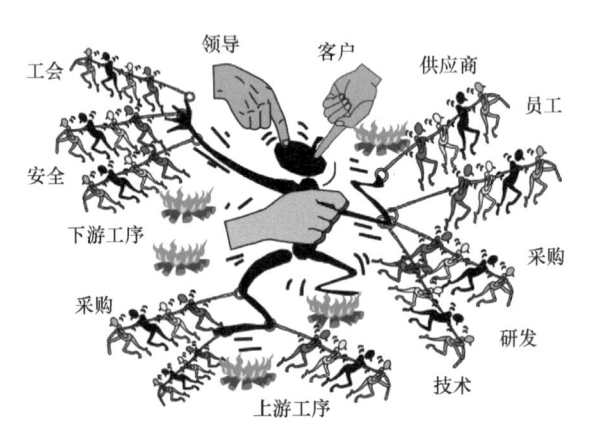

图1-1 价值流经理状态示意图

从精益工具与系统的角度，会出现"仅用工具而不知系统"问题。在成熟的精益环境或者在批量生产环境中，由于生产批量大，精益工具本身的运用就可以发挥较好的作用，但在

多品种、小批量生产环境中，单个工具的作用有限，看似在推行精益工具，但往往达不到预期的效果。例如，线边设计，如果没有从容器、超市、水蜘蛛等方面系统设计，线边很难发挥作用；再如项目型改善，在进行项目改善的同时，也一定要开展日常改善和支持改善，才能维持效果。应注意的是，需要将零散的工具进行系统整合，从整个价值流的角度运用，才能发挥更大作用。图1-2为精益从工具层面到系统层面的运用示意图。

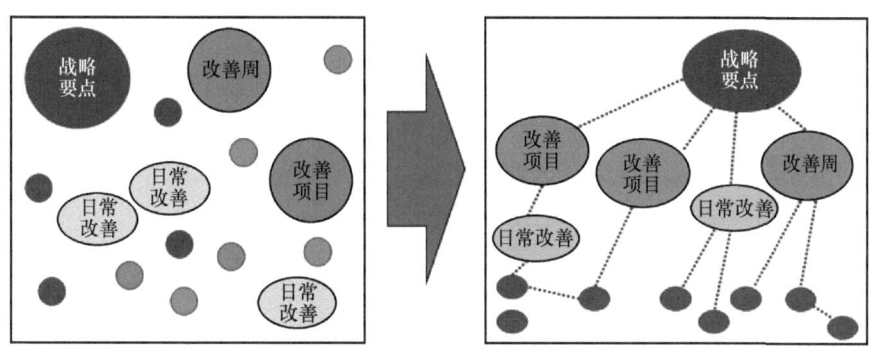

图1-2 精益从工具层面到系统层面的运用示意图

4. 精益思维的角度

从精益思维的角度，会出现"不理解精益工具背后的精益思维"问题。精益工具和系统看似很简单，在成熟生产和批量生产中也可以运用，但在多品种小批量生产环境中，仅用工具是不够的，还需要活学活用精益思维。在每一个精益工具的背后都有精益思维，就像冰山一角一样，看得见的是露出水面的工具，看不见的、更重要的是隐藏在水面之下的思维，如图1-3所示。只有深入理解工具背后的思维，才能更好地运用精益工具。

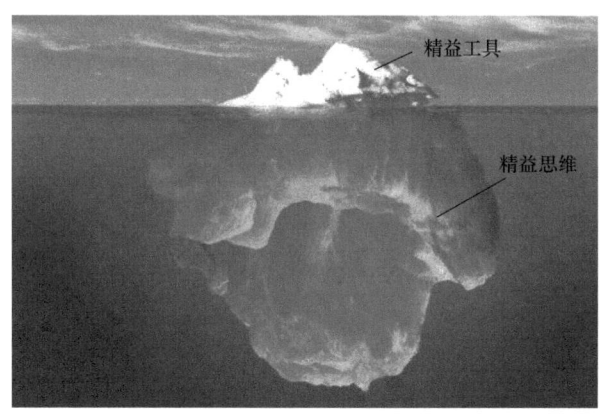

图1-3 精益工具是冰山一角

1.3 多品种、小批量、定制化产品流动改善模型

精益追求的目标是通过识别与消除浪费，提高质量、降低成本和缩短交付周期。特别是交付周期，大野耐一说："我们所做的，其实就是注意从接到客户订单到向客户收账期间的作业时间，消除其中不能创造价值的浪费，以缩短作业周期。"笔者将其作为全书贯穿始终的思维方式，体现出对消除浪费这一手段和缩短周期这一目标的高度重视。

多品种、小批量、定制化产品的流动改善，坚持在整个价值流中不断识别浪费，从接近客户的定拍工序开始，利用精益工具不断消除、减少和转移浪费，同时期望在供应链上进行同样的改善工作，形成供应链上的精益企业，缩短整个供应链周期。图1-4为供应链上的浪费消除与推进示意图。

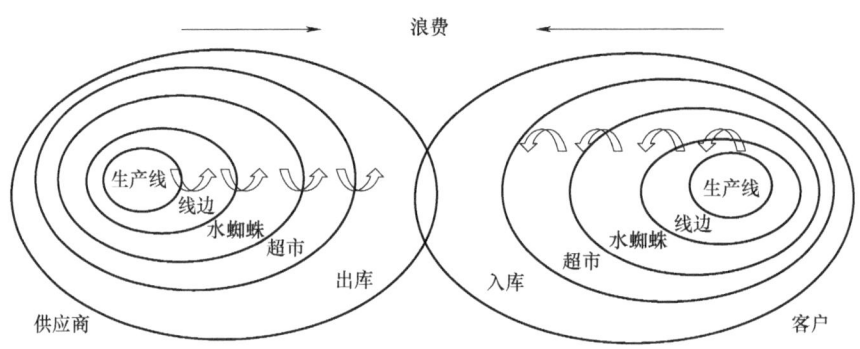

图1-4 供应链上的浪费消除与推进示意图

笔者基于精益原则、精益工具和精益系统，以及多年的咨询实践，借鉴丰田精益屋的方式，设计了多品种、小批量、定制化产品的流动改善模型。模型分为产线生产流动、内部物流流动、问题解决流动、价值流流动、日常管理流动五种流动，以及流动的最低要求、精益思维七个模块，每个模块包含三个工具或工具集，如图1-5所示。

1）屋顶是目标：以提升核心绩效QCD为引领，通过流程暴露问题、通过人解决问题，形成全面流动的生产体系。

2）横梁是管控：承接战略部署规划，在整个价值流中识别浪费、消除浪费，开展价值流分析、规划和管理，促进整个价值流的流动。

3）支柱是过程能力：利用高效精益工具和方法，由内而外、自上而下地开展改善工作，不断促进产线生产流动、内部物流流动和问题解决流动，不断提升过程能力，柔性生产、加速交付，满足客户定制化需求。

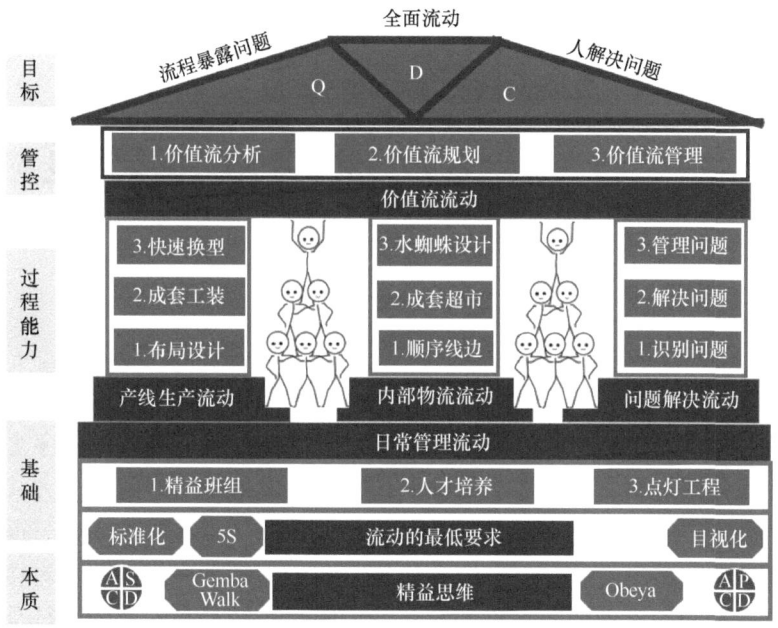

图1-5 多品种、小批量、定制化产品的流动改善模型

4)地基是基础：不断开展班组能力建设、人才培养和点灯工程活动，创造改善氛围、培养改善文化；不断开展5S、目视化和标准化这三类基础改善，打好流动改善的基础。

5)土壤是本质：精益工具是形，精益思维是神，通过各种工具的运用体会背后的精益思维，再反过来更有效地运用工具，达到形神兼备的水平，在肥沃的土壤里埋下改善的种子。

第1章小结　把握趋势，系统推进

本章介绍了多品种、小批量、定制化产品的生产特征，重点从产品本身、团队成员、精益系统和精益思维等不同角度，总结常见问题，引出流动改善的需求。借用丰田精益屋的方式，以屋顶为目标、横梁为管控、支柱为过程能力、地基为基础、土壤为本质，搭建了一个更适合多品种、小批量、定制化产品的流动改善模型。模型整合了工具，更体现了工具间的逻辑关系和工具背后的精益思维。在后续章节中，将以此模型为基础，逐步展开详细讲解，读者也可以以此模型为基础，搭建自己的流动改善模型，开启流动改善之旅。

第 2 章 产线生产流动落地之道

产线生产流动也称为单件流生产，是指产品在产线上的各个工序之间以单件或小批量连续流动，无停滞、无堆积，直至完成最终工序的生产方式。这种生产方式要求产线的每个环节都能够同步作业，以减少在制品库存、提高生产效率和快速响应市场变化。生产流动的核心在于实现工序间的无缝对接，使产品在生产过程中的流动如同水流一般顺畅无阻。产线本身的良好运行是改善的体现、柔性的体现，也是流动的体现。

在现代制造业中，生产流动情况已成为衡量企业生产管理水平的重要指标之一。本章将结合咨询实践，详细介绍产线生产流动改善的三个工具，即布局设计、成套工装和快速换型，帮助大家逐步掌握流动改善的步骤和方法，实现产线生产流动的落地。

2.1 产线生产流动概述

2.1.1 需要生产流动改善的典型现象

当生产现场存在以下现象时，说明需要进行产线生产流动的相关改善：
1) 员工忙闲不一，寻找、走动、等待等动作浪费较明显。
2) 现场在制品多，各种物料等占满空间，员工经常抱怨空间不足。
3) 现场有较多的物料、工装工具，但经常发生缺料、找不到工具等情况。
4) 换型时间长，员工抱怨紧急换型、临时插单等影响计划工作。
5) 计划完成率低、质量问题频发、员工士气低落……

2.1.2 产线生产流动高效工具介绍

当生产现场存在一种或多种 2.1.1 节所述现象时，推荐使用以下三个高效工具。

1. 布局设计

根据产品的特点设计与之对应的产线布局方式。设计内容包括产线布局（流水线、单元线、脉动线、工作站等）、整体布局（产线、各功能区）和标准作业（工位平衡、低成本自动化等）。布局设计是流动改善的重要一步，会引发其他工具的运用。图 2-1 为布局设计案例，左图为 U 形单元线布局案例，右图为工作站布局案例。

图 2-1 布局设计案例

2. 成套工装

对工装进行成套设计以适应成套存储、配备和配送的需求。设计内容包括：物料、工具相关基础数据的收集、整理；物料成套工装的设计、制作与使用；工具等其他工装的成套设计、制作与使用等。成套工装是多品种、小批量、定制化产品生产的典型特征之一。图 2-2 为成套工装案例，强调的关键点是成套。

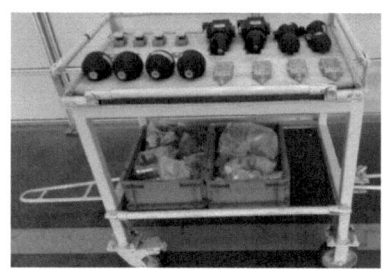

图 2-2 成套工装案例

3. 快速换型

快速换型是指快速地从一种型号切换成另一种型号，减少时间浪费。快速换型是典型的精益工具，可以反复使用，利用五步法不断减少换型时间、增加产线或设备产能，适应多品种、小批量生产对换型的需求，也是实现柔性的有效工具。图 2-3 为快速换型工装案例，利用快速换型工装可减少内部工作。

流动改善：多品种小批量趋势下的精益落地之道

图 2-3　快速换型工装案例

💡 2.2　布局设计

在图 1-5 所示的多品种、小批量、定制化产品的流动改善模型中，产线生产流动模块排在第一位，而在产线生产流动模块中，布局设计又排在第一位，是流动改善中应首先开展的内容：一方面，产线中很多浪费是由于不合理的布局造成的，改变布局能从根源上减少或消除浪费；另一方面，布局改善能引起其他改善，如标准作业、线边设计、超市设计、班组管理设计等内容。更重要的是，布局设计需要从宏观需求出发分析整体价值流的情况，这也为后续其他工具改善提供了基础。

典型的布局设计方法论有系统性布局规划（Systematic Layout Planning，SLP）、生产准备流程（Production Preparation Process，3P）等，本书不会深入介绍某种布局设计的方法论，而是针对多品种、小批量、定制化产品的布局特点进行介绍，这是布局设计方法论的核心内容，也是近年来实践经验的提炼总结。

2.2.1　广义的布局设计阶段划分

布局改变会驱动流动方式改变，也自然而然地会引起物流方式、管理方式改变，牵一发而动全身，因此广义的布局设计不仅包含产线布局设计和整体布局设计，也包含物流设计、管理设计、生产准备、试产跟进等一系列相关设计。广义的布局设计从项目启动到生产运行一般分为八个阶段：

阶段一：项目启动

项目启动包括成立团队、开展前期培训、确定里程碑计划等内容。项目启动阶段的核心输出是项目团队架构和里程碑计划。表 2-1 所示为布局设计项目里程碑计划，表的左侧内容为八个阶段的展开及关键输出物，右侧为以周为单位的时间轴及里程碑节点，把里程碑计划作为主计划，不断细化分解。

表 2-1 布局设计项目里程碑计划

阶段二：项目规划及目标设定

项目规划及目标设定包括深入的价值流分析、设计目标和项目管理等内容。第二阶段的核心输出是项目作战室、项目主计划、项目目标、价值流现状图。项目作战室是各种输出的呈现载体，是后续团队活动的根据地。图 2-4 为某布局设计项目作战室案例。关于作战室在后文有详细讲解。

图 2-4　某布局设计项目作战室案例

阶段三：整体布局设计

整体布局设计包括整体布局设计、功能区设计，以及月光工程等。这一阶段的关键输出有整体布局图、功能区清单、缩小版模型和改善清单。图 2-5 所示为某项目整体布局缩小版模型，将平面布局图立体化，更直观呈现布局设计方案，不断进行模拟，快速识别问题。

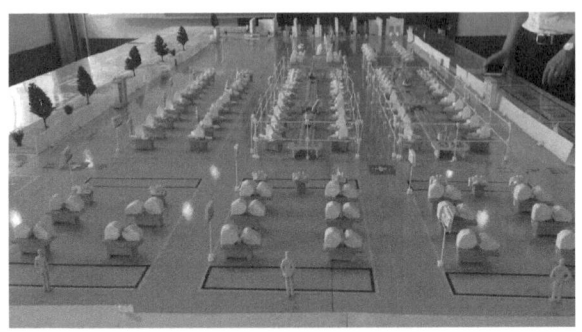

图 2-5　某项目整体布局缩小版模型

阶段四：详细布局设计与物流设计

详细布局设计与物流设计包括细化的产线设计、物流设计，并在细化设计基础上对整体布局进行整体优化。这一阶段的关键输出有详细布局图、人员及技能需求、线边设计方案、水蜘蛛标准作业和各种物品需求清单。图 2-6 为线边设计案例，包含了容器设计、数量设计、先进先出设计、配送方式设计等内容。

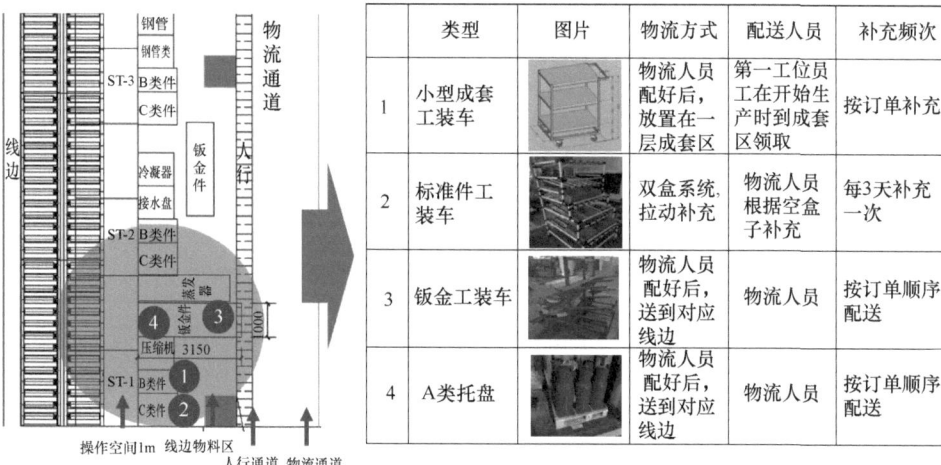

图 2-6 线边设计案例

阶段五：详细设计与验证

详细设计与验证是在上个阶段的基础上进行细化和验证，包括产线验证、物流验证和工装制作等内容。这个阶段的输出有各工位作业指导书、水蜘蛛作业指导书、工作室及工装实体等。图 2-7 为线边图纸及实体案例。

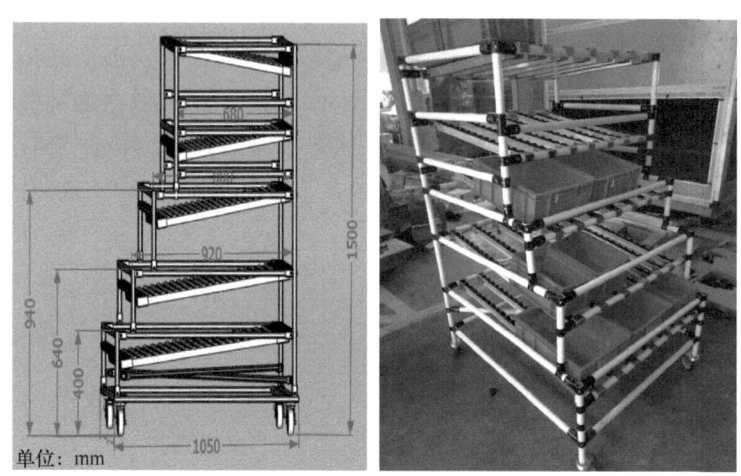

图 2-7 线边图纸及实体案例

阶段六：生产准备设计

生产准备设计是与产线布局对应的产线管理类设计，包括班组管理设计、目视化设计和生产管理设计等。这一阶段的输出有班组管理基本配置、生产管理架构、目视化标准、各级控制室及看板等。图 2-8 为班组管理看板案例。

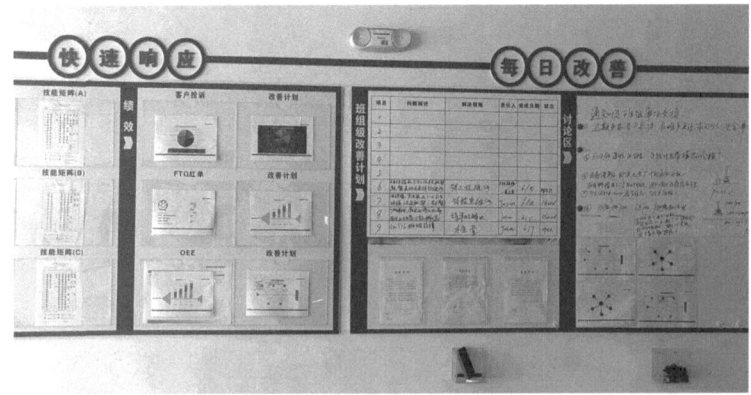

图 2-8　班组管理看板案例

阶段七：试产及正式生产

在经过前六个阶段后，人、机、料、法、环就位，开始进入试生产阶段。试产及正式生产包括试产准备、试产跟进和正式生产等内容，确保设计方案落地运行并用正确的方式持续改进。这一阶段承前启后，时间相对较长，核心输出有人员与技能需求表、员工标准作业、日常改善体系、改善清单、指标达成总结等。

阶段八：阶段总结

对项目进行知识总结，包括实践手册编写、资料内化、内训师培养、总结报告等内容。这个阶段文档类输出较多，核心输出物有 Word 版布局设计实践手册及其他资料、阶段总结报告等。图 2-9 所示为某布局项目设计手册目录（局部），应注意，知识总结应贯穿布局设计的各个阶段，在过程中不断积累。

```
4. 粗布局设计 .................................................... 23
   4.1  新工厂布局原则 ......................................... 23
   4.2  目标（定性/定量）设定 ................................ 24
   4.3  主要约束条件识别 ...................................... 24
   4.4  产线形态规划策略 ...................................... 25
   4.5  功能区需求识别 ......................................... 26
   4.6  粗布局方案筛选流程 ................................... 27
   4.7  粗布局功能区介绍 ...................................... 28
   4.8  新工厂布局亮点介绍 ................................... 31
   4.9  参观路线介绍 ............................................ 32
5. 详细布局设计 .................................................. 34
   5.1  产线设计的影响因素 ................................... 34
   5.2  各线体适用产品范围，线体尺寸确定 ............... 35
   5.3  产线数量与需求节拍TT计算 .......................... 37
   5.4  限制性因素及瓶颈改善机会 .......................... 39
   5.5  蒸发冷产线详细规划 ................................... 40
   5.6  烘干线/水冷/风机盘管产线初步规划 ............... 43
   5.7  关键问题分析与建议 ................................... 45
```

图 2-9　某布局项目设计手册目录（局部）

在八个阶段中，阶段一到阶段四可以归为规划阶段，将各种输入转化成方案；阶段五到阶段八可以归为建设阶段，将设计方案转化成现实。每个阶段根据工艺复杂度、团队能力、资源配备等情况，所需时间会有所不同。表2-2所示为广义布局设计的八个阶段，其中部分内容会在后续章节中涉及。

表2-2 广义布局设计的八个阶段

阶段划分	工作步骤、工作内容	工作输出	时间要求
阶段一：项目启动	成立团队　前期培训　阶段思维导图　里程碑计划	➢ 项目团队架构 ➢ 里程碑计划	1周
阶段二：项目规划及目标设定	**价值流分析** □ 数据收集与分析 □ 问题收集与分析 □ 未来图设计　　**设计目标** □ 我期望的新工厂 □ 定量目标确定 □ 定性目标确定　　**项目管理** □ 团队及职责明确 □ 主计划更新 □ 作战室建立	➢ 价值流现状图 ➢ 项目目标 ➢ 项目主计划 ➢ 项目作战室	2周
阶段三：整体布局设计	**整体布局设计** □ 布局设计原则 □ 七种设计(7-3-1) □ 反复优化　　**功能区设计** □ 功能区梳理 □ 七种设计(7-3-1) □ 功能区优化　　**月光工程** □ 建立整体模型 □ 反复模拟 □ 优化整体布局	➢ 整体布局图 ➢ 功能区清单 ➢ 缩小版模型 ➢ 改善清单	4周
阶段四：详细布局设计与物流设计	**产线设计** □ 产能需求平衡 □ 人机结合设计 □ 标准作业制定 □ 技能需求更新　　**物流设计** □ 容器设计 □ 线边设计 □ 超市设计 □ 水蜘蛛设计　　**整体优化** □ 布局细化 □ 各角色梳理 □ 办公用品梳理 □ 产线与物流模拟	➢ 详细布局图 ➢ 人员及技能需求 ➢ 线边设计方案 ➢ 水蜘蛛标准作业 ➢ 各种物品需求清单	4周
阶段五：详细设计与验证	**产线验证** □ 标准作业验证 □ 快速换模 □ 工艺改善　　**物流验证** □ 线边验证 □ 超市验证 □ 水蜘蛛验证　　**工装制作** □ 线边工位制作 □ 水蜘蛛工装制作 □ 月光工作室建立	➢ 各工位作业指导书 ➢ 人员与技能需求 ➢ 水蜘蛛作业指导书 ➢ 工作室及工装实体	4周
阶段六：生产准备设计	**班组管理设计** □ T级会议建立 □ 精益班组基础打造 □ 工位管理设计　　**目视化设计** □ 标识类目视化设计 □ 管理类目视化设计 □ 目视化标准建立　　**生产管理设计** □ 控制室设计 □ 组织架构设计 □ 人员配备计划	➢ 班组管理基本配置 ➢ 生产管理架构 ➢ 目视化标准 ➢ 各级控制室及看板	2周
阶段七：试产及正式生产	**试产准备** □ 试产计划及准备 □ 人员需求更新 □ 人员技能培训 □ 生产要素盘点确认　　**试产跟进** □ 生产、物流异常跟进 □ 质量、安全等跟进 □ 员工标准作业确认 □ 产品确认及更新　　**正式生产** □ 各生产要素跟进 □ 各种问题改善 □ 初期指标达成验证 □ 日常改善运行	➢ 人员与技能需求表 ➢ 员工标准作业 ➢ 日常改善体系 ➢ 改善清单 ➢ 指标达成总结	4周
阶段八：阶段总结	实践手册编写　资料内化　内训师培养　总结报告	➢ 实践手册及其他资料 ➢ 阶段总结报告	2周

由此可见，广义的布局设计内容较多，甚至可以认为是精华版的流动改善。本章所指的布局设计是狭义的布局设计，是指布局本身，包括工厂整体布局、功能区布局和产线布局等，不包含内部物流设计、生产准备设计等进一步设计内容。

2.2.2 布局设计的目标与原则

不同的产品的产线有不同的布局形态，但设计目标和设计原则是类似的。布局设计就是在这些目标和原则下，针对产品的特点开展相应的布局形态设计。

1. 布局设计的目标

布局设计与产线设计的目标如下：

1）消除浪费。消除浪费是精益的核心，通过布局调整及布局设计过程中的各种改善，消除、减少或转移七大浪费，使流程的增值率更高。

2）创建单件流。首先是连续流动、减少断点，然后逐步减少批量，具备单件流动的能力。单件流是布局设计的终极目标，在单件流动的情况下，交期最短、质量最高、成本最低。

3）柔性生产。柔性是比单件流更有挑战性的目标，多品种、小批量、定制化是发展趋势，布局设计就需要适应这种变化需求。本书侧重多品种、小批量趋势下的精益落地之道，就是要通过各种流动改善，提高柔性，实现柔性生产，更好地满足客户需求。

2. 布局设计的原则

进行布局设计与产线设计有很多原则，不同情况下原则也不相同，以下是布局设计的十大基本原则：

1）基于产品类型、数量及生命周期的设计原则。根据产品数量（Product Quantity，PQ）、工艺路径（Process Route，PR）分析，确定产品族，根据产品族的特点进行布局设计。对于品种少、批量大的产品可采用自动化程度较高的流水线，而对于品种多、批量小的产品可采用精益线或工作站。图2-10所示为产线规划策略，从品种和批量两个维度分析。

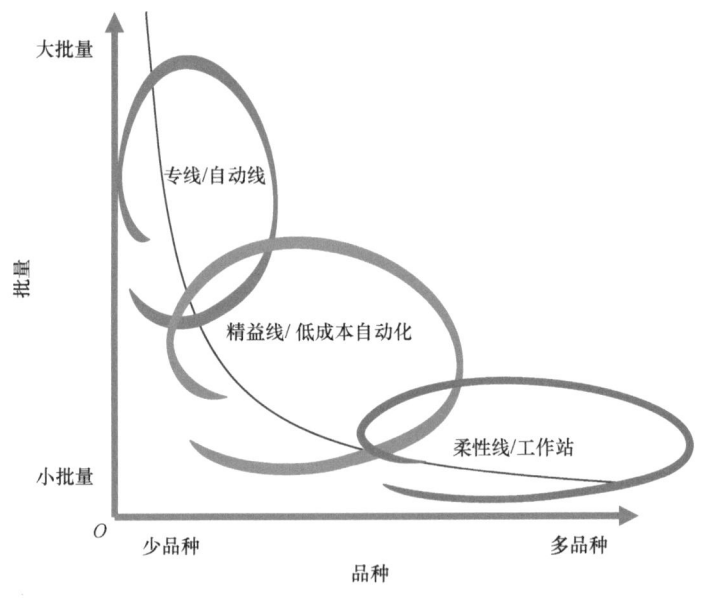

图2-10　产线规划策略

2）流程型布局与流程型管理原则。功能型布局有其优点，但很难满足多品种、小批量生产的要求，应向流程型布局（流水线、单元线、脉动线）转变，优化工位衔接、平衡工位能力，在确保流动的情况下保留最少的在制品，向单件流方向靠近。与流程型布局对应的是流程型管理，也称为矩阵型管理或价值流管理。流程型管理弱化职能组织，强调价值流，从组织架构设置上减少职能间的障碍，有利于问题的有效解决，促进产品在整个价值流上的快速流动。在多品种、小批量环境下，笔者特别推荐流程型管理方式，因为其能在提高生产效率和物流效率的同时，提高管理效率。图 2-11 为功能型布局与流程型布局示意图。

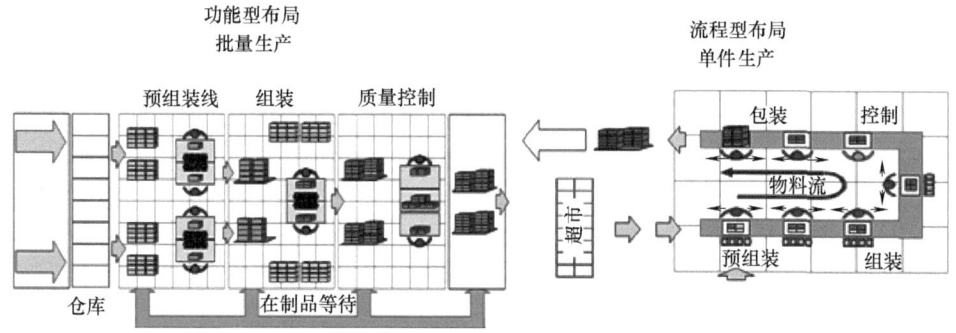

图 2-11　功能型布局与流程型布局示意图

3）设备与工作台近距离原则。近距离能减少空间占用、减少走动浪费、减少中间在制品积压，有利于实现一人多机和单件流。另外，近距离使预装或支线接近主线，即装即用，减少在制品和搬运浪费，同时也促进工序间的交流。

4）从右往左流动的单元线原则。将长的流水线变成短的单元线，便于一人多机和柔性生产。U 形单元线通常从右往左流动，入口与出口在同一个区域，减少物流距离。图 2-12 为典型 U 形单元案例，企业将之前长长的流水线改造成多条单元线，大大提高了柔性水平，更好地满足了客户多品种、小批量需求。

图 2-12　典型 U 形单元案例

5）物料由外围配送原则。物料由外围配送即前端供料，物料由水蜘蛛从外围配送到员工的增值区内，员工伸手可取，即取即用，减少物料上的非增值时间。同时生产与物流分开，减少干扰，各负其责、各行其道。图2-13为物料由外围配送示意图。

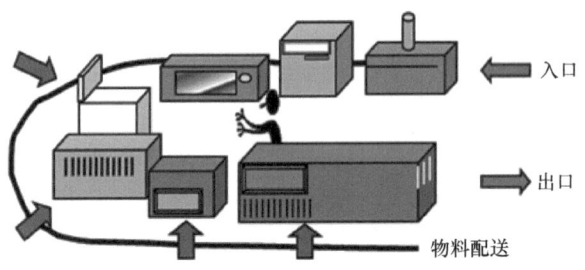

图2-13　物料由外围配送示意图

6）设备大小、规格合适原则。这一条适用于包含设备采购的产线设计。新产线应该以适合的速度开展均衡生产，而通常大型高速设备在生产能力上优秀，但并不适合均衡生产的需求，很多时候小型设备更适合精益产线。

7）单元线可由单人操作原则。这也是精益产线的特征，能根据客户需求柔性生产，极端情况下可由一个人完成全部操作；需要有对应不同需求的标准作业，并开展多能工训练。

8）设备要便于移动或重置原则。布局确定后并不是一成不变的，根据需求还会发生调整，因此设备要便于移动和重置，快速响应。图2-14为布局便于调整示例，左图和中图为工作台和货架都带轮子，在需要时可轻松推动；右图为在地面上预留插座、管路等，便于后续的布局调整。

图2-14　布局便于调整案例

9）工作区安全、符合人机工程学原则。在员工附近特别是背面，应该是安全无障碍的，减少物流设备通过或放置，确保100%安全；考虑人机工程学，减少弯腰、转身、寻找等动作浪费。图2-15为人机工程学案例，由于线边物料较多，将线边货架做成曲面形，减少伸臂动作更便于拿取物料。

图 2-15 人机工程学案例

10）生产区域内不允许使用叉车原则。这是对物流的基本要求。叉车在生产区域是危险源，也是大批量生产的体现。在进行布局设计与物流设计时应考虑用水蜘蛛或自动导引运输车（Auto Guided Vehicle，AGV），进行多品种、小批量的高频次配送。关于水蜘蛛将在第 3 章中详述。

以上介绍了布局设计的十大基本原则，不同生产线要根据实际需求进行有针对性的设计。经过良好设计的产线，能最大限度上减少浪费、减少时间损失、快速响应客户要求、缩短生产周期，同时也为内部物流改善和日常管理改善提出了需求。

2.2.3 常见的布局形态

常见的布局形态有：功能型布局、流水型布局、单元型布局和产品型布局（见图 2-16），以及不同形态的一些组合或变异。企业应根据产品的类型、数量，以及产品特点选择适合的布局形态。

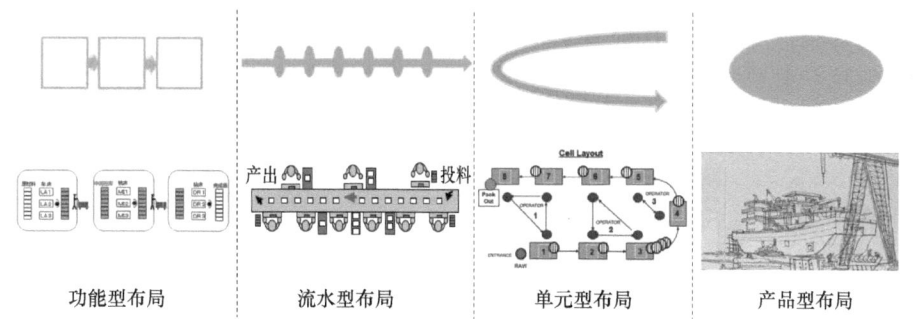

图 2-16 常见布局形态示意图

1. 功能型布局

功能型布局是早期常见的布局形态之一，也称集群式布局，是根据工艺流程将生产块状化分割,如铸造车间、机加工车间、焊接车间、注塑车间、装配车间等。在车间内部,又将同类型设备布置在一起,如所有的磨床集中、所有的五轴设备集中等。功能型布局便于从工艺角度进行管理,也便于同工序的产能协调,整体布局也美观,但通常流动缓慢,前后工序制约较多,容易产生在制品库存。

目前,除一些特殊要求(环境、安全等)外,越来越多的企业正逐步将功能型布局转换成流水型布局或单元型布局,以加速流动、减少库存,更快地满足客户要求。图 2-17 为功能型布局案例。

图 2-17　功能型布局案例

2. 流水型布局

流水型布局是目前常见的布局形态之一,批量较大的产品大多采用流水型布局。流水型布局通过传送带、板链等方式将产品工艺流程连接在一起,减少流程中断,促进快速流动。流水型布局设计与改善的重点是工位平衡。

根据流动方式的不同,流水型布局又分为连续流动和间隔流动(脉动)。连续流动是传送装置以一定的速度持续运行,员工在工位运行时间内完成操作,适用于循环时长较短的产品,如手机、洗衣机、乘用车等;间隔流动也称为脉动,传送装置每隔一定的时间启动一次,适用于循环时长较长的产品,如发动机、飞机、卡车等重型装备的装配。图 2-18 为典型的汽车流水线案例,图 2-19 为飞机装配脉动线案例。

图 2-18　典型的汽车流水线案例

图 2-19　飞机装配脉动线案例

3. 单元型布局

单元型布局实际上是缩小的流水型布局。与传统的流水型布局相比，单元型布局适应了多品种、小批量产品的特点，其本质仍是流动，只是流动的速度变慢、产线的数量变多而已。

不管是装配型产品还是机加工型产品，目前单元型布局越来越普及。图 2-20 为单元型布局案例。

图 2-20　单元型布局案例

4. 产品型布局

产品型布局也称工作站式布局，由一人或多人在同一个位置完成产品的所有操作。对于极小批量乃至定制化产品，以及较大、较重等不容易实现流动的产品应用较多。图 2-21 为产品型布局案例，左图为定制化产品，在一个工位上完成装配，右图为飞机机体，由于较大较重，需要特殊工装等，因此会在一个位置上完成所有装配。

产品型布局是流动布局的一种特殊形态，产品不动而员工动（其他布局方式都是产品动而员工不动），也是较常见的一种布局形态。

图 2-21 产品型布局案例

布局形态的选择主要取决于产品的数量和型号，以及工艺、设备、人员等的成熟度。相同的产品可能会采用不同的布局形态，如商用飞机装配既有流水型布局，也有脉动型布局和工作站型布局。在实际项目中，应根据企业和产品的特性，有针对性地选择布局形态。

2.2.4 布局设计的输入与输出

1. 布局设计的输入

1）现状问题。不能把现状问题带到新的布局中，这是布局设计的基本要求。因此，在布局设计前要充分识别、分析哪些是通过布局设计可以消除或减少的问题，这也是在项目启动后首先要进行价值流分析的原因。通过现场观察、数据分析等识别的问题要进行整理汇总，表2-3所示为按工序整理的现状问题汇总表，表2-4所示为按类型整理的现状问题汇总表。

表 2-3 按工序整理的现状问题汇总表

序号	工序	布局/内部物流问题
1	撕膜	刮伤/膜难撕 运输过程包装方式不好，易变形，易刮伤 摆放不好，刮伤部品
2	板管安装	常缺板管中的隔板，等待。时间影响后工序
3	板管打磨	噪声大，粉尘多，气味重（天那水）
4	管路切割	噪声大，粉尘多（单独间隔房）
5	管路打磨	噪声大，粉尘多
6	系统保压	系统保压手动搬运氮气，耗时（建议管道）
7	仓储	仓库存储空间不足，40%原材料存放位置不固定，流动寄存
8	仓储	钣金件由于非标原因，尺寸形状不规则，周转困难
9	仓储	来料存放，发料包装不统一，点数容易有纠纷

表 2-4 按类型整理的现状问题汇总表

序号	类型	内容
1	布局	钳工工序后，将零件从 1 楼搬到 2 楼进行加工或返修，造成运输浪费
2		钳工到焊接间存在搬运浪费
3		单元办公室与半库距离远，尤其是 5#厂房，单元打完配套单要送到半库
4		周转距离长
5		A-12-01 需要弯腰拿取零件，是动作浪费
6		单人双机距离远
7		工人工装测距损坏找工艺解决（2 楼），出方案后再送到工具室等待返修
8		个别设备维护的机械开关锁动作浪费
9		生产准备的等待和浪费，如对刀、装夹、调程序
10		切割机距离弯管间较远，工人来回奔波，动作浪费
11		在弯曲时，弯曲工装夹具标准样件存放位置混乱不统一，工人到处跑，动作浪费
12	物流	标记间零件堆积等待
13		钳工现场大量在制品堆积
14		配送缺乏设计，仅有成检无工序配送
15		工作台、周转车等工位高度不匹配，造成搬运浪费
16	工艺	5#厂房抛光间内料头箱内有大量被丢弃的管料，原因是实际下料余量过大
17		工位器具设计不合理
18		零件检测时间等待
19		工艺技术不成熟导致的零件不合格
20		返修导致的浪费
21		刀具选型不固定，没有进行固化，需要更改程序单，反复选用刀具，浪费时间
22		刀具不合适，加工时需要多次修磨
23		新型机（科研件号）工艺路线不明确，加工前需要等待材料、工具等的明确

（续）

序号	类型	内容
24	管理	钳工工作无计划、班产不明确
25	管理	单元毛料柜内存有大量待加工毛料，有大量半年以上存储的毛料
26	管理	工位器具零件箱分解后，单独使用后被丢弃
27	管理	锡焊间任务不平衡，上半年天天加班，下半年没活干
28	管理	3单元现场大量零件等待组合夹具
29	管理	机床零件不固定，准备时间长
30	管理	新配套件因外观不合格，引起返工
31	管理	零件齐套后的配套、领用等待
32	管理	零件在检验室等待检验
33	管理	设备利用率低，第一条及第二条通道共30台设备，停滞和封存设备数十台
34	管理	库存零件通常不能满足齐套配送条件
35	管理	多零件等待，造成库存零件多，占用资金
36	管理	合格品存放不当，造成螺纹磕碰产生报废
37	管理	在精去端时，去端机数量不足、卡夹数量不足，多人共享，造成时间浪费

2）指标目标。明确新布局的定量和定性目标，以目标为导向开展布局设计。表2-5所示为布局设计定性目标案例，从不同的维度描述目标；图2-22为布局设计定量目标示意图，以数据的形式量化目标。需要说明的是，这些目标并不是仅仅调整布局就能实现的，而是布局项目中诸多改善共同作用的结果。

表2-5 布局设计定性目标案例

序号	描述	备注
1	安全：危险区分布合理、人车分流、安全达标	安全指南、物流设计、布局图
2	舒适：功能区配置齐全，工作环境明亮、不压抑	功能区布局、基建环境条件建设
3	整洁：亮晶晶、整齐清洁的车间	耐磨地面，光照充足；生产现场的功能区搭配合理、整洁统一
4	价值：流动顺畅，没有返工，没有停线	不需要的物料不要出现在产线现场

(续)

序号	描述	备注
5	配送：操作员不离岗	实现全工序生产准备包到位，AGV自动配送
6	快速：可视化，快速处理问题	管理扁平化，责任到人
7	高效：多一些自动化设备和助力装置	工具自动锁附
8	智慧：产线设置合理，生产管控数字化	有MES、ERP、WMS等系统
9	文化：人性关怀，给员工建立一个小"家"	有休息区，对员工进行技能培训
10	示范：打造标杆车间	优化参观路线，展现亮点，打造展厅化的工厂

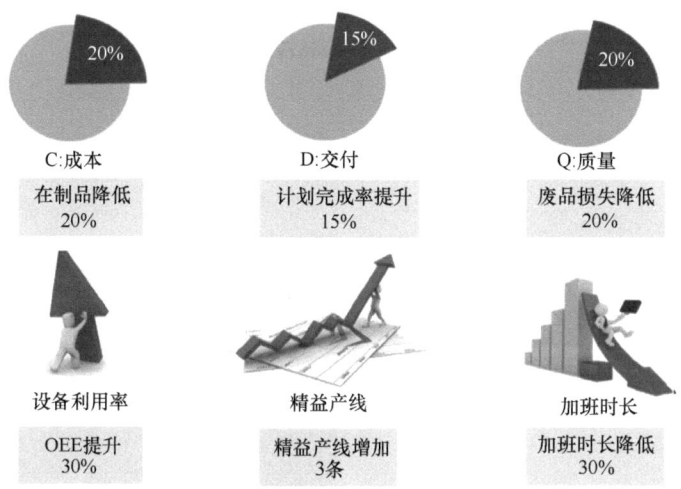

图2-22 布局设计定量目标示意图

3）精益原则。关于精益布局原则，在2.2.2节已经介绍了十个核心原则。在项目实践中，通常会罗列出更多的原则，团队要通过多轮头脑风暴，厘清每个原则的含义，投票选出适合企业特点的精益布局原则。图2-23为布局设计精益原则案例。

4）"我的期望"。从设计团队特别是新布局管理者的角度出发，描述对新布局的期望——"我的期望"。实际上"我的期望"是对定性目标和精益原则的一种具体化表述，也可以通过讲解、投票等活动加深对期望的理解。图2-24为布局设计"我的期望"案例。

把握现状、关注目标，融入精益原则，以此作为布局设计的基本输入。反过来，在布局设计过程中，特别是在第四阶段和第五阶段，要经常反省所设计

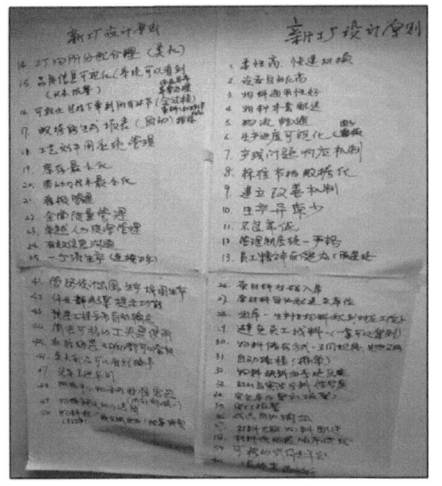 

图 2-23 布局设计精益原则案例

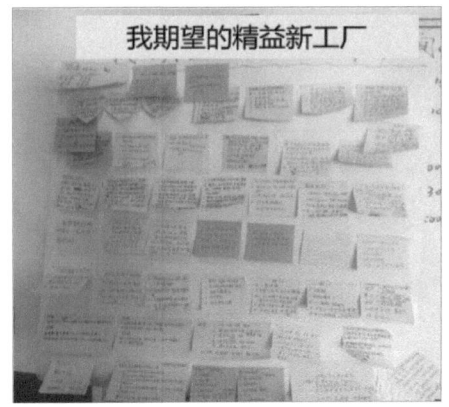 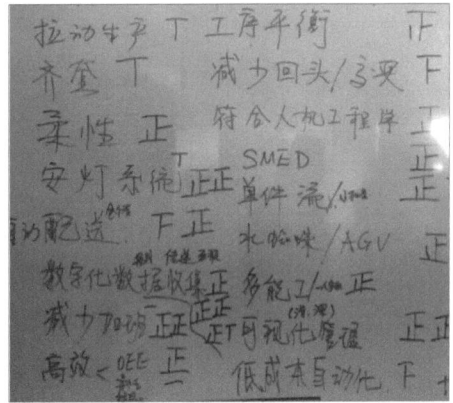

图 2-24 布局设计"我的期望"案例

的布局方案是否能避免当前问题、是否能满足目标要求、是否符合精益原则，以及是否满足"我的期望"等，并不断进行调整优化，设计出最佳的布局方式。

2. 布局设计的输出

相较于流动改善的其他工具，布局设计需要的时间更长、团队更多，输出相对也更多，有过程输出也有结果输出。从结果性和长期性角度，可以总结出以下的布局设计的三类输出。

1）基本输出：布局设计的基本输出必然是布局图（CAD 版）。布局图是现状问题、指标目标、精益原则等输入与七种设计（见 2.2.5 节）、模型模拟等过程的最终结果。根据布局图 CAD 图纸可以进行下一步的设备搬迁调试等工作。

布局设计的另一个基本输出是在设计过程中产生的改善课题，这些课题需要其他团队同步研讨解决，与布局调整一起共同影响目标的达成。图 2-25 为布局设计的基本输出案例，汇总了过程中提出的改善课题。

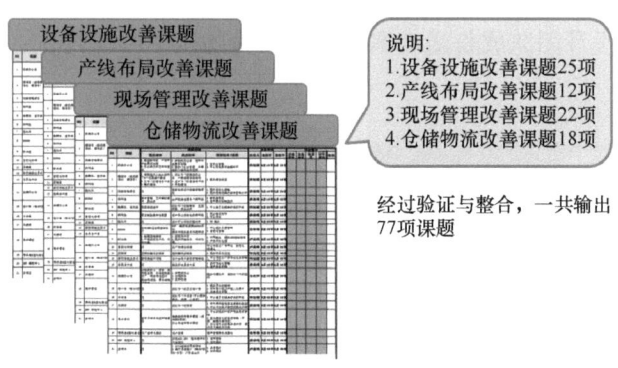

图 2-25　布局设计的基本输出案例

2）知识总结。在布局设计过程中，会对使用的各种精益知识进行培训。在布局设计改善的后期，要对这些知识进行总结内化，形成可复制、可传承的资料。知识总结包括但不限于：培训及内化资料、各种表单文件、各阶段总结报告、设计说明书等。图 2-26 所示为知识总结文件包（节选），将资料整理分类便于其他人员学习。

图 2-26　知识总结文件包（节选）

3）团队成长。优秀的项目离不开优秀的团队，优秀的团队在优秀的项目中成长。项目团队不仅要学习精益知识，还要将知识结合实际转换成方案，并最终将方案落地实施，因此笔者认为布局设计的终极输出是项目团队的成长。团队成长不仅意味着产线管理水平的提升，也意味着公司整体管理水平的提升。图 2-27 为布局设计团队成长活动案例，左图为团队学习与讨论，右图为团队现场实践。

图 2-27　布局设计团队成长活动案例

2.2.5　布局设计的落地之道

布局设计是诸多精益工具的一种综合运用，要求高、强度大。本节将介绍三种布局设计的落地之道：采用七种设计（Seven Designs）、月光工程（Moonshine）和布局设计作战室（Obeya）的方式，用头脑风暴、尝试风暴和目视化 PDCA（Plan, Do, Check, Act，计划、执行、检查、纠正）三种方法，促进布局设计的落地。

1. 七种设计

七种设计是将想法和思路从发散到收敛的一种开展方式，从七种到三种再到最后一种，逐步补充和完善，逐步达成共识。七种设计的"七"并不是指非要有七种方案，而是希望一开始的想法越多越好，充分发挥每个人的智慧，是头脑风暴的体现。图 2-28 为七种设计示意图。

从七种设计到三种设计，一般通过方案讲解和优劣势分析即可达成共识，然后对三种设计进行整合优化形成新的三种设计；从三种设计到最后一种或两种设计，仅靠讲解和分析这种定性方式还不够，需要进行定量评估分析。表 2-6 所示为布局评价标准，从布局、物流、管理和经济性四个维度，战略符合性、流动性、柔性等十个方面展开方案评比。图 2-29 为布局设计三进一案例。需要说明的是，在不同需求的情况下，每一个评价项的标准和权重可以不一样，以选出更适合的方案。

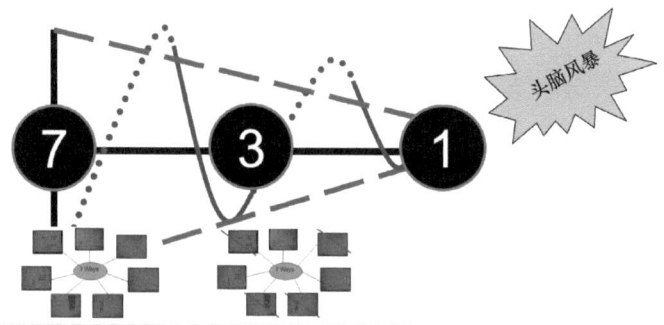

图 2-28　七种设计示意图

表 2-6　布局评价标准

序号	维度	关键词	评估标准要求	方案1 负责人：	方案2 负责人：	方案3 负责人：
1	布局	战略符合性	能满足公司未来3年发展需要,特别是重点产品需求			
2		流动性	布局原则符合度,特别是从价值流角度布局			
3		柔性	设备容易重新调整布局,适应不同型号数量变化			
4	物流	在制品最少	工序间、工位间在制品最少,流动较快			
5		物流量最小	总体物流合理,各部分物流距离短、物流负荷最小			
6	管理	一人多机	紧凑型设备布局,便于一人多机			
7		价值流管理	布局便于价值流形式管理、有利于生产管理			
8		参观性	工厂整体可参观性			
9	经济性	实施周期	改造周期短,改造对生产影响小			
10		实施成本	改造成本低			
总分						

评价标准：1分—一般水平、3分中等水平、5分较高水平

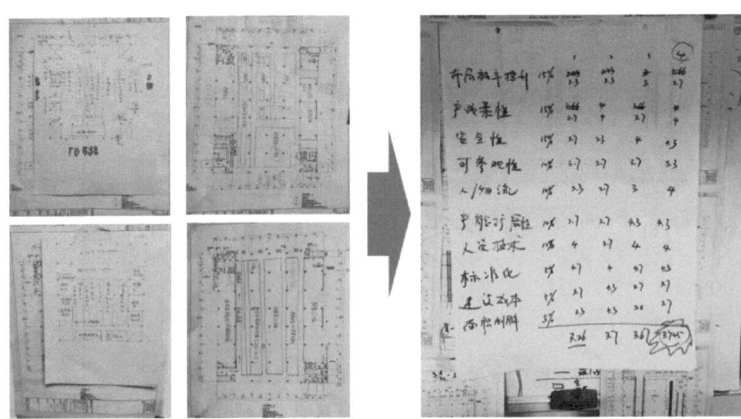

图 2-29 布局设计三进一案例

2. 月光工程

在布局设计中，经过 7-3-1 设计后逐步收敛形成一种（或两种）方案，但并不意味着这种方案就是最完美的，其中必然还有很多没有考虑到的问题。为了快速识别方案中的不足，采用月光工程的方式开展多轮布局与物流模拟，可以快速完善方案。

月光工程是在精益原则下，利用员工的智慧，通过尝试风暴，对方案进行快速实践和模拟，并利用身边廉价的材料，自己动手搭建所需要的设施、设备，实现适合自身现状、快速度、低成本的改善活动。如果说七种设计是头脑风暴的体现，那么月光工程就是尝试风暴的体现，图 2-30 所示为月光工程精神：充满梦想、永不满足、不断尝试。

图 2-30 月光工程精神

在布局设计中，最理想的月光工程是1∶1的布局模拟，利用木板、纸壳等简单容易获得的材料，将布局方案以1∶1的比例呈现，进行更真实的操作模拟，更直观地识别方案中的不足并快速改进。图2-31为月光工程1∶1模拟案例。

图2-31　月光工程1∶1模拟案例

在很多情况下，当不具备1∶1模拟的条件时，可以采用缩小比例的方式（如1∶20）进行模拟。虽然是缩小比例的模拟，但也比图纸更加直观、更便于识别问题。图2-32为月光工程缩小版布局案例。

图2-32　月光工程缩小版布局案例

月光工程作为一种快速度、低成本的改善方式，不仅可以应用在布局优化中，也可以应用在其他各种改善活动中。在第4.3.3节还将介绍与月光工程对应的月光工作室。月光工作室是制作月光工程所需要的设施的地方，是改善的"南泥湾"。

3. 布局设计作战室

布局设计项目周期通常在三个月以上，因此适合建立布局设计作战室来进行过程管理。关于作战室将在第 4.4.3 节中讲解，本节暂不展开。在作战室中进行整个项目的过程管控，通过控制过程来控制结果，是 PDCA 的目视化体现。图 2-33 为布局设计作战室的内容案例。

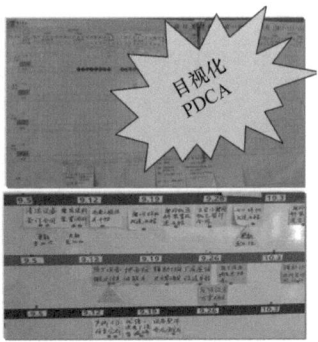

图 2-33　布局设计作战室的内容案例

💡 2.3　成套工装

成套是指将两种或两种以上的工具或物料放置在一起，以成套的形式配备和使用的一种物流方式。工装即工艺装备，是生产过程中所用的各种工具的总称，包括刀具、夹具、量具、检具、辅具、物流器具等，本书中特指放置各种工装或物料的工装车。成套工装设计是容器设计的一种特殊形式，是设计成套形式的容器或工装车。图 2-34 为成套工装车案例。

图 2-34　成套工装车案例

相对于批量生产，多品种、小批量、定制化产品更适合将物料以成套的形式进行配备和使用，以减少缺料、减少在制品、促进生产流动。本节将以物料的成套工装设计为例，分析成套的优缺点，介绍成套设计的步骤。

需要说明的是，本节的成套工装以及第 3 章的顺序线边、成套超市和水蜘蛛设计，是物流相关工具，本书作者周彬彬作为第一作者编著的《精益工厂：内部物流管理实践手册》，专门讲解工厂内部物流，对容器设计、超市设计等有更详细的讲解。本书借鉴了其中的一些常规内容，但更多的是从本书所关注的多品种、小批量、定制化产品出发，有针对性地介绍适合这类特点的内部物流工具及应用。图 2-35 所示为《精益工厂：内部物流管理实践手册》封面，书中详细介绍了内部物流工具和系统设计，并分享了大量实践案例，感兴趣的读者可参考学习。

图 2-35 《精益工厂：内部物流管理实践手册》封面

2.3.1 生活中的成套

成套不仅应用在生产中，在生活中的应用也很普遍，本节将分享生活中关于成套的一些有趣案例，希望能够帮助读者打开思路，在流动改善中更多地运用成套思维。

1）成套超市：在超市中可以发现很多成套的运用，图 2-36 为生活超市成套应用案例，左图为将青菜和香菇成套，可以直接用于炒制香菇青菜；中图为将香椿和鸡蛋放在一起，右图为将削皮器与苹果等放在一起，促进销售。

2）成套餐车：图 2-37 为夜市成套餐车案例，把煮、炒、炖锅，以及夜市中吸引顾客的铁板烧，整合到一辆三轮车中，满足不同的需求。

3）成套计量工具：快递员在收取快递时，需要通过测量重量或体积来计费，图 2-38 为快递计量工具成套案例，将弹簧秤和卷尺整合成一个工具，方便

流动改善：多品种小批量趋势下的精益落地之道

图 2-36　生活超市成套应用案例

使用，减少单个工具寻找或丢失现象，也是成套的运用。

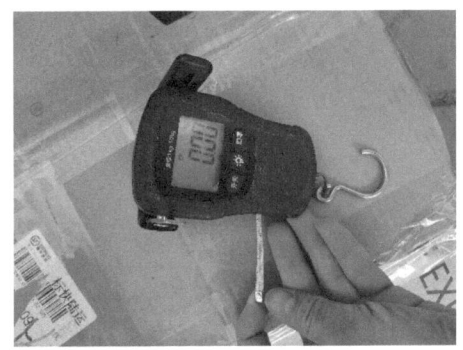

图 2-37　夜市成套餐车案例　　　　图 2-38　快递计量工具成套案例

2.3.2　成套的优缺点分析

成套是适应多品种、小批量、定制化生产的一种物流方式，有其优点，但也存在不足。本节将分析成套的优缺点，在实践中应取长补短，强化优点并弱化不足。

1. 成套的优点

1）质量内置：成套将多种物料放在一个工装中，工序完成后物料也全部用完，不多也不少。对于多品种、小批量、定制化产品，由于数量少、型号多，利用成套方式更有利于减少物料的错装、漏装等失误。

2）减少动作浪费：将多种物料或夹具等集成在一个工装中，员工可以减少使用时的寻找、选择等浪费，更便于使用。另外，实践中配送人员经常出现的错误是漏配和错配，成套方式便于现场各类人员的快速盘点，避免漏配、错配等现象。

3）减少线边空间：质量内置与减少浪费是成套的显著特点，但在现场很难直观察觉，而减少线边空间通过对比则直观可见。成套物料在线边通常为顺序形式（在第3.2节中将详述），线边物料的数量少、占用的空间少，这是成套的重要可见优点。

4）促使暴露问题和快速解决问题：由于是成套，线边没有多余的物料，当出现缺失、错误、质量异常等问题时，需要尽快暴露问题并尽快解决问题，以避免产线停线，同时也倒逼上游配备工序开展成套预警工作。

5）减少工作负荷和工作难度：将一套零件作为一个零件看待，减少了信息传递的工作量和复杂度。另外，可由老员工进行物料的正确准备，减少操作人员的物料寻找、判断动作。

2. 成套的不足

成套有优点也有不足。在流动改善中，要努力克服和弱化成套的不足，促进成套的运用。

1）需要设置成套区和成套人员：在成套区将不同零件进行成套放置。对于多品种、小批量、定制化产品，由于物料本身的差异，通常物料也会区别放置。成套区是指将物料区域按照一定的规则重新布局并建立使用标准，更有利于物料的快速周转。关于成套区将在第3.3节成套超市中详细讲解。

2）零件质量要求100%合格：任何零件不合格都将导致产线中断，由于数量少甚至是单件，零件不合格对多品种、小批量、定制化产品的影响更大，这也促使在来料质量上尽早地进行管控。

3）需要有对应的快速响应机制：一方面当物料发生问题时能快速响应，另一方面也促使问题的快速解决，这需要安灯系统的良好运行。

以上分析了成套的优点和不足，整体而言其优点大于不足，是较好的物料放置和转运方式。成套能加速物料的流转速度、减少线边空间、减少物料错误、促使快速暴露问题和解决问题，是使多品种、小批量、定制化产品流动起来的重要形式。

2.3.3 物料工装的成套程度

物料成套有两种极端情况：一种是独立配送，即完全不成套，每种物料都在单独的工装中进行独立配送；另一种是完全成套，即产品的所有物料都在同一个工装中进行配送。在实际生产中，独立配送、完全成套，以及介于两者之间的局部成套配送都有运用。根据成套物料的数量及在产线中的分配形式，本书将成套分为四种程度：工位局部成套、工位成套、产品成套和顺序成套。

1. 工位局部成套

工位局部成套即工位的部分物料成套。根据物料的特点（大小、轻重、使用数量等），结合工装车的基本形态，将工位的部分物料或工装进行成套，设置在一辆工装车上，以车的形式进行配备、配送和使用。

2. 工位成套

工位成套即工位的全部物料成套。将整个工位的物料集成到一辆工装车上，工装车上的物料用完了，也即本工位操作完成，是简单直接的成套形式。工位成套在实际生产中的运用比较广泛，是成套设计的入手点。

3. 产品成套

产品成套即整个产品完全成套。将整个产品所有的物料整合在一辆工装车上，工装车上的物料用完，一个产品也即完成，是全面成套形式。全面成套适用于物料数量相对较少的产品。

4. 顺序成套

对于物料数量较大，但又希望全面成套的产品来说，需要利用顺序成套。顺序成套是工位成套，特别是产品成套的一种特殊形式。当设计产品成套时，由于工装车容量限制或使用时间限制，需要多辆工装车在按顺序排开的时间内开展配送，即根据时间要求，按照顺序以成套的形式配送各工位所需物料或工装。

不同的产品有不同的特点，多品种、小批量、定制化产品适合成套模式，但仍需要根据产品的特点进行设计，找到适合产品的成套工装形式。

2.3.4 成套工装的设计步骤

不同程度和类型的成套工装设计步骤类似。物料成套工装包含的范围更广，种类、数量、使用频次、使用方式等相对更全面。本节以物料成套工装为例，讲解成套工装的设计步骤。

1. 确定成套零件和成套程度

结合成套优缺点，根据零件信息表（Plan For Every Part，PFEP）和实际作业情况，确定哪些零件可以用成套形式。在具体操作上，从某一工位入手，根据零件的特点和数据，了解零件在产品中的作用、线边使用方式、配送方式和超市的取料方式，判断哪些零件适合成套以及成套程度，然后逐步扩展分析，研究不同程度的成套可行性。

2. 成套工装设计

将成套配送零件实物收集在一起（这里强调实物），设计成套工装。根据零件的特性、数量、种类等不同，成套工装可以是容器，也可以是车（带轮）。成套工装设计案例如图2-39所示。

在设计成套工装时，除考虑容器设计的基本原则，如标准化、小型化、裸件之外，还应考虑人机工程学、相似零件的区分、零件质量防护、使用顺序等。

1）人机工程学：要考虑员工拿取时方便，如将螺栓立着放；要考虑使用时

  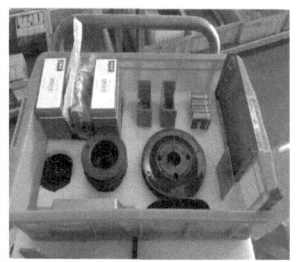

图 2-39　成套工装设计案例

方便，如不需要转方向；要考虑各方盘点方便，如利用阴影板等。

2）相似零件的区分：对于相似的零件需要用隔板等间隔进行明显的区分，不能放在一起；对于有明显区别的零件，在便于拿取的情况下可以放在一起。图 2-40 所示为隔板间隔式成套容器案例。

 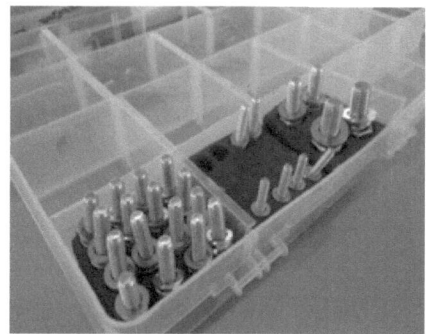

图 2-40　隔板间隔式成套容器案例

3）零件质量防护：对于有质量防护要求的零件，要根据其特点在容器中进行防护设计，避免在配套及运输中产生质量问题。图 2-41 为零件防护工装案例，用衬板或防护棉等保护物料或工装。

图 2-41　零件防护工装案例

4）使用顺序：根据使用顺序布置工装内零件的布局，如从左往右、从上而下等，以减少员工思考、反应时间。但要注意重量的平衡，确保运输安全。

3. 制作或购买成套工装

根据成套工装的设计方案，结合月光工程的原则，在月光工作室（第4.3.3节）中制作所需工装并试用、改进。当企业内部无法制作时（如强度要求或特殊形状），可选择外部购买。图2-42所示为在月光工作室中制作成套工装车案例。

图 2-42　在月光工作室中制作成套工装车案例

在制作成套工装时，应注意以下事项：

1）月光工程原则：利用现有的、廉价的材料，快速搭建、快速尝试、快速改进。

2）现有工装的改进：考虑如何改进现有工装，减少新购成本和原有工装的废弃。

3）结合线边和水蜘蛛设计：成套物料仍需水蜘蛛或AGV配送，因此成套工装的设计要结合线边和水蜘蛛的需求，如工装车的外形尺寸、牵引及牵引方式等。

4. 标准化和目视化

结合成套工装编制相应的成套表和成套标准作业，并进行目视化，便于相关人员操作。成套表的基本信息如下：

1）成套物料基本信息：成套物料名称、所属产线、工位、线边地址、成套数量等。

2）成套照片：成套好的容器照片，更直观、更便于对照。

3）物料明细：名称、型号、数量等。物料明细要对应照片中的物料编号或使用顺序，便于盘点。图2-43为成套工装目视化案例，左图为悬挂在工装车上，右图为张贴在成套容器上，便于对应使用。

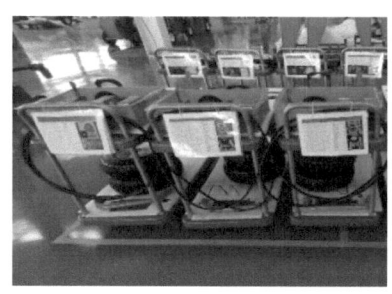

图 2-43　成套工装目视化案例

5. 优化物料异常响应机制

前文已述，成套配送物料都是按需配送的，一旦物料出现问题将会很快影响生产，因此要优化针对物料的异常响应机制以快速解决物料相关问题。实践中，一般不会单独建立针对物流的异常响应机制，通常与生产中的小时控制板、安灯系统等结合，利用已有的问题识别与解决系统（详见第 4 章）。

往前溯源，在成套的前端也即成套超市区，应完善成套预警机制，从源头上控制缺料、错料、不良等严重物料问题的发生。关于成套超市及成套预警将在 3.3 节详解。

工装车（周转车）是物料或工装的载体，是最小转运单位。在成套工装设计制作完成后，需要在物流系统中不断改善，结合顺序线边、成套超市和水蜘蛛系统运行，不断完善，形成顺畅的产线生产流动和内部物流流动。

2.4　快速换型

在本书所关注的多品种、小批量趋势下，必然涉及更频繁的换型，因此快速换型（Single Minutes Exchange of Die，SMED），也称为快速更换模具，是一个非常迫切的需求。在精益工具箱中，快速换型是一个相对独立和成熟的工具，概念和步骤简单且易于理解，不同改善项目需要深入研究换型技术以缩短换型时间。下面介绍什么是快速换型，以及如何开展快速换型，重点分享快速换型的延伸运用。

2.4.1　快速换型的含义

新乡重夫提出的对更换产品系列时损失的时间进行分析和改善方法，称为快速换型，原意为在 10min 之内完成模具更换，现在延伸为在更短的时间内更换模具或型号。

换型时间是指从上一个系列生产出最后一件产品开始，到生产出下一个系列第一个合格的产品为止的这一段时间。快速换型就是要减少这段时间,以减少增值时间损失。从生产角度来说,减少换型时间可以增加设备能力、减少投资和生产成本。从客户角度来说,减少换型时间能提升换型能力,在相同时间内可增加换型次数、减少生产批量、缩短生产周期、提升客户服务能力,满足日益增长的多品种、小批量、定制化需求。图 2-44 所示为快速换型的好处。

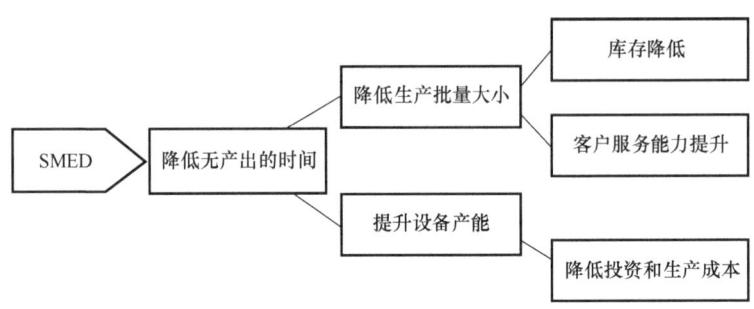

图 2-44　快速换型的好处

2.4.2　快速换型的步骤

在快速换型中有两个重要概念:内部工作和外部工作。内部工作是指只有在设备停止时才能进行的工作,外部工作是指设备不必停下也能进行的工作。两种工作对应的时间分别称为内部时间和外部时间。进行快速换型活动,主要针对这两种时间进行分析和改善。

开展快速换型有五个典型步骤,可以反复进行。图 2-45 为快速换型的五个典型步骤示意图,图中 I（Internal）表示内部工作,E（External）表示外部工作。

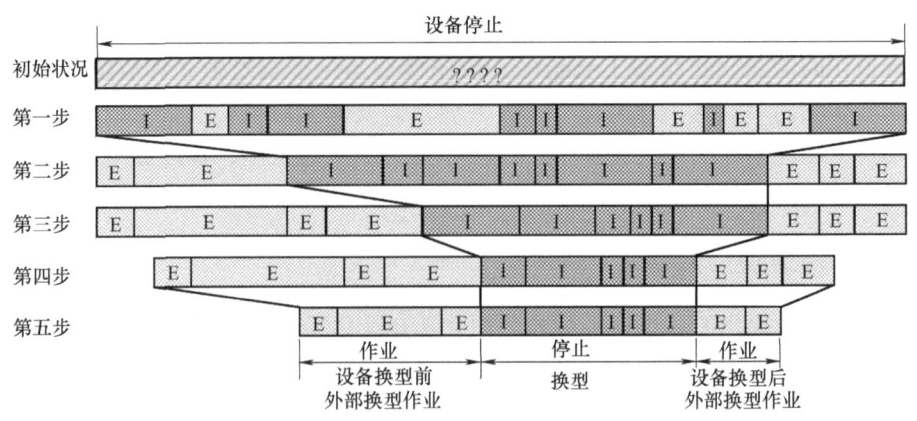

图 2-45　快速换型的五个典型步骤示意图

第一步：了解现状，区分内部工作和外部工作。团队分工对换型的过程进行现场观察，收集基础数据（如步骤与时间）、绘制意粉图（意大利面条图）、观察浪费并录制过程视频。换型时间观测表，见表2-7。

表2-7 换型时间观测表

工作区域	冲压	开始点：B13-Q			日期：2024-07-27	工作表#	9
作业名称	捆卷	结束点：A14-Z			记录者：张×	预判数据	
序号	任务描述	记录	作业时间/s	内部时间/s	外部时间/s	改进思路	新内部时间/s	新外部时间/s
1	工作车推至冲压的右侧	16′7″	22		×	外部化		22
2	卸下模具，放上推车	16′35″	28	×		使用提升辅助装置	21	
3	清洁模具	17″33″	58		×	外部化—下一循环开始后做		58
4	去除包装材料	17′44″	11		×	外部化—前一循环期间内做		11
5	装入第一件	17′59	15	×		装入需简化	10	
6	运行第一件	18′10	11	×			11	
7	微调模具右侧高度	18′45″	35	×		需永久设定	6	
8	降低模具	18′54″	9	×		如无须微调即可消除	0	
9	微调模具左侧高度	20′23″	89	×		需永久设定	6	
10	降低模具	20′32″	9	×		如无须微调即可消除	0	
11	拧紧两侧螺钉	20′38″	6	×		快速夹具	3	
12	下一循环开始	20′40″	2	×				
	总计时间/s		295				57	91

第二步：将内部工作与外部工作分开。分析每一步工作，区分哪些是内部工作哪些是外部工作，并将两种工作分开。外部工作前移或后移，确保设备停

机时只进行内部工作。对于过程中发现的其他浪费，也要制订行动计划，进行快速消除或减少。

第三步：将内部工作转换为外部工作。通过各种方式将原来需要停机进行的工作，转换成不需要停机也能进行的工作，这样虽然总的工作时间没有减少，但对设备而言非增值时间会减少，即换型时间减少。

第四步：减少内部工作。对于不能转换成外部工作的工作内容，考虑如何进行改善，减少工作内容和工作时间。

第三步和第四步是快速换型工作的重点，需要团队深入分析每一步操作流程，持续挑战，不断转移和减少内部工作。

第五步：减少外部工作。对于原来的外部工作和由内部工作转换出来的外部工作，虽然已经不影响换型时间，但也应考虑如何减少外部工作，以减少整体工作时间。

在进行分析和改善后，对新的换型方式进行标准化，形成换型的标准作业。图 2-46 为换型标准作业案例，表 2-8 为换型工装夹具准备清单案例。

换模作业(切换线)	HCT-B5	上下棒换型	标准作业组合图	部门	生产部	节拍时间/min	40

步骤	操作名称	手动	自动	行走
1	切透确认	1		
2	清理碎片	1.5	8	
3	下棒	1.5		
4	处理碎片	1		
5	剪线网	4		
6	布线及线网检查	4	8	
7	刷导轮	2.5		
8	检查砂帘	1.5		
9	上棒检查	0		
10	上棒	1.5		
11	设零点	2	15	
12	点检	2.5		
1	取挡板送洗	2		
2	下棒	1.5		
3	硅片送洗	4		
4	清理切割机床	1		
5	取工件	3		
6	上棒	1.5		
7	安装工件	3		

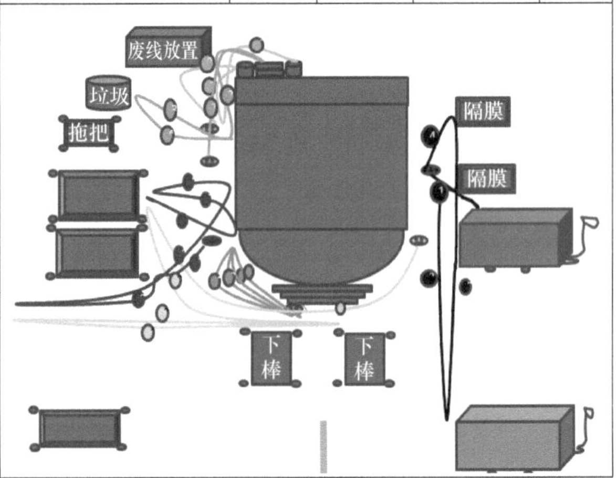

图 2-46　换型标准作业案例

表 2-8　换型工装夹具准备清单案例

序号	模块	物品清单
1	工具车	1）取出工具车和目录清单
		2）检查目录清单以确保无物品缺失
		3）移动工具车到工作位置

(续)

序号	模块	物品清单
2	作业工具	1）检查是否锋利，有无钝面
		2）检查长度，如有需要设置为恰当长度
		3）如有需要放入工具托内
3	卡盘	1）检查所有零件可用
		2）如有需要预装卡口
4	信息系统	1）检查版本号
		2）如必要的话计算材料的尺寸
5	任务文档	1）检查特别要求
		2）检查头部角度和工作臂的匹配
		3）检查位的类型和数量
		4）检查检验的要求
		5）检查切削工具的位置、类型、工作臂和头部

2.4.3 快速换型的延伸运用

典型的快速换型核心是转移和减少内部工作，以减少设备停机时间。对于多品种、小批量、定制化产品而言，一方面换型的次数较大批量产品会更多，另一方面换型的工装也会更多，特别是对于定制化产品，会有较多且不成熟的专用工装夹具等，导致换型时间也会长。本节将快速换型的概念延伸，介绍适合多品种、小批量、定制化产品的快速换型应用。

1. 轻量化改善，降低换型人员的劳动强度

一方面改进工装结构，分析工艺需求和功能特点，精简结构特征，在满足安全性的同时实现工装减重（不要"傻大笨粗"）；另一方面，在成本合适的情况下优化材料，如采用较轻的铝合金材料代替较重的铁磁性材料等。

2. 工装集成改善，减少工装切换

分析工序间切换工装的情况，集成工装功能点，将原本前后工序的两个工装合并成一个工装，减少工装拆卸，在一个工装上完成两道工序的操作。这个改善方向类似于典型换型步骤中的第四步——减少内部工作。

3. 人机工程改善，降低操作难度

分析换型人员的动作浪费，从人机工程学角度进行改善，降低操作难度。图2-47所示为人机工程改善案例，改善后将工装车底部避空，缩短操作人员与产品的距离，更便于操作。

图 2-47　人机工程改善案例

4. 安全裕度改善，减少工作量

分析连接件的强度，在满足强度要求的情况下减少安全裕度，减少工作量及对应的时间。图 2-48 所示为安全裕度改善案例，将密封堵盖工装的螺钉、螺母数量减少了 70%，大大减少了工作量。

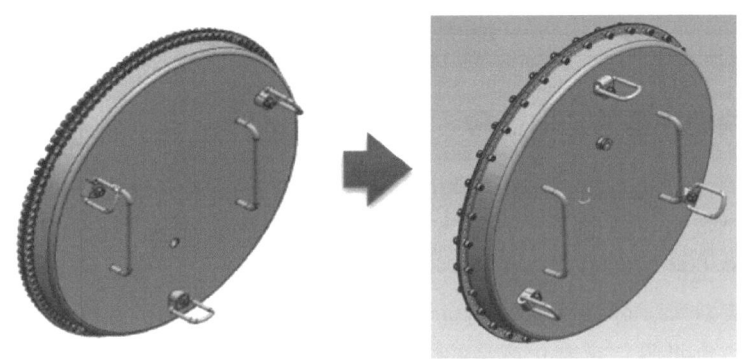

图 2-48　安全裕度改善案例

与第 2.3 节介绍的成套工装不同，成套工装需要配合成套超市和水蜘蛛共同运行，才能发挥更大的作用，而快速换型这一工具相对独立且简单，可以重复进行，不断减少瓶颈工位的换型时间。

第 2 章小结　流动改善，落地为王

本章介绍了产线生产流动改善、落地的三种工具：布局设计、成套工装和快速换型。虽然三者本身关联性不大，但在产线流动中各自发挥着重要作用。布局设计是综合性工具，需要用到各种精益知识，从产线布局本身促进流动；成套工装与内部物流的顺序线边配合使用，从工装物料角度加速流动；快速换型步骤成熟且可反复使用，从不同型号间的切换时间入手，减少等待，加速流

动。最后对换型概念进行延伸，介绍快速换型在多品种、小批量环境中有针对性的运用。

在流动改善模型中，产线生产流动是第一个重要的流动模块，实践中通常是首先进行产线的流动改善，再逐步开展其他流动改善。产线流动改善，可以促进工厂各条产线的快速流动，为后续物流改善和管理改善打好基础并提出需求。

第 3 章

内部物流流动落地之道

物流是工厂的血液循环系统，使物料从原材料开始，顺畅地在工厂内流动，最终流转到成品库。内部物流是产线生产顺畅流动的保障和体现，本章可以看作第 2 章产线生产流动的延展，产品在产线层面上实现流动加速之后，对整个内部物流系统提出了更高的要求，正如"JIT"生产所期望的，要在需要的时间和地点提供必要数量和完美质量的产品/零部件，达到用最少的资源投入实现最大的产出效果。

本章重点介绍内部物流系统中的三个关键组成部分，即顺序线边、成套超市和水蜘蛛设计。顺序线边主要介绍作为产线与物流的边界，物料以何种方式、容器、数量进行补充，也将介绍料架设计、线边布局设计和目视化设计等对应内容。成套超市是常规超市的一种特殊形式，与上一章讲的成套工装相呼应。本章将从成套超市的特点、配备、预警、区域选择、布局设计等维度进行介绍。作为顺序线边和成套超市之间连接的核心角色，水蜘蛛通过高频次的循环转运，不断将物料（及其他物品）从超市配送到各个线边，再从线边将成品、空容器等返回超市（逆向物流），实现内部物流的快速流动。本章将重点介绍水蜘蛛的标准作业和设计步骤，最后一节简要介绍 AGV 形式水蜘蛛在多品种、小批量环境下的应用。

💡 3.1 内部物流流动概述

3.1.1 需要内部物流改善的典型现象

当生产现场存在以下现象时，说明需要进行内部物流相关的改善：
1) 现场原材料、在制品库存量大，占满各种空间。
2) 产线需要的物料不及时，不急需的物料却很多。

3) 原包装上线,需要员工拆包装,现场存在较多包装物。
4) 成套性差,经常要使用时发现缺少某种物料。
5) 物流人员将物料集中到某一位置,员工自取或需要自行到超市或上游工序取料……

3.1.2 内部物流流动高效工具介绍

当生产现场存在一种或多种上述现象时,推荐以下高效工具:

1. 顺序线边设计

线边是生产与物流的边界,在多品种、小批量环境下,本书特别强调顺序线边(而不是看板形式的线边)这种方式,即物料按照使用顺序进行线边配送。线边设计的内容包括:裸件上线设计、使用点设计、低成本自动化设计、顺序线边数量设计、线边货架设计、整体线边布局设计等。图3-1所示为典型的线边设计案例。

图3-1 典型的线边设计案例

2. 成套超市设计

超市是内部物流的必要缓冲,确保物料的顺畅流动。结合上一章的成套工装,本章强调成套概念,以成套的方式进行存储、配备和配送。超市设计的内容包含:超市物料种类和数量设计、超市布局设计、超市成套体系设计(与成套工装和顺序线边及水蜘蛛相结合)。图3-2为典型成套超市案例,水蜘蛛在成套超市中进行物料的成套配备。

3. 水蜘蛛配送设计

水蜘蛛配送是一种多品种、小批量、高频次的内部物流配送方式,其设计内容包括:水蜘蛛配置设计(小火车、牵引车、车厢等)、水蜘蛛人员设计(人员数量、循环时长等)、水蜘蛛标准作业设计(工作内容、路线、停止点)等。水蜘蛛是内部物流的灵魂,是流动改善落地的体现。图3-3为典型水蜘蛛配送案例。

流动改善：多品种小批量趋势下的精益落地之道

图 3-2　典型成套超市案例

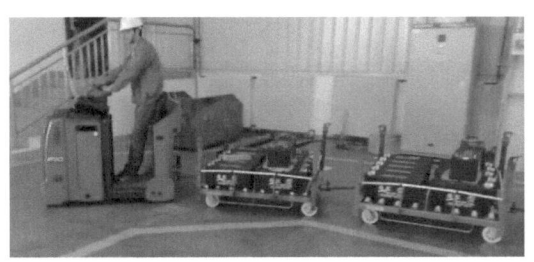

图 3-3　典型水蜘蛛配送案例

3.2　顺序线边

在精益内部物流中，物流人员将产线所需物料配送到线边，产线操作人员从线边拿取物料进行操作。线边设计是指对产线的各个工位的线边进行设计，包括容器（工装车）设计、补充方式设计、容器数量设计、线边料架设计、线边布局设计、目视化设计等。

常见的线边形式有两种：看板形式和顺序形式，两者在补充方式、物料数量、线边面积等方面略有不同：

1）看板形式，有时也称为双盒拉动形式，是指在线边至少有两个容器，一个容器用完后，水蜘蛛根据空容器和取货看板进行补充的线边形式。

2）顺序形式，也称为配送形式，是指线边没有固定的物料放置，水蜘蛛或AGV根据生产计划，从超市取料并配送到线边的线边形式。

图 3-4 为两种形式的线边示意图，左图为经典的看板（拉动）形式，物流人员根据空容器及对应看板进行物料补充；右图为顺序形式，物流人员根据需

求顺序进行补充。

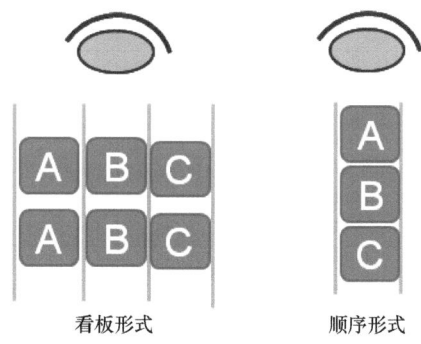

图 3-4 两种形式的线边示意图

对于多品种、小批量、定制化产品而言，由于其多品种和小批量的特点，顺序线边是非常适合的线边方式。本节在介绍两种线边共同点的同时，重点介绍顺序线边的应用。

3.2.1 线边设计的原则

不管是顺序形式还是看板形式，线边设计的原则是一致的。进行线边设计要遵循一定的原则，基本出发点是减少人员浪费和减少库存浪费，具体来说包括如下五个原则：

1）小容器与工装车：这是容器设计的原则，将容器小型化与带轮化，以减少弯腰、转身、寻找的浪费，同时由于容器较小或带轮，也可以减少叉车的使用。在第 2.3 节中介绍的成套工装，也是小容器与工装车原则的体现。

2）裸件上线：裸件也是容器设计的原则，从使用人员的角度，减少或消除拆包装动作，可以直接拿取使用，同时也减少包装物占用线边空间及对美观的影响。

3）配送到使用点（Point Of Use，POU）：这是线边设计的重要原则，物流人员将物料直接配送到线边员工伸手可及的地方，减少员工走动、弯腰、转身等动作浪费。

4）线边物料数量最少原则：在保证产线不缺件的情况下，线边物料的数量最少，根据计算公式顺序线边是线边物料数量最少的一种线边形式。

5）人机工程学原则：在线边料架设计与制作时，要考虑人机工程学（高度、层高、防护、稳定性等），减少水蜘蛛和生产人员的动作浪费。

由于物料特点的不同，因此每一个工位的线边也不相同。在进行线边设计时，要充分考虑和运用以上原则，尽量满足这些原则的要求，结合零件和产线的特点选择更适合的线边形式。

3.2.2 看板形式和顺序形式的对比

看板形式和顺序形式在计算公式、线边物料、组织形式、补充方式、水蜘蛛操作等方面都有不同，见表3-1。

表3-1 看板形式与顺序形式对比表

对比项	看板形式	顺序形式
计算公式	看板形式容器数=(2个水蜘蛛循环时长/循环时长（Cycle time, CT）×单台耗量)/容器容量+1个容器	顺序形式容器数=(2个水蜘蛛循环时长/CT×单台耗量)/容器容量
线边物料	一直存在，循环补充	开始没有，生产后才有
组织形式	按型号放置，主要型号线边都有位置	按使用顺序放置
补充方式	根据空容器和看板补充 取了就能补充到线边	根据顺序清单补充 取了不一定能补充线边
水蜘蛛操作	循环过程中取空容器和看板，到超市取满容器、放空容器	根据顺序看板首先到超市取满容器，循环后将空容器返回
换型时	不需要特殊备料，常用型号都是双盒，对于非常用型号，则用顺序形式补充	需配送新型号零件，收回上一个型号剩余零件
适应条件	零件型号较少 循环时长较短，使用量大 零件体积不大，能保证人机工程学	零件型号较多、换型频繁 成套配送时 线边空间不足

两种线边形式各有各的特点，在设计过程中要根据具体情况进行判断。通常根据零件特性、容器大小、线边空间、使用速度、容器容量、质量要求等的不同，确定线边的补充形式。下面将重点讲解顺序线边的适应情形、使用方式、计算方式和设计步骤。

3.2.3 顺序线边的适合情形

在本书所关注的多品种、小批量、定制化产品环境下，物料型号多、批量小，存在频繁换型情况，适合顺序形式的线边。特别是当采用成套形式配备物料时更适合顺序形式，即根据产线所需，按照使用顺序配送所需物料与工装，在正确的时间、将正确数量的正确物料配送到正确的地方，实现JIT式的线边配送。

通常情况下，顺序线边更适合以下情形：
1) 使用AGV配送时：AGV能根据计划直接将产线所需物料配送到线边。

2）当线边空间不足时：看板形式需要将不同型号的物料都放在线边，因此线边的空间要求较大；反之，如果零件体积较大或者空间不足，可采用顺序形式。

3）希望线边零件数量最少时：减少物料数量是线边设计的重要原则，顺序形式的线边数量较看板形式要少。

4）换型频繁时：定制化产品零件型号较多，不同产品的型号不同，换型较频繁。

5）成套配送时：成套配送物料通常为顺序形式（成套是本书推荐的形式）。

6）有防错需求时：物料型号间差别不大，存在用混、用错的可能。

7）避免使用取货看板时：理论上，每一种看板零件都对应取货看板，数量多易出错，而顺序零件有时可以用顺序清单来代替，以减少看板数量和降低信息传递复杂度。

8）成本或质量要求高时：当某些零件较贵重或者放置时间较长容易出现质量问题时，可采用顺序形式。

3.2.4 顺序线边的使用方式和相关计算

与顺序零件对应的信息传递方式是顺序看板，顺序零件与顺序看板同步使用。

1）在使用实体看板作为信息传递方式的环境中，水蜘蛛从平衡箱中取生产计划及与之对应的顺序看板，每一种顺序零件有一张顺序看板，也可以将诸多顺序看板整合成一张顺序零件清单，以减少看板的使用。若使用AGV，则信息直接发送到AGV中，取消了纸质实体信息的传递，目前这种方式越来越普遍。

2）根据顺序看板到超市中取装满零件的容器，同时返回上一循环的空容器。

3）按顺序将装满零件的容器放置到线边相应的位置，收取空容器；操作人员使用零件。

4）水蜘蛛返回平衡箱，拿取下一个循环的装配生产看板和顺序看板，重复循环。

线边物料数量最少是线边设计的原则之一，通过计算可得出最少的线边容器数量，计算公式为

顺序形式容器数=(2个水蜘蛛循环时长/CT×单台耗量)/容器容量

式中，CT是指客户产线的循环时长。

在实际线边设计中，计算结果不足2的要调整到2，即至少要两个容器，表示线边货架制作时，要有两个容器的位置（并不代表线边一直有两个容器，很多时候只有一个容器在使用，货架留有两个容器的位置的意义在于当下一容器配送过来时，线边要有空间来放置）。顺序形式计算举例见表3-2。

表 3-2　顺序形式计算举例

序号	水蜘蛛循环时长（min）	2个水蜘蛛循环时长（min）	CT（min）	单台耗量	容器容量（个）	顺序形式容器数量	调整后容器数量
1	30	60	0.5	1	240	0.5	2
2	30	60	0.5	1	120	1	2
3	30	60	0.5	1	60	2	2

经计算得出的值是同一类型物料在线边的数量，据此可以进行线边料架的设计。与看板形式不同，看板形式如果有三种主要型号，那么三种型号都要在线边预留相应空间，而顺序零件由于是按照顺序配送，同类型零件只要留一个位置即可。同样通过计算可得知线边容器的数量、所需制作看板的数量等一系列信息。

通过公式计算出的线边可以确保产线在水蜘蛛正常循环时长内不缺料，且线边物料的数量最少，以促进物料更快速地流动。

3.2.5　顺序线边的设计步骤

线边设计即为每个工位设计线边，一方面是指设计线边料架，根据放置容器的数量和容器的长、宽、高来设计料架尺寸，是线边设计的主要内容；另一方面是指在料架设计完成之后，设计工位整体料架与工装车的布局，最大限度地满足增值区和POU的原则。

顺序形式线边和看板形式线边设计步骤类似，具体可参考以下八步：

第一步：确定零件形式。根据零件的特点，确定哪些零件是看板零件，哪些零件是顺序零件。

第二步：计算线边容器的数量。根据两种形式的计算公式，计算线边容器的数量，用Excel代入公式可快速计算，对于异常数据进行人工复核。

第三步：设计货架尺寸。根据容器的数量及外形尺寸，设计每种零件线边料架的尺寸。如果容器本身就是成套工装车，则设计会简单一些，直接用工装车作为线边。图3-5为线边设计案例，其中左图为料架形式线边，右图为工装车形式线边。

第四步：整合线边料架。将工位的所有线边进行整合，调整料架的层数、层高、容器放置方向和倾斜角度。当物料较多时，可以设计成弧形，确保货架宽度在增值区范围内。

第五步：确定零件的摆放位置。根据使用顺序、左右手、零件轻重、大小等确定料架中零件的位置，以方便员工拿取使用，减少动作浪费。

图 3-5 线边设计案例

第六步：确认现场空间。确认现场实际工位是否有空间能放下料架，并进行调整（层数、容器方向等）；在必要时可能会调整容器形式、补充形式或水蜘蛛循环时长等内容。

第七步：预留空容器层。空容器的返回层通常在料架的最上面一层或者最下面一层（实际案例中在最上层的多些），由于空容器重量轻，返回层可适当高些。

第八步：设计整体布局。各个工位都进行以上步骤的设计，最后绘制整体线边布局图，考虑整体美观性，避免异常突出或超出定置线等并快速进行调整。

在线边设计步骤中，前三步为重点，即根据零件的特点和补充形式，确定线边形式、计算出线边容器数量，再根据容器数量和形式设计出线边料架尺寸。后面五步为在这基础上的细化运用，最终形成线边料架图纸和整体布局图。

3.3 成套超市

在上一节中介绍了顺序线边，若线边的空间足够大且能满足配送到 POU、人机工程等的要求，可以不用其他仓储区域，供应商直接将零件配送到线边即可。但通常线边空间有限、供应商也很难高频次配送，因此需要一个空间先放置供应商送来的物料，然后物流人员根据产线需求，以高频次（如一个小时一次）的方式补充到线边，这个空间通常称为超市。因此，从这个角度而言，超市是线边的一种延伸。

在《精益工厂：内部物流管理实践手册》中，详细地介绍了超市的特点、大小计算和设计步骤，设计的重点是超市中物料的种类确定、数量计算以及布局设计等；其关注的物料种类是按库存生产（Make To Stock，MTS）物料；按订单生产（Make To Order，MTO）物料由于占用空间较小，没有做过多介绍，仅要求留有一定空间即可。对于多品种、小批量、定制化产品而言，与批量生产相反，MTO物料会较多，MTS物料相对会较少，对成套的要求也更高，因此本书将更加关注MTO物料，结合一直强调的成套概念，称为成套超市设计。

3.3.1 成套超市的特点

成套超市是常规超市的一种特殊形式，也具备常规超市的特点。

1. 便于拿取和放置

在内部物流流动中超市的客户是水蜘蛛，从客户的角度出发，超市首先要考虑水蜘蛛的操作方便，同时要考虑补货人员的操作方便，因此不建议使用高层货架以及相应的升降叉车，建议使用前文提到的小容器或带轮工装车。

2. 目视化

超市目视化包括浅层次目视化和深层次目视化。浅层次目视化传递基本信息，包括超市整体标识、货架标识、货位标识、地面标识、先进先出标识、安全标识、停车标识、斑马线等；深层次目视化进行超市管理，包括物流人员工作量分配、异常管控等。后续将要介绍的成套预警目视化，就是深层次目视化的一种体现。

3. 先进先出

先进先出是所有超市或仓库的基本要求。相对于传统的仓库，由于货架高度和容器大小的因素，超市的先进先出更容易实现一些。超市中要多用道具化、实体化方式确保先进先出，减少对人的依赖。

成套超市除具备常规超市的特点外，还有更多有针对性的特点。

1. 成套预警

成套超市不仅以成套的方式存储物料，更重要的是要进行成套预警，提前发出预警信息，促进成套。成套预警是成套超市的一个重要特点，在下节将展开介绍。

2. 成套放置

常规的超市一般按照物料类型进行布局设计，而成套超市通常按照成套的方式进行放置。虽然现在信息化越来越完善，在各种系统中也能很容易进行成套（如按灯分选，扫描成套清单后对应货位的灯亮起，在拿取物料后灯熄灭，减少人为选择和判断工作，降低出错概率），但实物的现场确认也是一个必需的环节。当物料以成套方式放置时，更有利于现场的实物盘点和配套工作。

3. 顺序补充

常规的拉动系统超市根据物料消耗拉动上游工序生产，各种物料都会有一定的库存（通过计算得出），而对于典型的多品种、小批量、定制化产品，由于型号多、批量小的特点，超市中并不会预留库存，而是根据订单需求进行生产，采用顺序补充的形式，这一点也对应上一节的顺序线边。

3.3.2 成套预警

在多品种、小批量、定制化环境中通常 MTO 物料较多，因此任何一种物料的不及时都会导致生产的中断。为避免这种情况发生，将缺件问题提前暴露并在配送之前解决是一种上策。成套预警是成套配送延伸出来的重要功能，对于减少上线缺料具有积极作用。

通常会开展多级预警，如提前 10 天进行成套工作，输出缺件清单，用邮件等电子形式发送相关人员，开展一级预警；及时梳理缺件信息状态，5 天后进行第二轮成套，输出缺件清单，发送相关人员的同时以实体目视化方式呈现，开展二级预警；每天跟进关键缺件信息状态并报送，开展三级预警。

利用齐套软件等信息化方式有助于快速将信息传递给相关人员，是一种高效预警方式。在精益改善初期，利用实体的目视化成套预警是优先选择，待流程逐步完善后再用信息化方式呈现。图 3-6 为成套预警案例，以实体的看板为载体，体现成套预警。

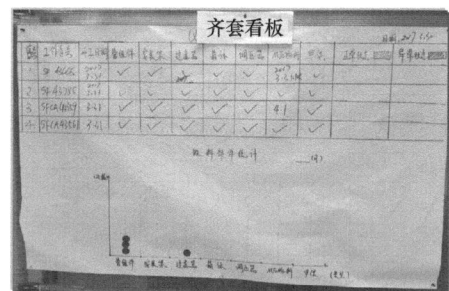 

图 3-6 成套预警案例

成套预警通常与平衡箱结合，在物料不齐时不能安排生产。在成套预警中要注意以下几点内容：

1）安排有经验的员工进行成套操作：由经验丰富的员工进行成套操作，经验相对缺乏的员工进行配送，以减少错误发生。

2）按顺序布置：在成套区域内，最好按工装顺序进行布置并目视化，便于直观发现缺料情况，也便于成套配备。

3）目视化预警机制：用目视化的方式进行成套预警，反映超市真实的成套情况；辅以各种信息系统，不能完全依赖信息系统。

3.3.3 成套超市布局设计

成套超市布局一般分为三大区域,即成套区域、MTS 区域和其他区域,超市大小的具体算法请参考《精益工厂:内部物流管理实践手册》,本节不展开叙述,仅做简单介绍。

1. 成套区域

对于 MTO 物料,根据消耗速度、供应商送货频次、物料容器大小等确定成套区域大小。超市中的成套区域包含成套好的物料放置区域及通道等。图 3-7 为超市成套区域案例,左图为工装车形式(已成套),右图是容器形式(待成套)。

图 3-7 超市成套区域案例

2. MTS 区域

对于按照库存生产(MTS)物料,根据使用量、使用顺序、零件特点等,利用超市计算公式,计算超市大小,形成 MTS 区域。图 3-8 为 MTS 区域案例,左图为工装车形式,右图为料架容器形式。

图 3-8 MTS 区域案例

3. 其他区域

除常规区域外,在成套超市中还要设定空车区和不良品区,集中放置空车和不良品。另外,要设置适当的缓冲区域,以应对特殊情况。

4. 成套超市区域选择

在工厂内部寻找大小合适、环境合适的场地作为成套超市的地点。超市区域选择要注意以下几点：

1）接近线边的区域，便于配送和快速响应。

2）接近主通道出入口，便于进出。

3）有时在仓库的旁边划出一个区域，作为成套超市区，以便与当前仓库相区别。

4）超市与仓库结合。将传统仓库立体货架的最下面一层作为成套超市，图 3-9 为立体库改造成套超市案例，将原立体货架第一层改造成超市形式，具备超市特点，其上层保持立体货架形式，以利用其空间。由于未占用其他空间、未改变区域性质并具备超市的特点，目前超市与仓库结合的形式应用较为普遍。

图 3-9　立体库改造成套超市案例

3.3.4　成套配备

建立成套区域和工装后，应继续设计成套配备的人员需求和操作流程。在成套物料较少时，配备工作可由水蜘蛛承担，即水蜘蛛既进行配送，也进行配备；当成套物料较多或者水蜘蛛工作负荷已满时，需要其他人员进行配备工作。图 3-10 为成套配备案例，左图为水蜘蛛一边走动一边进行成套配备，右图案例为专人进行成套配备。

成套配备是成套超市设计结果的体现，配备人员可以轻松地进行物料配备工作，减少错配、少配等情况的发生，同时减少走动、弯腰等人员动作浪费。

成套配备完成后，即可根据需求由水蜘蛛或 AGV 配送到线边，完成物料的转移和消耗。在第 3.4 节将介绍连接顺序线边和成套超市的重要物流角色——水蜘蛛。

图 3-10　成套配备案例

3.3.5　自动化成套超市

随着自动化的发展，无人自动化立体仓储系统应用越来越广泛，这个系统能够按照指令自动完成货物的存取，并能对库存货物进行自动管理，完全实现自动化作业。自动化立体仓储系统案例如图 3-11 所示。

图 3-11　自动化立体仓储系统案例

自动化立体仓储系统适应各种存储环境，在多品种、小批量生产中具有更好的优势：

1）利用上层空间，减少超市面积的占用，利用较少的面积实现较大的存储能力。

2）良好的信息系统能更好地实现成套预警。

3）可自动进行成套配备，减少人员的寻找、判断等动作浪费。

4）减少超市布局设计工作，升降车自主排布物料布局。

自动化仓库物料配备加上自动化的运输，就是全自动的物流配送系统：当顺序线边需要物料时发出需求信号，升降机从自动化立体仓库中选出所需物料，自动对接给 AGV，再由 AGV 配送到线边，返回时将空周转器具带回仓库。

这种方式打破了传统的看板信息传递方式和水蜘蛛循环配送方式，以电子形式传递信息、自动化方式进行配送，能实现更及时的成套预警、更准确的线边配送。当然，这也需要完整和准确的信息收集和处理能力，在具体项目中要根据不同的物料特点和生产特点设计适合企业特点的成套超市形式。

3.4 水蜘蛛设计

前面两节介绍的顺序线边和成套超市，是两类特定的物料放置点，这两种实体物料放置点之间需要一个"角色"将其连接起来，在精益内部物流体系中这个"角色"被称为水蜘蛛。水蜘蛛是内部物流的灵魂，通过高频次、多品种、大容量的循环转运，不断将物料（及其他物品）从超市配送到各个线边，再从线边将成品、空容器等返回超市，实现内部物流的快速流动。

在多品种、小批量、定制化产品环境中，更需要高频次的、规律性的物料配送，而水蜘蛛非常符合这种需求。水蜘蛛设计在《精益工厂：内部物流管理实践手册》中已详细讲解，本文摘取其核心部分，重点从多品种、小批量、定制化产品的角度，扩展讲解水蜘蛛设计的相关内容。

3.4.1 水蜘蛛概述

1. 定义和特点

水蜘蛛是工厂中专门从事物料和信息传递的一个岗位，日文为 Mizusumashi，英文为 Water Spider，直译为水蜘蛛，也称作转运工、物料员、配送员等。水蜘蛛规律性地在成套超市和顺序线边之间流动，确保在正确的时间提供正确数量的正确产品。

在精益内部物流中，水蜘蛛的装备不是传统的叉车而是小火车，通常由牵引车和几节车厢组成，车厢内放置的是多品种、小批量的零件；水蜘蛛类似公交车或地铁，有自己的循环时长、循环路线、停止点和工作内容，就像血液循环系统一样将物料配送到需要的各个地方。典型水蜘蛛案例如图 3-12 所示。

图 3-12 典型水蜘蛛案例

2. 设计目标

水蜘蛛的设计目标是实现多品种、小批量、高频次的 JIT 式物料供应与信息传递，在最少库存的情况下满足产线生产需求，具体来讲其设计目标如下：

1）多品种、小批量：利用小容器和工装车，在大容量的同时，实现多品种、小批量的物料配送。

2）高频次：较短的循环时长对应较高的配送频次，水蜘蛛循环时长通常在2h以内，最好为0.5h或1h，超过2h则体现不出高频次的需求。通过较短的循环时长实现高频次的多品种、小批量配送。

3）少浪费：一方面是指通过配送到使用点、裸件上线等方式，减少产线上人员的动作浪费；另一方面是指通过路线设计、工装车、停止点等内容，建立水蜘蛛标准作业，减少水蜘蛛本身的浪费。

3. 典型配置

要实现多品种、小批量、高频次的物料配送与信息传递，传统的叉车（通常大批量单一品种）很难实现，水蜘蛛的配置要满足以下条件：

1）装载能力强：要有较大的装载能力，满足一个循环时间内各种物料的需求。

2）能实现多品种、小批量：在高装载量的同时，还要满足多品种、小批量要求，满足不同的线边甚至不同产线的多种物料需求。

3）较好的操作性：水蜘蛛需要频繁地从超市取料和到线边送料，因此装备要有较好的操作性——便于快速上车、下车，便于物料容器的搬运或对接。

4）安全和符合人机工程学：要减少隐患、确保安全（人的安全、设施设备的安全、物料的安全）和符合人机工程学（避免弯腰、搬重物、行走距离远等）。

在精益内部物流系统中，水蜘蛛模式的典型配置是小火车（包含牵引车、车厢和牵引），这种模式称为"地铁/公交车模式"。相对于叉车，其在保持大容量（多节车厢）的同时，实现多品种、小批量，可以在较短的循环周期内，一次配送多种型号的零件，并且成本低、安全性好，因此在精益物流中广泛运用。图3-13为水蜘蛛典型配置案例，左图为常规站立式牵引车、中图为走动式牵引车、右图为容器与工装车结合式车厢，适应不同条件下的水蜘蛛操作。

图3-13　水蜘蛛典型配置案例

3.4.2 水蜘蛛标准作业

同产线的操作人员一样,水蜘蛛也有自己的标准作业,通过标准作业来减少工作中的浪费。水蜘蛛标准作业主要包括三个方面:循环时长、工作内容、路线与停止点。

1. 循环时长

水蜘蛛循环时长通常为 30min、60min、90min 或 120min,从以下角度分析:

1)更少的线边和超市库存:根据线边和超市计算公式,水蜘蛛循环时长短则对应线边和超市的库存会少。

2)便于水蜘蛛人员记忆:以整点、半点出发便于记忆,管理者、生产人员也会判断水蜘蛛到达的大概时间,有心理预期。

3)水蜘蛛改善意义:循环时长超过 2h,线边库存则至少是 4h(两个水蜘蛛循环),对于线边库存、占用空间、动作浪费、人机工程、现场环境等改善不明显,水蜘蛛改善意义不大。

需要说明的是,不同的水蜘蛛其循环时长可以不同,如某个水蜘蛛的循环时长为 30min,另一个水蜘蛛的循环时长 60min 或其他时长。水蜘蛛根据标准循环时长运行,但由于容器容量、零件消耗速度、产线状态等不同,水蜘蛛循环结束的时间可能会有所不同,有时提前有时落后,这是正常现象。

2. 工作内容

简单来说,水蜘蛛的工作内容就是按照一定的路线,从超市提取产线所需要的物料,将其配送到线边使用点,然后将线边的空容器与信息等返回到超市,再从超市取料的循环操作过程。水蜘蛛的工作内容示意图如图 3-14 所示。

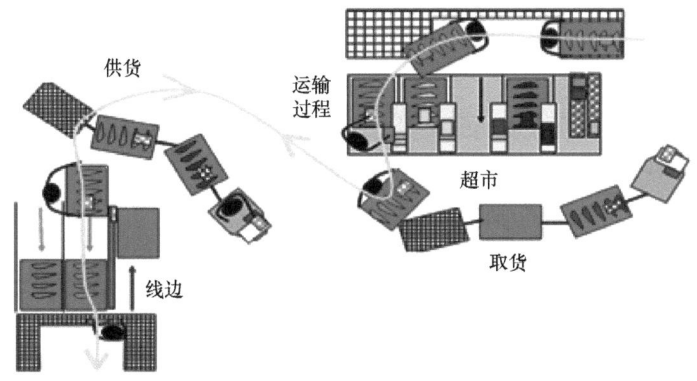

图 3-14 水蜘蛛的工作内容示意图

1）取货：根据相关信息到超市中拿取零件，并返还上一个循环带回的空容器。

2）路途：沿规定路线、速度在路线上行进，在停止点进行操作。

3）供货：在停止点将物料配送到线边使用点，同时收回空容器及其他逆向物料，进行相应信息流操作。

3. 路线与停止点

水蜘蛛有固定的行走路线，不是随意行走。工作路线要结合工作内容和工厂布局，设计适合牵引车行走、能完成所有工作且距离最短的运行路线。同时设计路线上的停止点，确保在停止点的位置水蜘蛛的走动距离最短。图 3-15 为水蜘蛛路线与停止点示意图，图中箭头表示行进方向与路线，数字编号表示依次的停止点。

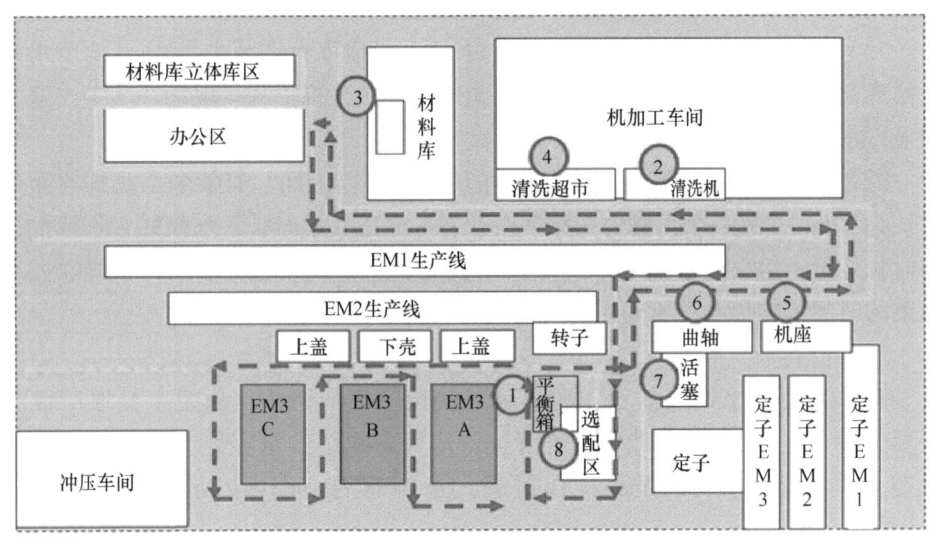

图 3-15　水蜘蛛路线与停止点示意图

4. 作业指导书

水蜘蛛根据其标准作业开展配送工作，根据不同的运行情况，标准作业也各有不同，将循环时长、路线和工作内容相结合，整理到一张作业指导书上，见表 3-3。

3.4.3　水蜘蛛设计步骤

水蜘蛛设计是内部物流设计中非常重要的部分，其设计不是按部就班就能完成的，而是需要反复地平衡多个工具，与顺序线边、成套超市等内部物流工具一起不断进行优化，形成最佳方案。

内部物流流动落地之道 第3章

表3-3 水蜘蛛标准作业指导书

作业表名称	水蜘蛛标准作业表		工号牌	×××	联系方式	×××
使用劳保用品	安全帽、绝缘鞋	操作人员	工种	牵引车工	技能等级	中级	操作资格	操作证
使用工具	电动牵引车		制定时间	2023.02.11	修改时间	2023.06.30	送料频次	2台套/2h

物流路线图

（图示：转台大吨位区域布局，包含精等切割机区域、空容器区域、火焰切割区、折弯区域、臂头臂尾区域、调平区域、超市（北侧）、超市（南侧）、大拼一工序④、大拼二工序⑤、大拼三工序⑥）

序号	作业步骤	作业分解	时间	操作要点
1	水蜘蛛返回空容器	水蜘蛛从北三跨东门入，行至东空容器存放区	2	过轨道车速≤3km/h
		转运工提升牵引车后牵引钩，释放空容器	3	不需要下车
2	水蜘蛛开往超市	水蜘蛛开往超市伸臂配盘区	1	行驶车速≤5km/h
3	水蜘蛛取拼三、后尾物料	水蜘蛛在转台物料待转区停车，从放置盒中取出取料看板	2	
		转运工步行至待转区，取出高求容器，挂接于车后	3	
		水蜘蛛返回车头，上车	2	
4	水蜘蛛取拼一、二物料	水蜘蛛在转台物料待转区停车，从放置盒中取出取料看板	3	
		转运工对照超市管理板信息，确认物料配送完成情况，如缺料，则填写下一张看板；如已配，则执行下一步	4	信息确认
		转运工步行至待转区，取出高求容器，挂接于车后	3	
		水蜘蛛返回车头，上车	1	
5	水蜘蛛开往结构拼一工序	水蜘蛛开往结构拼一处停车，转运工下车，步行至牵车	2	行驶车速≤7km/h
		转运工解开牵引装置，将满容器推至线边定置区	3	
5	水蜘蛛配送拼一物料	水蜘蛛开往线边空容器区，取空容器下车后	4	现转运方式主要为人力推动
		转运工步行至结构拼二处停车，转运工下车，步行至牵车	3	
6	水蜘蛛配送拼二物料	水蜘蛛在拼二处停车，转运工下车，步行至牵车	2	
		转运工解开牵引装置，将满容器推至线边定置区	3	现转运方式主要为人力推动
		转运工步行至线边空容器区，取定置区	4	

61

1. 准备工作

水蜘蛛开始设计前，要确认以下内容已经具备：

1) PFEP：在经过前期的成套工装设计、顺序线边设计和成套超市设计后，PFEP 数据库应已越来越完善，数据也更加准确。

2) 容器（工装车）：容器的容量和尺寸是水蜘蛛设计的重要输入之一，在前文成套工装设计和线边设计中，已对容器（工装车）进行了设计与更新。

3) 超市和线边：确保超市和各个线边已经设计和初步制作完成，符合人机工程学，便于拿取和补充。

4) 水蜘蛛配置相关：准备精益管、流利条、脚轮及连接件等物料及工具，便于快速制作车厢等工装。

2. 标准作业内容设计

在准备工作完成后，进行水蜘蛛标准作业内容设计。由于内容间存在相互关联性，有些步骤会有反复以达到最佳设计。以下为水蜘蛛标准作业内容设计的六个步骤：

第一步，确定循环时长。利用在线边设计和超市设计时设定的循环时长，进行水蜘蛛人员的计算和复核，这一步与第五步会反复进行，并最终确定这一时长。

第二步，列出工作内容。按照工作顺序逐步列出水蜘蛛的所有工作内容，包括线边、超市操作和信息流操作等。

第三步，计算搬运数量。根据循环时长计算水蜘蛛需要搬运的容器数量，计算在一个循环周期内，各线边所能消耗的容器的数量。这个数量既是水蜘蛛在线边的搬运数量，也是在超市的取料数量，水蜘蛛每个循环的搬运数量为两者之和。

第四步，测量实际需要时间。通过现场试验，测量每项工作所需要的时间，包括路途时间、上下车时间、配送满容器时间、返回空容器时间、超市取件时间和返还时间等所有工作内容所需时间，累积后即为水蜘蛛一个循环实际需要的时间。

第五步，调整水蜘蛛人数。用第四步所得的水蜘蛛一个循环实际所需时间除以之前设定的水蜘蛛循环时长，即为水蜘蛛人数需求。因此水蜘蛛人员数量与水蜘蛛循环时长有直接关系，通过调整循环时长可以调整人员数量。需要说明的是，这一步一旦调整水蜘蛛循环时长，之前的线边设计和超市设计也要对应进行调整。

第六步，规划路线与停止点。在工厂布局图上设计水蜘蛛循环路线和停止点，确保在最短、最安全路线下覆盖全部线边位置。

在完成上述内容后，即形成初版的水蜘蛛标准作业，后续随着其他设计的进行不断完善。在经过多次模拟后,形成最新版的水蜘蛛标准作业。

3. 车厢及牵引设计

在完成标准作业内容设计后,需要进行车厢和牵引设计。

1)对于工装车类,增加牵引装置,直接以工装车作为车厢。在多品种、小批量、定制化产品中,成套工装车应用非常广泛。增加牵引的成套工装车案例如图3-16所示。

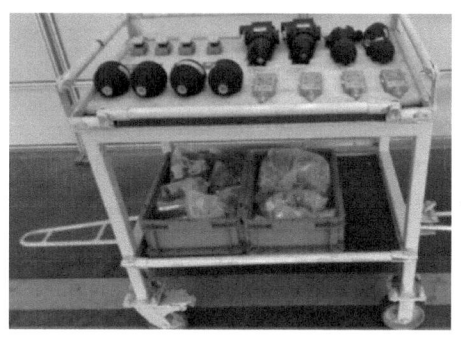

图3-16 增加牵引的成套工装车案例

2)对于盒子类标准容器,需要设计多层工装车作为车厢,根据线边补充数量和PFEP中容器的尺寸,设计车厢的层数、层高和车厢数量。设计后建议以精益管(线棒)形式快速搭建和试验。标准容器型车厢案例如图3-17所示。

图3-17 标准容器型车厢案例

3)车厢间设计统一的连接、牵引装置,在注重安全、便捷的同时要保证能90°转弯。牵引装置通常需要外部采购或制作,以保证使用安全。

4)车厢的整体数量通常为3~5节,根据路线布局情况进行适当调整,调整内容包括但不限于车厢形式、尺寸、容量、车厢数量、循环时间、循环路线、水蜘蛛数量等。

5)车厢中物料的特性不同,车厢的尺寸也会不一致。但在设计整体车厢时，车厢的外形尺寸最好保持一致（长度和宽度），除整体美观外，在拐弯半径、直线行驶等方面都有好处。

6）整体测试，确保整列车厢能直线行驶，没有蛇形摆动；在标准作业设定的路线上进行模拟，确保行驶安全；如果不能保证100%安全，则需要调整行驶路线或者调整工装车的尺寸或数量。

4. 培训、模拟与试运行

1）培训：经过前期的各种设计，已经建立了线边和超市并初步建立了水蜘蛛标准作业，这时可与团队一起回顾之前设计的内容，实践结合理论形成全面的认识。特别是对于后续要运行的水蜘蛛人选（内部物流的灵魂），要进行系统性物流相关培训，使之知其然也知其所以然。

2）模拟：在合适的场地进行模拟，不断发现问题和解决问题、优化操作步骤、更新水蜘蛛标准作业。模拟是内部物流设计中的重要步骤，用水蜘蛛将成套工装、顺序线边、成套超市等各种物流工具串联在一起，验证之前的各种设计，并最终形成新的标准作业。

水蜘蛛模拟要注意以下事项：

① 合适的场地：选择合适的场地进行模拟，最好在生产现场或其他与生产现场面积相同的场地。

② 典型配置：车厢和牵引车应制作完成，牵引车可以用其他形式代替，如叉车或人力。

③ 参与人员：项目管理层及流程相关人员参加模拟活动，提出改善建议。

④ 模拟输出：模拟与改善后，要形成最新的标准作业，固化改善点。

3）试运行：在实际产线中试运行时，由于人、机、料、法等方面的不成熟，水蜘蛛在循环过程中会遇到各种问题，若不及时处理，后果是不能按照循环时长完成配送任务。因此，在试运行过程中，设计人员要全程、全天候跟踪水蜘蛛运行，不断解决其遇到的各种问题，不断更新其标准作业，直到线边、超市等物流工具正常运行，水蜘蛛能按照标准作业正常操作并形成习惯为止。

5. 目视化/安全设计

在模拟、试运行的同时，不断进行目视化/安全工作，减少水蜘蛛循环过程中的浪费，降低安全风险。目视化设计是对车厢整体及各层、行走路线、停止点、标准作业等的浅层次快速目视化：

1）车厢目视化：对每节车厢整体及车厢每层都进行目视化，标识清晰、一目了然。

2）行走路线目视化：在行走路线上画出水蜘蛛行走标识与方向；若空间允许，进行人车分离，用不同颜色区分车行道和人行道。

3）停止点目视化：在地面及空中进行停止点的目视化设计，确保水蜘蛛在停止点停车时，配送物料走动的距离最短。

4）标准作业及相关资料的目视化：在牵引车头上可放置标准作业及其他相关资料文件，并进行目视化。

水蜘蛛目视化案例如图3-18所示。

图3-18 水蜘蛛目视化案例

安全是水蜘蛛设计和运行中永恒的主题，要不断识别水蜘蛛运行过程中可能存在的安全风险并消除风险：

1）车厢/牵引的安全：车厢不要存在尖锐边角等；牵引是受力集中点，强度要够，并建立自主维护表，进行例行检查。

2）牵引车安全：专人驾驶、限速行驶（不超过5km/h）；注意充电区域的安全；通常牵引车在采购时自带警示灯，应结合自主维护表进行检查。

3）物料安全：若容器码放在一起，注意不能污染及磕碰或滑落；对于不良返回零件，设置专门区域或专用颜色容器，避免混乱。

4）设施设备安全：按规定路线行驶、按限速行驶，特别是在拐弯、上下坡、轨道、凹槽等处，减速慢行，避免发生磕碰，同时设置相应的目视化提醒。

5）水蜘蛛安全：按标准作业驾驶和操作，特别是在下车时，要停稳后再下车。除常规个人防护装置外，可配备反光背心等装备。

3.4.4 AGV形式的水蜘蛛

1. 什么是AGV

AGV通常也称为AGV小车，是指装备有电磁或光学等自动导引装置，能够沿规定的导引路线行驶，具有安全保护以及各种移载功能的运输车。随着电子信息技术和仓储物流行业的快速发展，AGV小车的应用越来越广泛。

根据使用环境、载重、导向方式等不同需求，AGV有不同的系列：如激光叉车式、小型仓储式、潜伏式、背负式、复合式等。不同形式的AGV案例如图3-19所示。

图3-19　不同形式的AGV案例

2. AGV的优点

在工业企业中以AGV作为水蜘蛛也非常成熟，具有明显的优势。

1）自动化：AGV最大的优势是自动导航，不需要人一直操作，由信息系统控制，采用电磁、激光或视觉引导方式，沿着固定的路线进行物流配送。

2）对环境要求低、占用面积少：对环境要求低——对高度、宽度、光线等要求较低，可适应人不能适应的环境；拐弯半径小，占用空间少。

3）效率高：不受时间限制，可连续工作；使用电力驱动，环保无污染；可自动充电，充电时间短，使用时间长；具备智能避让等安全措施，运行相对安全。

3. AGV的不足

1）不满足多品种、多容器的配送需求：AGV更擅长整车配送，容器类，一是数量较多，二是需要将容器配送到线边使用点，需要有很好的定位和对接能力，对线边和AGV都有较高的要求。

2）需要员工参与：当AGV不能满足较高的定位和对接需求，又需要将物料准确配送到使用点时，就需要有人来进行"最后一米"的配送工作，会打破生产人员的正常循环时长和标准作业。

3）异常响应能力弱：对配送过程中的异常情况，水蜘蛛可以进行快速判断和响应，而AGV仅有配送功能，其灵活性和异常响应能力较弱。

4. 多品种、小批量、定制化环境下的AGV运用

AGV已经非常成熟，在各行各业都有运用，除了常规的批量生产环境，在多品种、小批量、定制化环境中的应用也越来越多，特别是近年随着信息化系统（ERP、MES、WMS等）的运用，物流自动化成为一种趋势。在多品种、小

批量、定制化环境下应用 AGV，要注意以下几点：

1）先进行生产流动改善：AGV 只是将运输自动化了，在设计 AGV 前应该先进行布局设计、快速换型等生产流动的改善，减少和消除运输浪费，在不能消除时再进行自动化。

2）局部应用和整体应用：AGV 可以局部应用，如仅负责某些物料（较大、较重、异形、运输量较大）点到点的运输，这能大幅度降低物流工作量，且对信息系统的要求较低。AGV 也可以在更大范围内整体运用，这时需要较强的信息系统整合能力，要求较高。

3）水蜘蛛与 AGV 结合使用：实践中，在不同的产品、不同的生产方式、不同的信息系统、不同的自动化需求等条件下，并不是只有一种方式最合适，也可以是两种方式相结合，即部分物料用水蜘蛛、部分物料用 AGV。

整体来说，在物料种类较多、容器形式较多、使用线边料架且需要搬运的情况下，人员水蜘蛛较 AGV 更有优势；当物料种类较少、较重、需求量大、波动较小及定位要求不高时，采用 AGV 更适合。在实际改善中，自动化配送方式除 AGV 和对应的信息系统外，一般也会上自动化的仓储系统与 AGV 配合使用，对应成本较高，因此项目推进中一般先用常规的水蜘蛛方式或水蜘蛛与局部 AGV 相结合的方式，待运行成熟后再进行更广泛的物流自动化。

第3章小结　兵马未动，粮草先行

本章介绍了内部物流流动改善落地的三种工具：顺序线边、成套超市和水蜘蛛，这三者是内部物流改善价值的具体体现。与常规线边设计和超市设计不同，在多品种、小批量环境中，本章特别强调顺序线边和成套超市，详细介绍了顺序线边的使用方式、计算公式和设计步骤，以及成套超市的特点、成套预警和布局设计等，并辅以大量资料，有助于读者快速学习和实践。对于内部物流的灵魂水蜘蛛，虽然 AGV 等自动化物流方式越来越流行，但在多品种、小批量环境中，笔者优先推荐水蜘蛛方式或水蜘蛛与 AGV 相结合的方式，以更好、更快地使内部物流改善落地。

第 4 章 问题解决流动落地之道

第 2 章和第 3 章，分别介绍了产线生产流动和内部物流流动，这两种流动改善有一定的先后顺序，通常先进行生产流动改善再进行内部物流改善。这两种改善基本完成后，进入正常运行阶段。相对于批量产品，多品种、小批量、定制化产品在流动生产过程中会产生更多的问题，应该充分暴露问题、不断解决问题，维持与改进之前设计的生产流动和内部物流流动。

本章将介绍问题解决流动落地之道，笔者将诸多问题分析和解决的工具归纳为识别问题工具集、解决问题工具集及管理问题工具集，针对每一个工具除了介绍工具的适用场景和使用方法外，还将工具背后的逻辑关系、落地过程中的实战要点分享给大家，希望用正确的方式识别问题、用正确的方式解决问题和用正确的方式管理问题。

4.1 问题解决流动概述

4.1.1 需要问题解决流动改善的典型现象

当存在以下现象时，说明需要进行问题解决流动相关的改善：

1）中基层管理者忙于"救火"，没有时间"防火"（改善），或者想"防火"，但不知如何进行。

2）在问题沟通、解决中，存在扯皮、推诿现象。

3）问题经常不了了之，没有反馈或反馈不及时。

4）员工消极对待问题，不愿意暴露问题，甚至掩盖问题。

5）没有大问题、中问题、小问题的解决套路，解决问题靠专家和领导，没有充分利用员工的智慧（第八大浪费）。

6）问题与项目管理过程不可见，靠询问、靠经验，延期现象突出……

4.1.2 问题解决流动高效工具介绍

当问题解决中存在一种或多种上述现象时，推荐以下高效工具集：

1. 识别问题工具集

问题是机遇、问题是宝藏，要通过不同的方式充分识别和暴露问题，让问题无处藏身。常用的识别问题的有效工具有：大野耐一圈活动（也称30-30-30活动）、数据体系、安灯系统等，既充分显现和暴露问题，也主动识别问题。图4-1所示为大野耐一圈活动地面标识，是识别问题工具的典型体现。

2. 解决问题工具集

解决问题要针对三个方面：建立问题的快速响应机制、完善问题解决套路、提供问题解决资源需求。笔者推荐的解决问题的方法包括：优化问题上升机制（三级会议）、培养结构化的问题解决套路（改善周、A3、改善个案等）、建立资源支持中心（月光工作室）等。建立解决问题工具集的目的是促使团队快速响应问题，培养团队解决问题的纪律性和紧迫感，提升全员的问题解决能力。图4-2为月光工作室案例，是解决问题资源支持的典型体现。

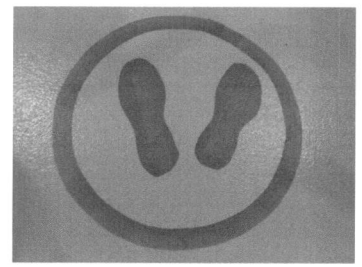

图4-1 大野耐一圈活动地面标识

图4-2 月光工作室案例

3. 管理问题工具集

通过目视化、快速的方式进行过程管控，不断进行问题的PDCA管理。管理问题的方式包括：优化班组管理区、建立与优化不同层次的快反会议室（也称快反中心）、建立与优化订单（产品）管理作战室等，并制订对应的例会机制，形成闭环的问题管理体系。精益的问题管理，希望以团队和目视化的方式，高频次地进行过程管控，通过控制过程来控制结果。图4-3为快反会议室案例，是管理问题工具的典型体现。

图4-3 快反会议室案例

4.1.3 问题解决流动的内涵

精益管理系统是一个持续改进系统，不断地暴露问题、不断地解决问题。问题解决流动的背后是识别问题的态度、解决问题的能力和管理问题的方式。问题解决流动具有以下内涵：

1. 从救火式管理到系统性问题解决

将问题识别和解决标准化，让流程暴露问题、人来解决问题。从"救火"往"防火"转变，从专家解决问题往全员解决问题转变，从解决大问题往解决中小问题转变，防微杜渐，事前控制，这是问题解决流动的上策。图 4-4 为问题解决流动思路示意图，借鉴了安全管理上的海因里希法则，更多地解决小问题，才能避免中问题、大问题的发生。

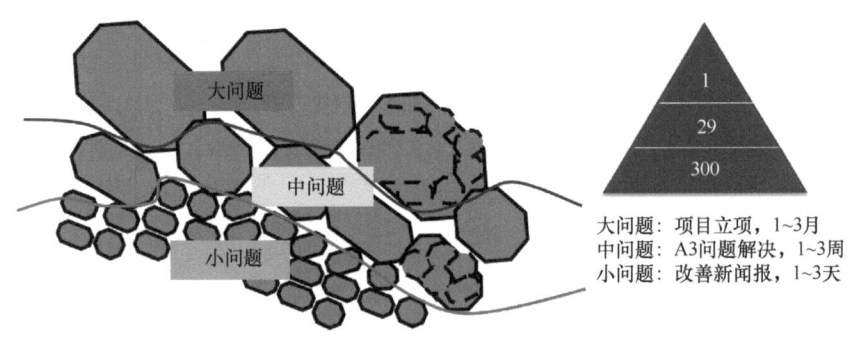

图 4-4　问题解决流动思路示意图

2. 问题解决流动就是不断地 PDCA

本书将问题解决流动分成问题识别、问题解决和问题管理，对应来看，数据体系、大野耐一圈等问题识别工具是 P，三级会议、改善周等问题解决工具是 D，班组管理区、作战室、A3 报告、改善新闻报问题管理工具是 C 和 A。从这个角度来说，问题解决流动就是不断地 PDCA。图 4-5 为问题解决流动 PDCA 示意图，去现场识别问题、利用尝试风暴解决问题、来作战室管理问题，并利用头脑风暴纠正问题，形成闭环。

3. 每个工具都是独立的闭环，又相互影响

问题解决流动的各个工具都可以是一个独立的闭环，但工具间又相互影响、相互补充，共同组成了大的闭环。例如，大野耐一圈，实际上包含了问题识别、问题解决和问题管理，能自我闭环，只是笔者分类时更倾向于将其划分至问题识别这一大类。图 4-6 为问题解决流动工具间的关联性示意图。特别是右图，用鱼塘生态的方式形象地体现工具间的关系：小循环、大生态，工具间相互促进，单个工具有效，系统运用更有效。

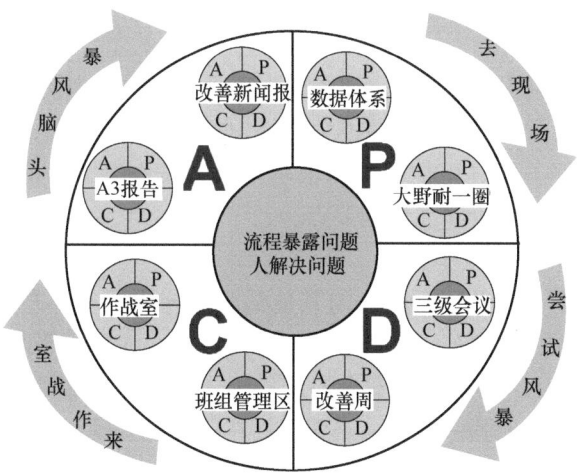

图 4-5　问题解决流动 PDCA 示意图

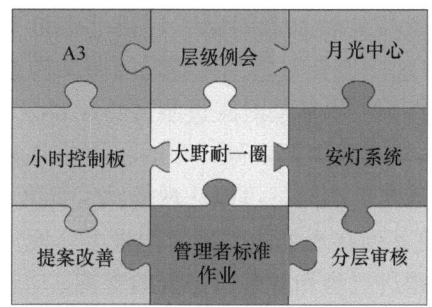

图 4-6　问题解决流动工具间的关联性示意图

4.2　识别问题工具集

什么是精益？精益就是识别与消除浪费，识别出流程中存在的各种浪费，是改善的第一步。精益工具箱中识别浪费的工具有很多，本节将重点介绍在咨询项目中常用的工具，分别是大野耐一圈、小时控制板和数据体系。大野耐一圈是以定义七种浪费的大野耐一的名字命名的，具有针对性，是锻炼各级管理者在现场发现浪费能力的方式，也是一种主动识别问题的方式；小时控制板非常具体和直接，当现场实际状况和生产计划不一致时就是问题，是一种被动暴露问题的方式；数据既是结果也是过程，数据体系利用数据统计分析来识别问题，利用数据来改善数据，是深层次的问题识别方式。

4.2.1 大野耐一圈

当年丰田在推进 JIT 过程中,现场面临着很多挑战。为使现场管理者更好地观察现场、认识浪费,大野耐一要求管理者到现场后用粉笔在地面上画一个圈,站在其中仔细观察、认真识别并消除浪费。这就是大野耐一圈的来源。下面将介绍大野耐一圈的实施步骤和落地要点。

1. 大野耐一圈的实施步骤

大野耐一圈是一种例行活动,与其他活动一样需要基本的管理机制,确定人员、频次、流程、规则等。在具体的实施过程中可参考以下步骤:

1) 确定观察点,选择一个安全的、易于观察的、不影响生产操作的地方,在地面上有形或无形地画一个圈,观察者站在圈内观察现场,识别问题。

2) 站在圈内至少观察 30min 现场作业活动,过程中不需要对看到的现象做评论。记录观察到的 30 个问题点,可以是寻找工具的动作浪费,也可以是地上散乱线路的安全隐患等,只要认为是问题即可。

3) 和观察区域管理者确定问题和浪费的类别及对策,包括七大浪费、安全、人体工程、5S 和能源损耗等。有时这一步会简化,只与现场团队沟通明确问题,现场团队后续制订计划,观察者在下一次活动时跟进制订的计划。

4) 在后续的 30min 内,和现场团队一起至少要实施一项改善措施来解决发现的问题。一般将安全问题放在首位,通常半小时就可以让现场发生变化。

5) 无法在 30min 内解决的问题,将其列在现场的改善新闻报上,便于团队后续解决这些问题,也便于管理者现场跟进进度和了解所需要的支持。

站在圈内,30min 找出至少 30 个问题,再用 30min 解决至少一个问题,将剩余问题生成改善新闻报,在接下来一到三个星期(根据不同的活动间隔)内解决,因此也将大野耐一圈称为"30-30-30 活动"。图 4-7 为"30-30-30"活动案例。

图 4-7 "30-30-30" 活动案例

2. 大野耐一圈落地要点

大野耐一圈是一种主动识别浪费、减少或消除浪费的形式,是 PDCA 的体现,是培养领导者现场问题洞察力的一种有效方式,是领导者认识改善、支持改善、参与改善、创建改善氛围的有效方式，因此越来越多企业在持续开展这项活动。笔者基于成功与失败经验，分享以下落地要点：

1）各级管理者都需要进行大野耐一圈活动，只是频次不同，如班长每天一次、经理每周一次、总经理每月一次等。

2）重点不是识别出多少问题，而是有多少问题可以被解决，因此实践中并不要求必须找出 30 个问题，通常 10 个左右即可，能在一个活动周期内解决最佳。

3）在识别出的问题中，50%左右适合参与者解决，30%左右适合参与者的直接下属解决，20%左右适合参与者的直接上级解决，不能走极端，不然会适得其反。

4）可以将大野耐一圈活动与管理看板、层级例会等工具结合，也可以将其做成独立的工具，不断自我循环。

经常有管理者说自己认识到了精益的重要性，也很想进行改善，但苦于没有时间系统性学习和推进，想要简单、直接、不需要很长时间而又非常有效的开展方式。答案是：到现场去、站在圈内，开展大野耐一圈活动。

4.2.2　小时控制板

在生产过程中，过程跟踪的频次对应着问题暴露的速度，跟踪频次高意味着可以更及时地暴露问题，也就能更及时地解决问题。这个频次通常以 1h 为佳，也即每个小时要对比实际产出和计划产出，对应记录发生的问题。在多品种、小批量、定制化环境中，根据产品特性的不同，这个频次也可以是 2h（不建议超过 2h）。这种用于小时过程控制的工具称为小时控制板。

小时控制板是以小时为单位将生产计划分解，在生产过程中由班长（有时也可以是员工）随时记录过程中的各种问题，相关人员及时响应、快速处理问题的一种方式。图 4-8 为生产现场小时控制板案例。案例中的数据和问题是手动填写的，现在越来越多的企业已改成电子形式，减少手动记录的时间和失误，并逐步形成了安灯系统。

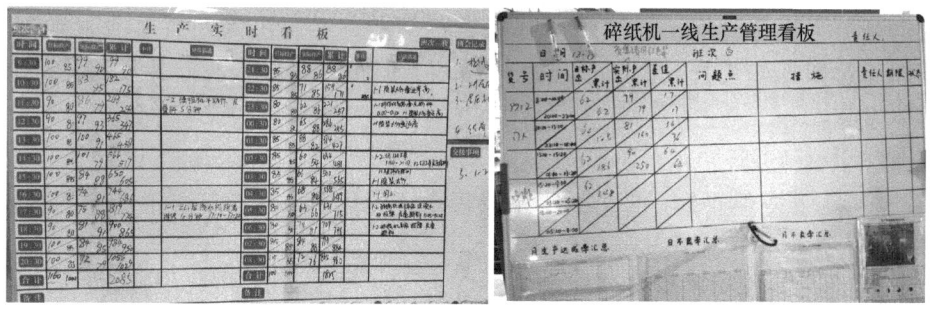

图 4-8　生产现场小时控制板案例

在每日晚会（或晨会）中，将产出结果及过程中的问题与员工沟通后，小时控制板中的内容将被擦掉，开始新的过程控制；对其中还没有解决的问题需要转移到另外一块看板上，称为问题解决板，继续通过例会跟进解决。图 4-9 为问题解决板案例。

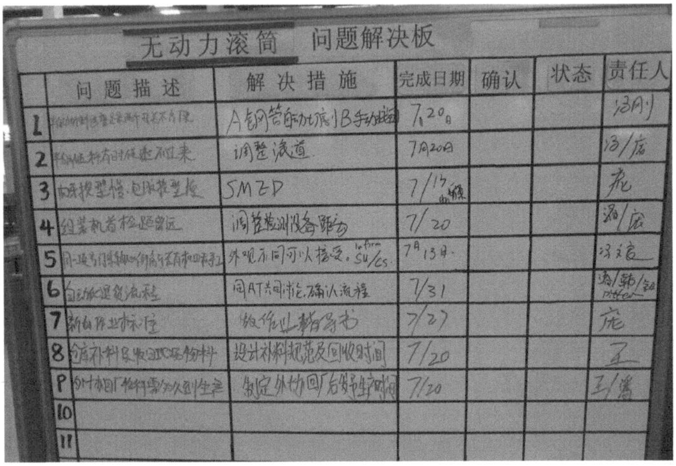

图 4-9 问题解决板案例

实际上，小时控制板通常与一级会议结合，快速解决小问题；问题解决板通常与二级会议结合，解决中问题（在第 4.3.1 节将介绍）。通过高频次的过程控制，不断暴露问题并结合例会解决问题，形成问题识别与解决的闭环。

4.2.3 数据体系

数据是科学管理的基础，任何企业都有自己的数据体系，用于自上而下分解，自下而上支撑。在生产环境中，常用的指标数据类型分为安全、质量、成本、交付、人员等五个方面（SQCDP），然后分解成更具体的指标。数据是结果也是过程，通过数据分析识别问题，在解决问题后再改善数据，也即通过数据来改善数据，形成良性循环。但很多时候，我们并没有用好数据体系。

1. 数据体系经常存在的现象

数据是衡量结果的一种方式，是管理水平的体现，然而基层生产中的数据体系经常存在以下现象：

1）有大量基础数据，但缺乏有效分析，没有让数据说话，数据仅仅是数字，甚至有些公式是错的，但仍在机械地更新，产生大量垃圾数据。

2）有数据，但在电脑中，在固定时间发给相关人员，其他人看不到或根本不知道。

3）有目视化，但仅仅是目视化而已，更新不及时，没有引起关注，不能暴露问题。

4）基层管理者对数据不敏感、不重视，凭感觉管理。

5）采取的对策是否有效、是否对绩效提升有贡献，大家都不清楚，没有形成闭环的改善。

6）没有形成有效的利用机制，仅仅是报表而已。

2. 数据体系循环

数据体系包含数据的收集、整理、分析和利用，同上节讲的大野耐一圈、小时控制板等工具类似，是一种能持续运行的闭环。图 4-10 为数据体系闭环示意图，只有形成闭环，才能有效发挥数据的作用。

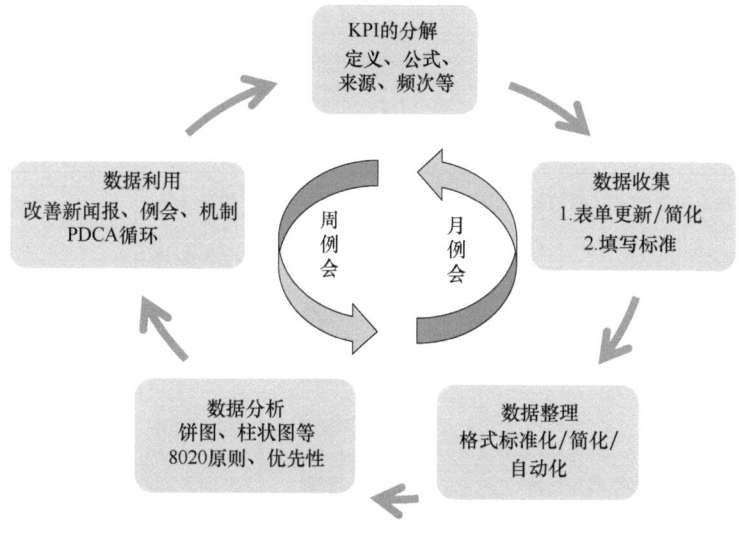

图 4-10　数据体系闭环示意图

数据收集是指通过何种方式收集原始数据，是手工还是自动，以及表单是否合适等；数据整理是将原始数据按照一定的要求整理成电子版；数据分析是指将数字生成图表等形式进行分析，引出问题或改善；数据利用是指将分析出的问题通过不同工具进行解决和反馈。图 4-11 为数据收集、数据整理、数据分析和数据利用循环案例。

表 4-1 为 A3 形式的数据利用体系案例，将相关信息整合在一张表上，便于使用，既是数据跟踪，也是数据改善，利用数据改善数据。

表 4-1　A3 形式的数据利用体系案例

2023 年生产部指标跟踪管理板	
更新日期：2023.3.2	负责人：生产部/×××

背景/现状
1. 2022 年订单高峰期交付及时率较低，标准为 50%、非标准为 27% 2. 一次质量合格率较低，特别是气密合格率只有 32% 3. 现有布局不合理、物流线过长，每天运输距离超过 4500m 4. 作业效率较低、寻找物料时间久

目标设定
1. RTY70% 2. 标准产品交付及时率 90% 3. 非标准产品交付及时率 70% 4. 人均销售收入 267 万元，生产效率提升 20% 5. 综合成本降低 100 万元

行动计划				
行动	负责人	预计完成日期	实际完成日期	完成度
建立工厂核心主管的 KPI 考核制度	王刚	2023/3/5		⊕
1 号厂房 SLP 布局优化	张鹏	2023/3/15		⊕
完成厂房搬迁工作	王刚	2023/6/20		⊕
产线与仓库的按灯系统优化和更新	张鹏	2023/4/22		⊕
生产线标准作业	李信	2023/3/31		⊕
产品质量缺陷手册的整理和更新	李信	2023/3/31		⊕
来料、配料的标准化作业和物料问题快速处理机制	李信	2023/4/30		⊕
手持气密检测工具的应用	李信	2023/5/17		⊕
和精益咨询公司一起完成相关改善项目	周斌	2023/3/25		⊕
生产线标准作业	周斌	2023/5/17		⊕
产品质量缺陷手册的整理和更新	周斌	2023/3/25		⊕
				⊕

(续)

过程控制

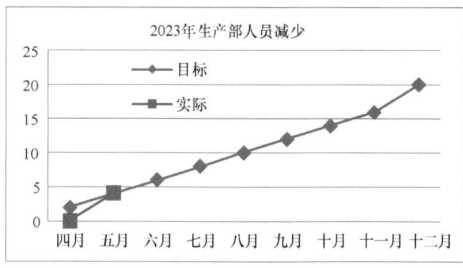
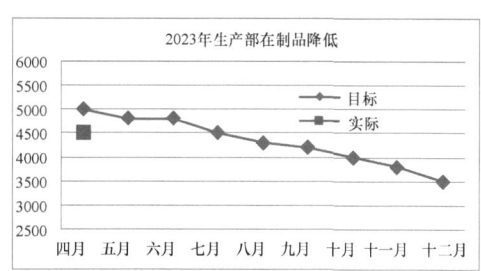
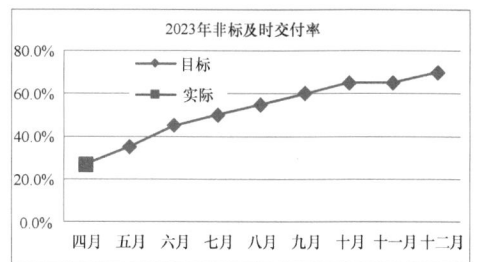
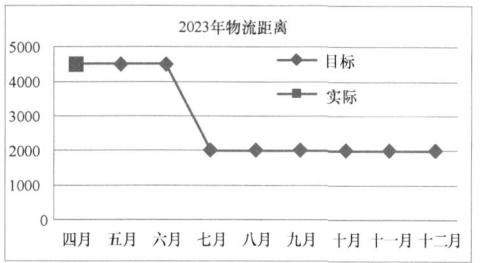

重点/难点/资源需求	
重点/难点/资源需求	需协助部门或人员
标准调压站的交付周期是 7 天,但是其中 5 天都是等待管道件部门的安装架和管道交付	管道车间
进口件 Baseload 的交付及时率为 46%,需要双方更好地协调解决	采购部
检验工具和检验设备的投入	备品库

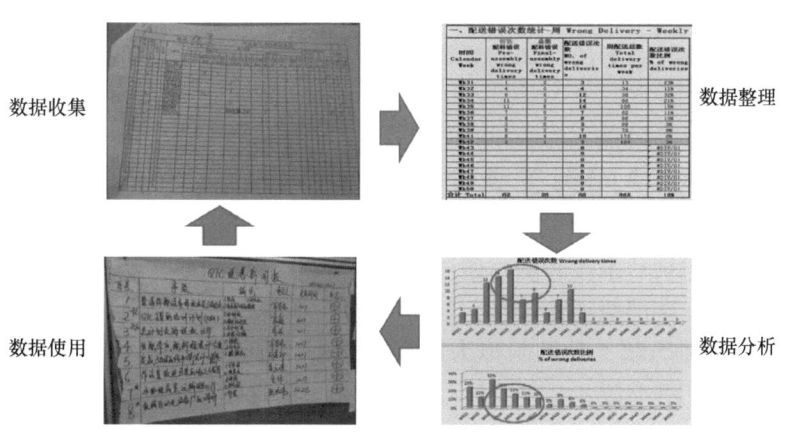

图 4-11　数据收集、数据整理、数据分析和数据利用循环案例

流动改善：多品种小批量趋势下的精益落地之道

通过数据分析暴露问题及形成对策后，要不断进行 PDCA 确保措施的落地，并能对数据产生影响。实践中，可以建立独立的数据体系管理看板和例会机制，也可以结合问题管理中的各种实体管理区（在第 4.4 节中详述）来跟进管理。图 4-12 为针对数据（绩效）的管理看板和例会案例。

图 4-12　针对数据（绩效）的管理看板和例会案例

识别问题是解决问题的第一步，以上介绍了识别问题的三种工具，其实每一种既是识别问题的工具，也是解决问题的工具，都是一种闭环。除了这三种工具外，精益工具箱中还有其他识别和暴露问题的工具，如分层审核，其识别问题的方式是判断实际与标准的差距，若不符合标准即是问题（因其目的是确保标准的持续稳定执行，因此将其放在第 7 章流动的最低要求部分）；如全员参与的提案改善，从广大员工的角度提出问题与建议；如价值流分析（在第 5 章中详述），从整体价值流的角度分析现状，提出问题。在工厂中，并非同步使用这些工具，而是根据时间、人员、环境等实际情况，有针对性地开展问题识别。

需要注意的是，并不是识别的问题越多越好，而是要提升解决问题的能力，即在一定阶段内投入解决问题的资源（人力、时间、费用等）要与识别的问题达到一定的均衡。

💡 4.3　解决问题工具集

通过流程识别和暴露问题，通过人（团队）解决问题。基层发生的问题和识别的问题，在本层级能解决的，制订计划实施解决；不能解决的，要向上一层级反馈。这种问题上升机制称为层级会议，由于一般工厂中通常分成三级，因此也常称为三级会议。

根据问题的大小（以解决时间的长短判定），一般可将问题分成小、中、大三类。对于小问题，确定负责人、利用改善新闻报，用 1~3 天完成改善；对于中问题，一般用改善周的方式，用1~3周集中突破；对于大问题（重点难点），需要项目立项，用1~3个月解决。在第5.3节价值流规划中也会用到这种分类方式。

从资源上来说，解决问题需要一定的时间、场地和物资（改善工具、物料等）。团队可在这里自主制作相关工装、快速验证问题解决方案，减少对外部资源的依赖，这样的资源空间称为月光工作室。

本节将介绍层层关联的三级会议、经典高效的改善周和充满创造力的月光工作室，利用这些有形、落地的方式促进问题的解决。三级会议和典型改善周，是非常成熟的方法，容易理解和学习，不展开叙述，将分享一些案例。本节将重点介绍一种介于自主改善和改善周之间的形式，称为"微型改善周"，以更适应一些企业的实际情况。另外，笔者特别推荐建立月光工作室，提供问题解决的专属空间，促进全员问题解决。

4.3.1 三级会议

层级会议也称分层例会、T（Tier，T）级会议（等级会议）等，是不同层级间召开的例行会议，其作用是自下而上地反馈问题，形成问题上升机制，同时自上而下地提供资源，支持问题的解决，是最常见的问题解决方式。

三级会议是层级会议的一种特定说法，三级通常为班组级、车间级和工厂级。在问题解决流程中，班组级别不能解决的上升到车间级别，车间级别不能解决的上升到工厂级别，形成问题的上升机制。三级会议逻辑示意图如图4-13所示。

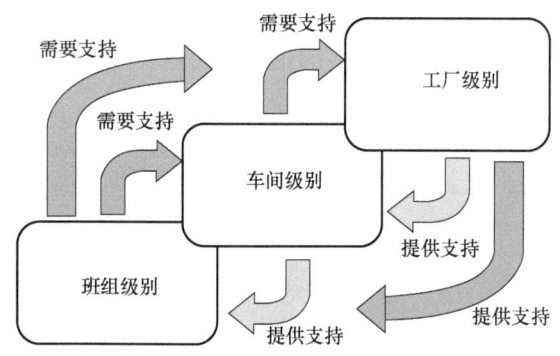

图4-13 三级会议逻辑示意图

除了易于理解的问题上升机制外，三级会议还有更深层次的意义：一方面，通过每日开展的三级会议，及时暴露和解决生产中的问题，防止问题积累，就像安全管理中的海因里希法则一样，通过及时解决小问题来避免大问题；另一方面，三级会议形成了管理者间例行的沟通方式，避免常见的会议乱象（被逼开会、随机开会、一言堂会等）；同时三级会议也是各种管理工具交流的平台（管理工具通常由不同层级的管理者使用），将分散的各种工具串联在一起，发挥由点到线、由线到面的作用。

1. 一级会议

一级会议是班组级别的会议，由班组长组织、主持，全体班组成员参加，又称晨会、T1 会等。在一级会议中，分析问题，解决问题并不是主要议程（关于一级会议流程可参考第 6.2.4 节）。一级会议后，班组长将梳理不能在班组级会议解决的问题，将其上升到二级会议。图 4-14 为一级会议案例，每班在开班前（或开班后）用 10min 左右进行站立式会议。

图 4-14 一级会议案例

虽然解决问题不是一级会议的主要议题，但小时控制板、问题解决板等管理看板却是一级会议的主要载体，是改善的体现（其他内容，如任务安排、注意事项、安全宣导、信息传达等更多的是维持的体现）。图 4-15 为一级会议看板案例，利用实体看板不断进行 PDCA。

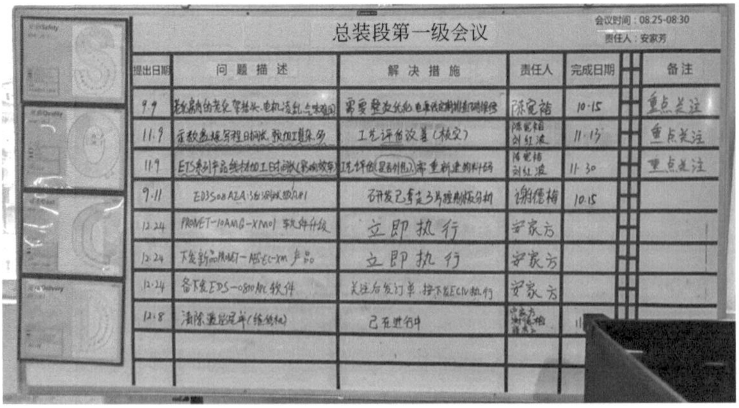

图 4-15 一级会议看板案例

2. 二级会议

二级会议是车间级别的会议，由生产主管组织召开，生产直接相关部门主管级管理者及核心工程师参加。二级会议的目的单一且直接，就是解决问题，包含一级会议中不能解决的问题及其他途径识别的问题。二级会议后，生产主管将梳理不能在车间级别解决的问题，将其上升到三级会议。图4-16为二级会议案例，通常在一级会议之后，采用站立式召开，时间较一级会议长，通常在20~30min。需要说明的是，在二级会议中并不是深入分析、讨论问题（因为一旦讨论，时间就会变长），只是简单分析后确定负责人，会后负责人组织专题小组解决问题。

图4-16 二级会议案例

二级会议的载体除记录升级问题的问题解决板外，还有分层审核、安灯系统、大野耐一圈等其他工具看板或大屏，不管形式如何，会议载体的核心是有利于进行目视化的PDCA。图4-17为二级会议看板案例。

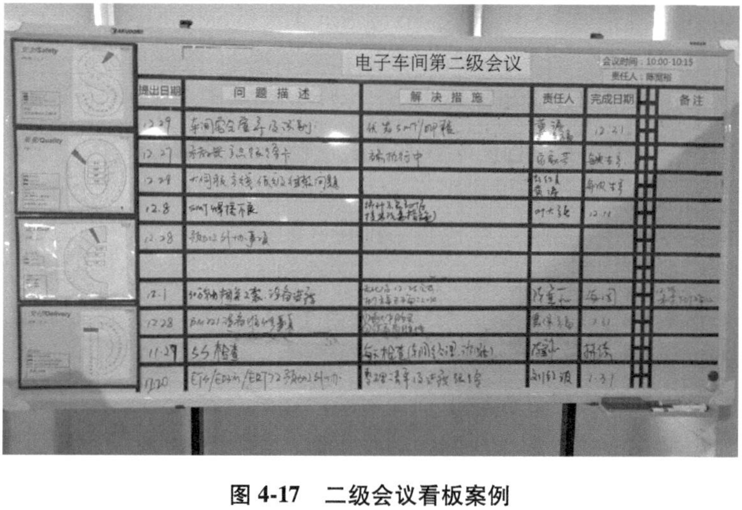

图4-17 二级会议看板案例

3. 三级会议

三级会议是公司级别的会议,通常由生产经理组织召开,生产直接相关部门经理级管理者参加。三级会议的议题一般较多,除常规二级会议上升的问题外,还可以有其他议题。三级会议通常在二级会议之后召开,采用站立式,时间在 1h 以内。

三级会议需要更全面的指标数据作为输入和支撑,因此各种集成显示屏的运用越来越广泛。图 4-18 为三级会议案例,团队在显示屏前,采用站立式召开例会。

图 4-18　三级会议案例

一般企业三个层级的例会就能形成问题的上升解决机制,也可以采用两级会议或四级会议。不管是几级,层级例会的核心是解决问题,并在过程中培养团队解决问题的紧迫感和纪律性。要使层级会议落地运行并有效地解决问题,需要注意以下几点:

1)建立层级例会的检查机制。例会的流程一般企业都有,同其他流程或标准一样,建立标准后要检查标准,形成 SDCA(Standardize,Do,Check,Act,标准化、执行、检查、纠正)。因此要以提高有效性为目的,建立例会检查机制,不断稳定和优化问题解决流程。

2)充分利用目视化。笔者在书中多次强调,目视化是简单、有效、实用性最高的管理方式,在各级会议中要更充分地利用目视化。当前电子化越来越普及,电子化与传统管理看板结合也是一种很好的选择。

3)发挥主持人与管理者的作用。二级会议和三级会议中的问题,难度提升,通常需要跨职能团队来协同解决,但由于职能不同往往会产生冲突,造成扯皮、推诿等现象。这就需要主持人或管理者及时控制过程、引导方向,形成团队合作的会议氛围,促进问题识别和解决的闭环运行。

三级会议是日常的、例行的问题解决机制,适用于常规问题的协调和解决。对于重点、难点问题需要专门组建小团队,以更高效的方式解决,这种高效方式就是改善周。

4.3.2 改善周与微型改善周

改善周是非常成熟的突破性改善工具，通常以团队的形式、一周时间对某个关键问题进行改善，产生较高的绩效。改善周的具体应用可参考王奎、俞世洋老师编著的《精益自主研套路》一书，书中详细介绍了改善周的特点、开展步骤及具体的表单等。

典型的改善周的时间其实是七个周，包含正式改善周和用于准备的前三周和用于跟进的后三周，特别是在正式改善周内，通常需要 8~12 人和五整天的时间，从培训开始，分析问题、制定对策、实施对策、验证效果、总结发布等，节奏快、强度大，需要骨干力量和全职时间。这对成员本职工作会产生较大影响，因此虽然改善周非常有效，但数量往往较少。为了更好地利用改善周的优点，同时增加其数量，在咨询实践中，我们探索了微型改善周的方式。

1. 微型改善周的定义

顾名思义，微型改善周即微小的改善周，是微小团队用微小时间（碎片化时间）进行改善的一种方式。这种方式吸收了改善周的特点，同时更强调参与成员的广泛性、问题的普遍性和改善的及时性。

微型改善周的主持人通常由班组长、技术员等骨干力量担任。主持人组织由本部门员工及相关工序人员组成的跨岗位小组开展改善工作，即以"微团队、微时间"进行"微改善"。

1）以头脑风暴形式，对指定问题（或流程或区域）进行梳理，形成问题共识。

2）进行有针对性的培训，结合实际情况，建立改善目标，形成目标共识。

3）团队合作，分析问题的根本原因，提出解决方案，立刻开展行动，形成计划共识。

4）对未完成的事项，进行跟进和落实，形成结果共识。

2. 微型改善周的优点

经过多次改善实践总结，相较于典型改善周，微型改善周具有以下优点：

1）一线员工参与度更高：微型改善周以基层人员为主，使最熟悉现场和业务的员工和工程师可更多地参与到改善中来，更广泛。

2）减少集中时间：一周准备、一周开展、两周跟进，利用碎片化时间，针对具体问题快速开展微型改善活动，在不影响成员正常工作的同时解决问题，更高效。

3）快速 PDCA：微型改善周聚焦问题，更重视改善方案的落地实施，不断进行小的 PDCA 迭代，更快速。

微型改善周强调"微团队、微时间、微改善",关注"高数量、高速度、高灵活",在问题解决中发挥"快艇"的作用。

3. 微型改善周的理论基础

既然是强调数量、速度和更多人参与的微改善,开展思路就不能复杂,要使每一个推进者都能理解并落地实施。微型改善周沿用了典型改善周的理论基础,即PDCA,在此基础上开展改善活动。微型改善周的理论基础如图4-19所示。

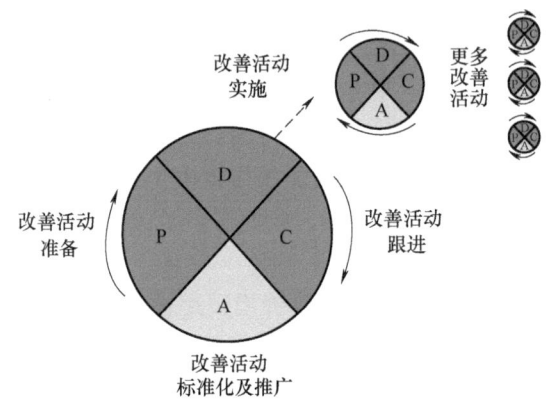

图 4-19　微型改善周的理论基础

4. 微型改善周开展三阶段

借鉴典型改善周的"七周三阶段",微型改善周也分成三个阶段:准备、实施和跟进,并将改善周期缩短到四到五周。微型改善周开展三阶段示意图如图4-20所示。

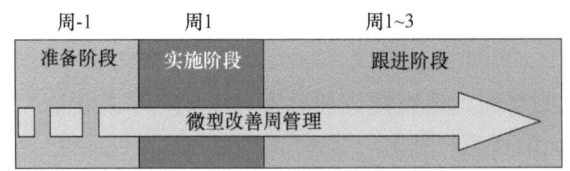

图 4-20　微型改善周开展三阶段示意图

阶段一:准备阶段

1)时间:提前一周,即改善活动前的一周之内。

2)内容:确定改善活动的主题、目标、支持人、时间、团队成员等基本信息,分析潜在障碍。

3)输出:准备阶段的输出是微型改善周申请表,可以是电子版,也可以是手写版,交由上一级领导审批即可。微型改善周申请表见表4-2。

表 4-2 微型改善周申请表

项目范围		核心项目管理人员		日程规划	
团队名称		推进者		开始/结束时间	
起始流程/终止流程		部门负责人		活动地点	

	现状问题	微型改善活动目标	备注
1		1. 2. 3.	1. 2. 3.
2			
3			
4			

核心团队成员				
	姓名	部门/岗位	角色/职责	工作经验/精益经验	备注
1					
2					
3					
4					
5					
6					
7					

潜在障碍	审核		
1	支持领导	部门负责人	推进者
2	签名/日期：	签名/日期：	签名/日期：
3			

阶段二：实施阶段

1）时间：一周时间，可分多次进行，通常每天一次或两次（第二次有时会用加班时间），每次活动时间控制在 1h 以内以减少对正常工作的影响。

2）内容：团队就某个主题开展微型改善活动，对于能立即实施的在活动时间内即实施，不能立即实施的，形成改善新闻报，在 1~3 周内完成。

3）输出：实施阶段的输出是微型改善周行动计划表，见表 4-3。

表 4-3 微型改善周行动计划表

序号	行动事项	输出物	负责人	完成时间
1				
2				

(续)

序号	行动事项	输出物	负责人	完成时间
3				
4				
5				
6				
7				

阶段三：跟进阶段

1）时间：1~3周内，利用碎片时间开展和跟进。

2）内容：在每周改善推进例会中跟进行动计划，改善完成后，形成单点课程（One Point Lesson，OPL）或者改善案例，将改善结果标准化并进行培训与推广。

3）输出：改善案例、OPL等。改善案例模版如图4-21所示。

部门：	改善名称：	改善时间：
改善前		改善后
描述		描述
改善人照片	改善感言及好处	
姓名：		

图 4-21　改善案例模版

5. 微型改善周案例分享

为了更好地说明微型改善周的实施过程，下面以某微型改善周为例，详细说明微型改善周的三个阶段。同时为了便于借鉴学习，将过程呈现方式标准化：上部分为基础信息，包含微型改善周名称、活动时间、地点、人员等基本信息；下部分为活动内容、关键点/心得经验、过程照片，特别是关键点部分，可为读者提供经验，少走弯路。

1）准备阶段：主持人提前准备，小组用20min达成共识。准备阶段总结记录如图4-22所示。

2）实施阶段。本次微型改善周共开展了6次活动，每次在30~45min，尽量减少对团队日常工作的影响。图4-23到图4-28所示为6次活动总结记录。

微型改善周名称	某部件装配流程优化微型改善周		
时间：07.18, 11:00—11:20	地点：车间3号会议室	主持人：周兴	成员：谢雨辰、张亮、王海峰
活动内容	关键点/心得经验	过程照片	结果照片
1.填写微型改善周申请表，确定其中的各项内容 2.初步讨论方案	1.按照格式填写，填写完整 2.特别要明确范围、成员和目标		

图 4-22　准备阶段总结记录

微型改善周名称	某部件装配流程优化微型改善周		
时间：07.24, 11:00—11:40	地点：精益作战室看板	主持人：周兴	成员：谢雨辰、张亮、王海峰、赵志刚
活动内容	关键点/心得经验	过程照片	结果照片
第一次开展团队活动： 1.开场介绍，介绍活动目的、成员目标输出等 2.基础知识培训，如精益思想、七大浪费等	1.主持人提前10min到集合场地，进行准备 2.过程中，进行提问，确保大家记住了基础知识 3.结束前，介绍下一次活动的内容，使队员心中有数		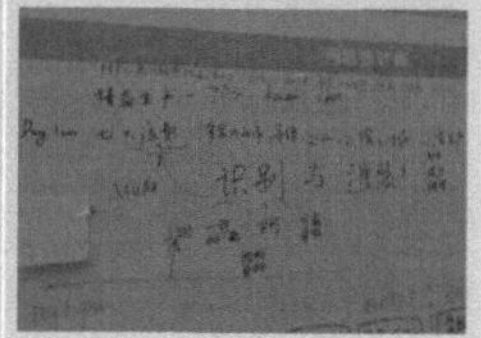

图 4-23　第一次小组活动总结记录

微型改善周名称	某部件装配流程优化微型改善周		
时间：07.24, 17:00—17:30	地点：精益作战室看板	主持人：周兴	成员：谢雨辰、张亮、王海峰、赵志刚
活动内容	关键点/心得经验	过程照片	结果照片
第二次开展团队活动： 1.回顾精益知识与浪费类型 2.绘制高压转子装配流程图，尽可能准确地描述整个过程 3.梳理装配过程中的工装类型 4.开展改善活动	1.主持人要引导对过程熟悉的成员参与流程梳理及绘制 2.主持人对过程要向各成员提问形成共识 3.尽可能罗列必须的资源 4.布置问题收集的作业		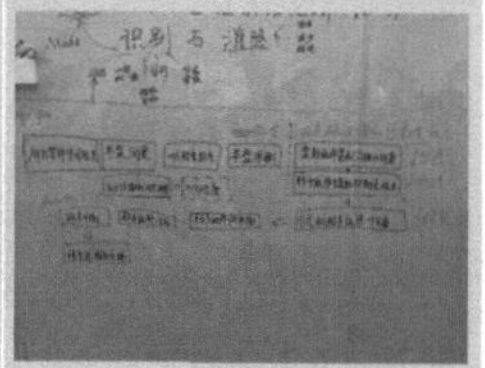

图 4-24　第二次小组活动总结记录

微型改善周名称	某部件装配流程优化微型改善周		
时间：07.25, 11:00—11:40	地点：精益作战室看板	主持人：周兴	成员：谢雨辰、张亮、王海峰、赵志刚
活动内容	关键点/心得经验	过程照片	结果照片
第三次开展团队活动： 1.回顾描述过程及资源梳理过程 2.由问题提出人逐条对问题进行讲解，进行讨论，确认问题 3.将问题张贴在对应的过程图上 4.继续开展实际改善活动	1.开会前提醒成员完成问题便利签填写 2.每个人都要讲问题，建议每个人10条 3.对问题要达成共识，确认是否为问题，同类问题需要合并、粘贴		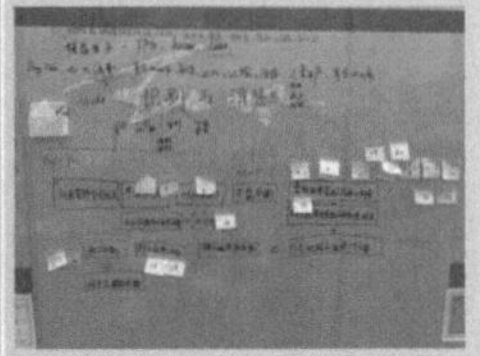

图 4-25　第三次小组活动总结记录

微型改善周名称	某部件装配流程优化微型改善周		
时间：07.25, 17:00—17:30	地点：精益作战室看板	主持人：周兴	成员：谢雨辰、张亮、王海峰、赵志刚
活动内容	关键点/心得经验	过程照片	结果照片
第四次开展团队活动： 1.回顾问题识别及梳理过程 2.从问题解决的难易、收益的大小方面绘制四象图 3.对问题进行标号后逐一分析，填写到各象限中	对问题要尽可能分析清楚，象限分布结果团队成员要达成一致意见		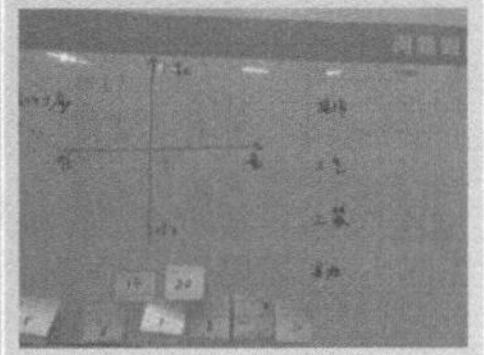

图 4-26　第四次小组活动总结记录

微型改善周名称	某部件装配流程优化微型改善周		
时间：07.26, 11:00—11:40	地点：精益作战室看板	主持人：周兴	成员：谢雨辰、张亮、王海峰、赵志刚
活动内容	关键点/心得经验	过程照片	结果照片
第五次开展团队活动： 1.回顾问题分析结果 2.选取第一象限及第四象限的问题进行讨论 3.对解决问题的责任方进行分类 4.形成改善任务，输出任务清单 5.根据时间开展改善活动	1.尽量选择好解决、能解决、收益大的问题 2.改善输出的交付物不应过于复杂，常见的有改善案例、点滴教育案例等 3.利用月光工程快速开展验证		

图 4-27　第五次小组活动总结记录

微型改善周名称	某部件装配流程优化微型改善周		
时间：07.26, 17:00—17:30	地点：精益作战室看板	主持人：周兴	成员：谢雨辰、张亮、王海峰、赵志刚
活动内容	关键点/心得经验	过程照片	结果照片
第六次开展团队活动： 1. 回顾全部改善过程 2. 每个成员谈感想、体会 3. 主持人总结、领导总结 4. 集体合影	1. 回顾五次改善过程，强调微型改善周的意义 2. 转变思想，每个人进行分享	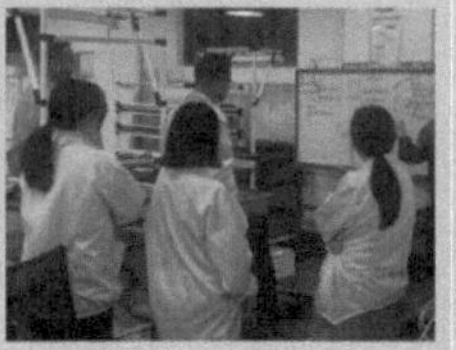	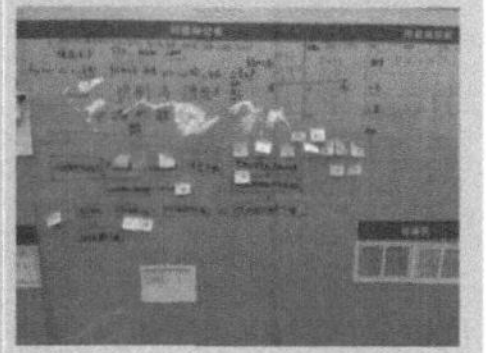

图 4-28　第六次小组活动总结记录

3）跟进阶段。在经过一周 6 次的活动后转为常规跟进，在每周的精益作战室例会中跟进改善计划，直至全部完成。跟进阶段总结记录如图 4-29 所示。

微型改善周名称	某部件装配流程优化微型改善周		
时间：08.03, 13:00—13:30	地点：精益作战室看板	主持人：张超	成员：周精益例会成员
活动内容	关键点/心得经验	过程照片	结果照片
开展第一次跟进活动： 1. 更新任务进度，用四象限标识 2. 了解解决问题的难度，提供资源	1. 利用已有的改善周例会，在例会中更新各微型改善周的任务单15min/改善周 2. 对应未完成的，分析原因，提供资源支持 3. 不断进行PDCA		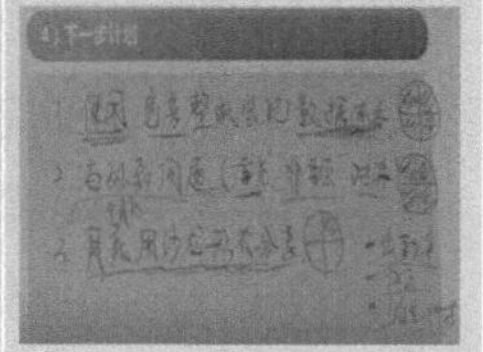

图 4-29　跟进阶段总结记录

多次实践证明，微型改善周既保留了典型改善周的特点，又符合企业的实际需求，在不影响正常工作的情况下让更多人参与改善，发挥小团队的力量，解决更多的中小型问题，是一种有效的问题解决方式。

4.3.3　月光工作室

月光工作室也称为改善商店、工装 4S 店、员工创意工作室等，是解决问题的资源中心。我们要了解月光工作室，首先要了解月光工程，前文已经介绍过月光工程。月光工作室是实现月光工程的实际载体，是制作自己的产线、工具、工装、设备等改善的地方，是不断尝试的秘密花园，鼓舞热爱改善的员工不断发挥创造力，能支撑改善活动快速完成。由于是"我需要、我设计、我搭建、我使用和我改善"，强调低成本和自己动手，因此月光工作室也被称为改善的"南泥湾"。图4-30为月光工作室案例。

图4-30　月光工作室案例

在月光工作室中通常需要配备以下资源：

1）适合的空间区域：用于放置各种物料、工具等，并进行制作的空间。

2）各种常规零件：各种螺钉、螺母、管道、纸壳、木板、珍珠棉等。

3）线棒、流利条、脚轮及各种连接件，用于快速制作、调整货架工装车等。

4）基本工具：台钳、扳手、锤子等。

5）防护用品：手套、耳塞、护目镜、防砸鞋等常规防护用品。

6）白板、玻璃等书写物品。

7）宣传、展示资料。

建立月光工作室首先要在厂内寻找一个合适的场地（通常与维修室共用，因为维修室本身已有很多工具、常规设备等），准备基本工具。在问题解决过程中，当需要制作工装工具，或需要进行一些快速度、低成本验证时，就可以在月光工作室中进行。然后，逐步制定使用规则和激励机制，吸引更多的人参与改善实践。图4-31为月光工作室配备物品案例。

图4-31　月光工作室配备物品案例

更多月光工程与月光工作室的知识，请参考王树永和陈辉老师编著的《月光工程》一书。月光工程模型如图 4-32 所示。

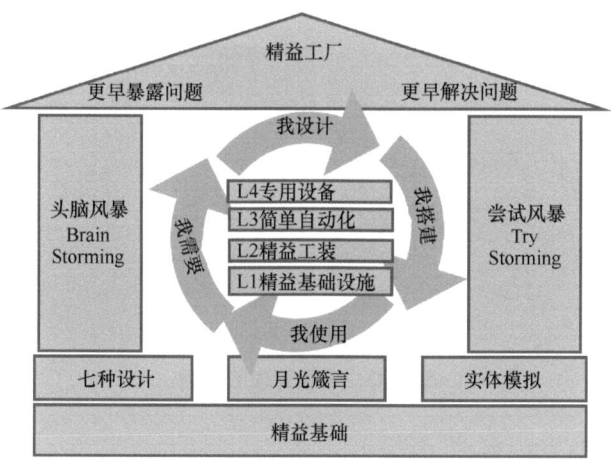

图 4-32 月光工程模型

本节介绍了三种问题解决方式：三级会议、微型改善周和月光工作室。实际上，所有问题解决的基本思路是头脑风暴和尝试风暴。团队在班组管理区、快反会议室、作战室等区域，利用三级会议、改善周等形式，不断开展头脑风暴活动，分析问题、寻找根因、制定对策；在月光工作室中不断进行尝试风暴，用低成本的方式快速验证改善对策。头脑风暴和尝试风暴两者相互补充，促进问题更好更快地解决，形成顺畅的问题解决流动。

4.4 管理问题工具集

识别问题会持续地开展，解决问题也在持续地进行，因此需要对识别问题和解决问题进行管理，规范相关流程，支持问题解决的流动。为了将管理问题更好地落地，结合识别和解决问题的工具，建立管理问题载体，以看得见、摸得着的方式进行问题管理。

本节将介绍三种形式的载体，分别是班组管理区、快反会议室和项目管理作战室。这三种载体形式具有广泛适应性。对于多品种、小批量、定制化产品而言，其中的项目管理作战室除了起到常规问题管理作用外，还可以用来管理产品或订单本身，因此本节将重点关注项目管理作战室，用较多篇幅进行讲解分享。

4.4.1 班组管理区

班组管理区是结合小时控制板、提案改善等班组级精益工具在现场建立的管理区域，是班组级管理的载体，与其对应的使用形式是一级会议。以班组管理区为实际载体，识别与解决数量多，但相对容易解决的小问题。图4-33为班组管理区案例。

图4-33　班组管理区案例

1. 班组管理区的内容

顾名思义，班组管理区是开展班组管理的区域，是各种班组级管理看板集中放置的地方，是班组长办公区、晨会区，也可以是员工休息区、讨论区、培训区等，是一个多功能的区域。班组管理区通常有班组管理看板（人员、绩效、持续改进）、班组文化建设看板、问题解决板、办公桌椅、书报架（读书角）、急救箱、绿植、饮水机及水杯架等。班组管理区根据空间特点和内容特点，按照一定的逻辑布置，便于使用。

2. 班组管理区的使用

班组管理区的主要使用者是班组长，通过各种看板进行目视化的过程管理和结果管理。其利用的主要形式是晨会（一级会议），每天早晨班组长组织员工，按照一定的流程，在班组管理区看板前召开晨会：讲人员、讲任务、讲标准、讲安全、讲改善。以看板为实际载体，能使晨会内容更具体化、更有效。

班组管理区的次要使用者是班组长的上级管理者，通过现场走动等形式，直观了解班组情况、检查督促及时更新和正确使用各种管理看板。

班组管理区是提案改善、管理者标准作业、大野耐一圈、小时看板、班组级数据体系等识别问题工具的汇集地，识别出的问题在这里汇集、分析、讨论、制订计划，并通过不断地更新和检查，促进改善计划的实施，是小问题识别和解决的根据地。

4.4.2　快反会议室

快反会议室是结合大野耐一圈、分层审核、安灯系统、数据体系等建立的相对独立的问题快速响应区域，是车间级管理的载体，与其对应的使用形式一般是二级会议。以快反会议室为载体，识别和解决数量适中、难度适中的中型问题。图4-34为快反会议室案例，其中左图是常规的看板形式，右图为当前比较流行的看板和电子屏相结合的形式。

图4-34　快反会议室案例

快反会议室是介于班组管理区和作战室之间的一种管理问题的区域，起到承上启下的作用。一级会议中不能解决的问题要体现在快反会议室中，通过二级会议讨论解决，二级会议不能解决的问题再上升到作战室中，通过三级会议解决。

在地理位置上，班组管理区通常位于生产现场，作战室通常位于办公区。快反会议室由于需要讨论，因此需要相对安静的空间，一般设置在接近现场的办公区，不仅便于团队集结、讨论，也便于快速到现场查看。

在内容布置上，快反会议室是车间级管理看板集中放置的地方。看板主要有两大类，一类与绩效指标相关，展示车间级的绩效指标情况；另一类与改善相关，展示大野耐一圈、分层审核等车间级问题识别工具所识别的问题，及安灯系统、一级会议等其他来源的问题，讨论对策，制订计划并跟进实施。由于快反会议室主要利用墙面空间，因此可以用作其他会议、培训等，是一个多功能区域。

以班组管理区为载体，通过一级会议来解决数量多但易解决的小问题，以快反会议室为载体，通过二级会议来解决数量适中、难度适中的中问题。对于数量少、效果好但难解决的大问题（一般称为项目），则需要另外一个载体，称为项目管理作战室。下节将详细讲解项目管理作战室，帮助读者充分理解和运用作战室这种管理方式。

4.4.3　项目管理作战室

项目管理作战室是结合战略部署、价值流分析、数据体系、安灯系统、重点项目等建立的最高级别的问题管理区域。作战室是公司级管理的载体，与其对应的使用形式是三级会议或专项会议。在项目管理作战室中，识别和解决数量少但效果好且相对困难的大问题，这类问题的解决周期为 1~3 个月或更长，通常以项目的形式进行管理。

项目管理作战室除了管理逐级上升产生的项目外，还可以管理以其他形式产生的项目，如战略部署、公司级数据体系等。在第 5.4 节中，也将介绍用作战室管理通过价值规划生成的改善项目。需要特别说明的是，很多情况下多品种、小批量、定制化产品本身也以项目的形式进行管理，一个订单就是一个项目，因此项目管理作战室也可以进行多品种、小批量、定制化产品（订单）项目的管理。

由此可见，项目管理作战室的应用范围较广，是一种普遍适用的管理方式，也是本书所推荐的精益落地之道，书中有多处运用：在第 5.4 节中结合价值流项目讲解其内容和布局，在第 8.3 节中分享其核心理念和具体案例。本节将侧重其在多品种、小批量、定制化产品项目中的运用，整体介绍作战室的起源和目的，重点介绍作战室的建立步骤。读者可综合这些内容，建立适合自身使用范围和特点的项目管理作战室。

1. 项目管理作战室的起源

精益项目管理作战室起源于丰田的大部屋（Obeya），也称作战室（War Room）、控制室或道场。丰田在研发普瑞斯车型时，为了让不同职能的工程师更好地交流、合作，总工程师提出了一个新的合作方式，把各个职能部门的工程师聚集在一个大房间中办公，这个房间称为大部屋。同时把关键的信息张贴（目视化）出来，使不同部门的人员很容易地

图 4-35　丰田混动普锐斯车型

了解其他部门的工作内容和进度。丰田混动普锐斯车型如图 4-35 所示。

在采用这种方式之后，丰田新车型的研发周期大大缩短，这种方式就被保留下来，被定义为丰田新的交流和项目管理方式。现在大部屋已经发展成为项目管理和日常管理的一种有效方式，被大家广泛接受。

2. 项目管理作战室的目的

首先是缩短交付周期。大野耐一强调精益就是通过消除流程中的浪费来缩短作业周期。我们进行各种改善，不管是产线的改善、物流的改善还是价值流的改善，从根本上来说都是在消除浪费，使流程更顺畅地流动起来，以此缩短交付周期。

多品种、小批量、定制化产品的特征在前文已述，其本身就有一个相对较

长的周期和相对复杂的管理流程，要保质、保量、保时地完成产品项目更需要良好的项目管理。与生产中的 JIT 一样，项目中的 JIT 也要以正确的时间、正确的品质来完成项目。精益项目管理作战室融入了精益原则，消除了项目过程中的各种浪费，确保多品种、小批量、定制化产品能 JIT 式地满足客户需求。

其次是克服检查（C）与纠正（A）的不足。对应于项目管理作战室的逻辑关系，即 PDCA，很容易发现在一些较差的项目管理中通常存在以下三种现象：

第一种现象是计算机上有计划（P）和检查（C），但看不到纠正（A）。例如，有人在计算机上用项目管理软件或者常见的 Excel 方式管理。当你问他有计划吗？计划有跟进吗？他会说有并打开计算机找到。你能看到，他使用不同的颜色来显示进度。这种方式因为很少有人关注，更新频率不高，只是在需要报告时更新一下发给相关人员，但是相关人员有没有认真看，有没有采取对策，就不得而知了。

第二种现象是有计划并且这种计划也会目视化，通常用 A0 纸或者是找广告公司制作，但是缺少检查（C）和纠正（A），这也是一种比较常见的现象。我们能看到大的计划是什么，负责人是谁，计划完成时间是什么时候，但它仅仅是一个计划而已，并没有随着项目的开展而更新，这样的方式起不到过程管理的作用。图 4-36 所示为某项目计划的目视化展示，仅对计划进行了目视化，没有进行检查和纠正。

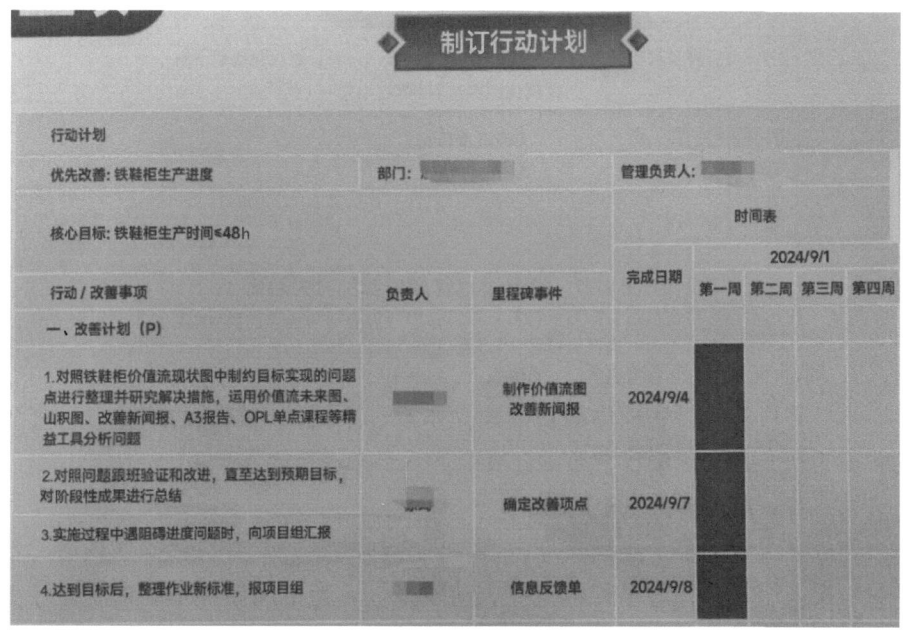

图 4-36　某项目计划的目视化展示

第三种现象是有计划,通过目视化的方式呈现,也有对应检查(用不同颜色代表不同状态),但是看不到与检查对应的纠正措施,没有形成闭环,也起不到项目管控的作用。

以上三种项目管理过程中的常见现象,整体来说是缺少目视化的检查与纠正。精益项目管理作战室在将各种计划目视化的同时,不断进行检查和纠正,发挥项目管控的作用,确保项目的 JIT 式交付。

再次是为了更好地控制过程。精益的项目管理是通过控制过程来控制结果的,我们不希望工作过程不可见,不希望项目经理或者项目组长说:"交给我就好了,不要管我怎么做等结果就可以了。"开展过程不可见的项目,结果往往不好,即使满足了交付要求,这种项目管理方式也不可复制和推广,因此不推荐使用。精益项目管理作战室进行目视化的过程管控,通过不断地进行大的和小的 PDCA,使工作进度可见,更便于过程控制。

项目过程管理的两种方式对比如图 4-37 所示。精益项目管理作战室使过程可见,通过控制过程来控制结果,这也是本书推荐使用项目管理作战室的一个重要理由。

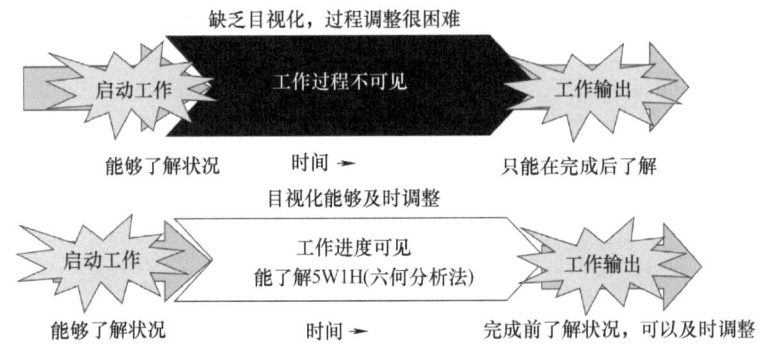

图 4-37 项目过程管理的两种方式对比

3. 项目管理作战室的建立步骤

本节将讲解项目管理作战室的建立步骤,不同使用领域的作战室,其建立的步骤类似,在实际项目中通常分成以下八步来进行。

第一步:梳理作战室中的内容

作战室设计的第一步是梳理内容,即在作战室中要目视化哪些内容,包括项目概况、组织架构、里程碑节点、绩效指标、异常反馈等基本内容,还包括移动看板、桌椅、投影仪、绿植、书柜等硬件物品(具体内容及案例详见第 5.4.3 节)。这一步的输出为作战室内容清单,见表 4-4。

表 4-4　作战室内容清单

序号	大类	子项
1	项目管理	项目指标与目标
2		改善开展思路（思维导图）
3		价值流现状图（未来图）
4		里程碑计划（建议放大）
5		项目管理内容（如组织架构、项目激励机制、签到表、例会机制等）
6		空白白板或玻璃
7		异常快速响应看板（改善新闻报）
8		改善案例展示
9	办公用品类	A4、A3、A0、各种颜色的彩纸若干
10		直尺、铅笔、橡皮、削笔刀等常规办公用品
11		宽窄、各色美纹胶带若干
12		可移动的简单桌椅
13		白板或玻璃及各色白板笔等书写用品
14	文化环境	书报架及各种报纸、书籍等
15		读书分享展示、优秀读者、借阅登记表等
16		鲜花、绿植等
17		团队照片墙（各种集体活动、个人风采等分项）
18		地面例会定位线或者定位点
19	安全类	工厂要求的常规个人防护装置
20		灭火器、急救箱等
21	宣传类	口号（高处，如维持与改善）
22		团队活动法则、九宫格、名人名言（含头像）等常规资料

第二步：对内容的形式进行细化并绘制整体布局图

这一步包含两项内容。一是根据内容清单对其中的每一项进行细化，在 A4 纸上绘制出其内容形式，如表格、图形、曲线、文字等，能看出每一项内容的大概形式，若已有现成资料可将其打印，让团队有更直观印象。图 4-38 为作战室指标类内容形式案例，能看得出指标的名称、目标、变化趋势，以及公式、单位、来源、频次等基本信息。

二是绘制作战室的整体布局图。根据实际作战室的墙体布局，在纸上将各个内容进行布置。图 4-39 为作战室整体布局设计案例。

这一步可以采用布局设计中的七种设计方法，基于相同的内容和不同的理解，由小组成员分别设计不同的布局形式。在初步完成后进行讲解，判断是否能体现内容间的逻辑关系，然后对各个方案进行优化，形成符合逻辑和作战室布局特点的最佳方案。

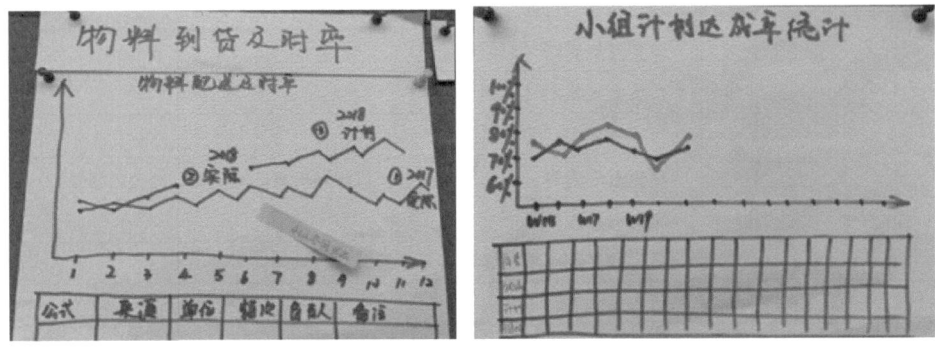

图 4-38 作战室指标类内容形式案例

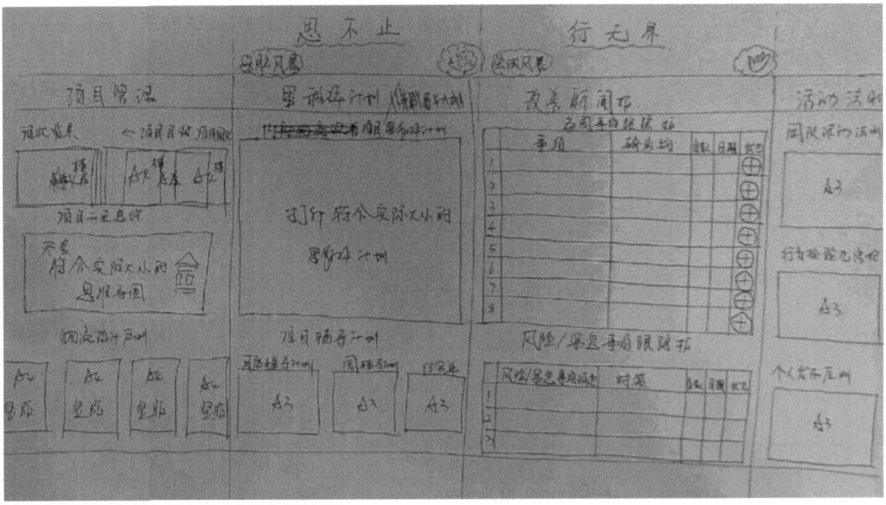

图 4-39 作战室整体布局设计案例

第三步：作战室实体位置的选择

作战室通常选择一个独立且相对宽敞的房间。由于目视化使用的是墙面，并不会占用空间，因此作战室通常是多功能的，既是订单或产品项目的作战室，又可以是会议室、培训教室等。在实际项目中也经常将会议室改造成作战室，图 4-40 为以会议室作为产品项目作战室案例。

某些宽敞的通道也可以作为作战室，以更接近于现场，能让更多的人随时可以看到相关信息。图 4-41 为以通道作为项目管理作战室案例。

图 4-40　以会议室作为产品项目作战室案例

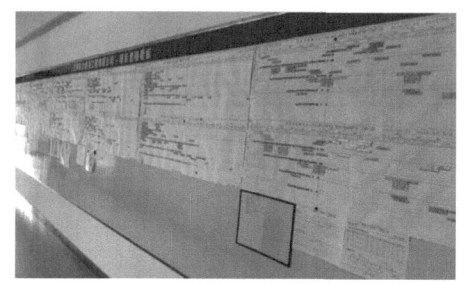
图 4-41　以通道作为项目管理作战室案例

第四步：在实际作战室中用 1∶1 的形式进行布局模拟

根据第二步每项内容的具体形式和在纸上绘制的整体布局，在实际作战室中用 1∶1 的方式开始布置作战室。利用月光工程的原则，低成本、快速度地来完成布局设计。第一版实体布置不追求完美，更多地考虑整体布局逻辑。

在第一版实体布局完成后，成员可从参观的角度讲解作战室的内容，判断内容布置是否合理，以及各内容的呈现方式（大小）是否合适，并根据反馈进行改善。这一步可反复进行多次，直到内容呈现形式合适、内容间逻辑关系清晰。图 4-42 为实体作战室布置案例，用低成本的方式，快速搭建起实体作战室并进行改善。

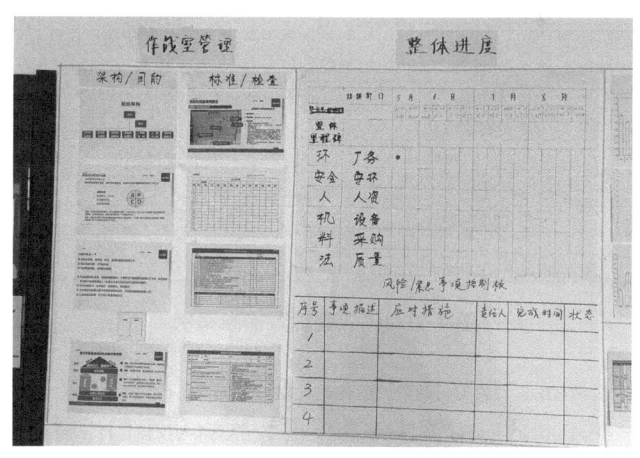
图 4-42　实体作战室布置案例

第五步：建立相关标准

当内容与布局基本确定后，应尽快建立相关标准，明确如何使用作战室。这些标准通常有四个，称为作战室标准"四件套"：

1）作战室整体布局说明。用布局图的形式介绍各个主要模块的内容，让相关人员在了解各项内容的同时，理解内容间的逻辑关系。作战室整体布局说明案例如图4-43所示。

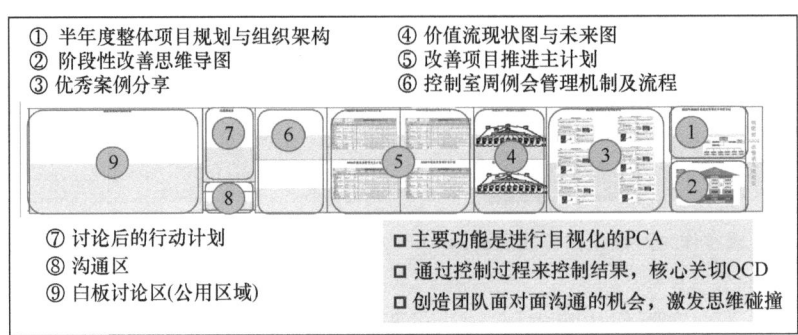

图4-43　作战室整体布局说明案例

2）填写标准。对应每个内容建立填写标准，如负责人、更新频率、填写要求等，便于内容的及时、准确和标准化更新。作战室内容填写标准案例如图4-44所示。

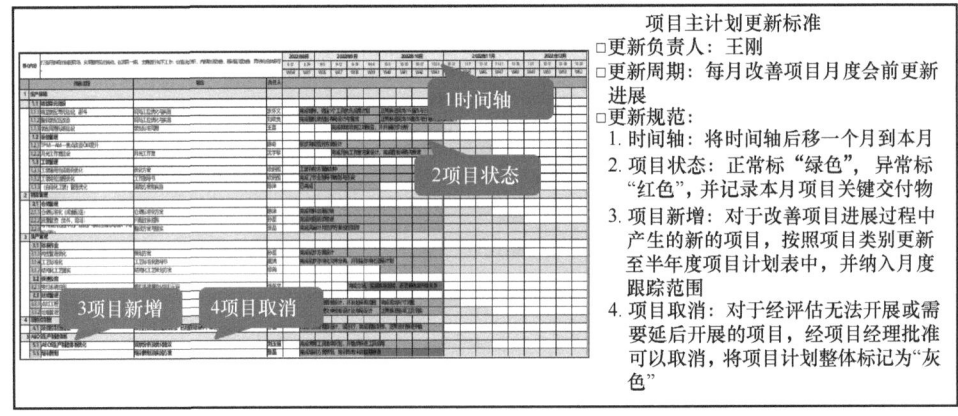

图4-44　作战室填写标准案例

3）例会流程标准。建立使用标准，即例会流程标准（时间、地点、人员、流程等）。在不同的应用领域，会议的频次有所不同。对于多品种、小批量、定制化产品订单管理，本书建议每天开展碰头例会；对于价值流改善项目（在第5章中展开讲解），通常以每周开一次例会为佳。作战室周例会流程案例见表4-5。

4）例会观察表。同分层审核类似，建立了例会流程标准之后，也要检查并优化标准（SDCA），因此需要管理者每隔一定的周期对例会进行观察，提出改善建议以更有效地开展例会。作战室推进例会观察表见表4-6。

表 4-5 项目作战室周例会流程案例

组织	精益推办	主持人	×××	时间	每周二 13:00—13:30
地点	精益项目作战室	参加人员		形式	站立式
	步骤		注意点		用时
会议前	1. 各项目负责人填写项目计划进展情况 2. 主持人移动同轴时间红线到本周 3. 参会人员签到		1. 用红、黄、绿表示状态,若黄或者红,则需要在下方有对策 2. 本周计划利用便利签贴在相应位置 3. 在会议之前的任何时间都可以填写,参照填写标准		会前完成
	项目经理汇报整体项目进度(正常、异常);跟进关键 KPI(结果)		1. 根据红、黄、绿进行总结 2. 强调结果(数据既是结果也是过程)		5min
会议中	各项目负责人汇报项目进展		1. 汇报项目总体进展及上周行动计划进展 2. 汇报项目遇到的问题及需要的支持 3. 优先关注重点项目(TOP3 事项) 4. 其他项目预判汇报内容对自己的项目的影响,并适时提出观点		15min
	主持人分配资源,明确优先行动项		1. 主持人根据资源请求,评估问题优先级,分配资源 2. 提出要求(事项、时间等)		5min
	团队讨论重点事项		1. 使用白板进行讨论,但要控制时间 2. 要有输出,不能仅是讨论		5min
会议后	1. 行动责任人补充填写各处内容 2. 主持人形成会议纪要并发出		1. 表述准确,各项内容填写完整 2. 必要时,相关人员继续进行讨论分析 3. 会议后一天内发出相关电子版		会后完成

表 4-6　作战室推进例会观察表

主持人：　　　　　　　　　　　　　　　　　　　　观察者：
参加人员：　　　　　　　　　　　　　　　　　　　　观察日期：

	序号	观察内容	是	否	备注
行为&领导力	1	会议前所有项目的时间轴、行动项、问题跟踪表完成更新			
	2	会议准时开始和结束，用可视化的方式展示参与者出勤状态			
	3	会议主持人按照周例会标准流程开展会议			
	4	会议上的行动项责任人是该会议的参与人员			
	5	主持人对行动项主要责任分配有明确的截止时间			
	6	会议的主持人/参与者都遵守会议规则			
	7	会议结束前，主持人有总结、表扬、批评、改善建议等，特别是表扬与鼓励			
格式	8	会议在作战室召开，会议状态信息能被所有参会人轻松获取			
	9	在各种行动项清单中，能正确使用 PDCA 流程			
	10	汇报人结束各自的汇报前，着重点出本周需要重点关注的 3 个项目			

	序号	存在问题	改善措施	完成日期	责任人	观察者回访签字
持续改进	1					
	2					
	3					
	4					

第六步：更新作战室内容，进行目视化、站立式会议

逐步更新、完善作战室的内容和布局，根据会议标准流程开始召开例行会议。在会议中使用各类目视化内容，促使真正发挥 PDCA 的作用。图 4-45 为作战室例会案例，体现了团队、站立式和目视化等精益原则。

图 4-45　作战室例会案例

作战室除进行例行会议之外,还可以有其他用途,如项目组的小范围沟通、培训、谈话、其他会议等场所。作战室中的每项内容都能体现出精益精神,在使用作战室时,使用人员能感受到与其他会议室的不同。

第七步:不断增强目视化效果,增强使用氛围

随着内容和布局的完善可逐步增强目视化效果:找广告公司对版式进行美化设计,突出重点、便于使用,同时对内部进行布置,增强美观性,增强使用氛围,让大家想来作战室,愿意用正确的方式,也能用正确的方式解决问题。图 4-46 为项目管理作战室案例,增强目视化效果,突出手动更新,增强使用氛围(不仅是好看)。

图 4-46 项目管理作战室案例

第八步:不断运行与完善作战室,从形到神,促进问题解决

作战室是各种管理内容的目视化载体,如果不用或者不能很好地运用,它就只是一个形式而已,不能真正用于解决问题。我们希望通过一步一步地设计作战室、使用作战室,从了解基本原理,然后通过实践不断增强认知、不断精通,体会工具背后的精益思维,真正利用工具来解决问题。利用工具解决问题示意图如图 4-47 所示。

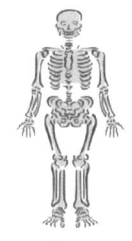 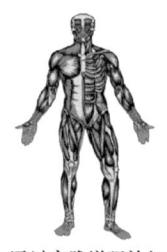  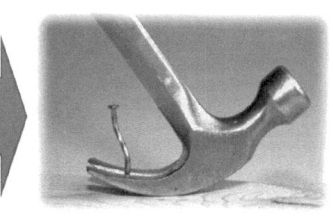

知道基本原理　　通过实践增强认知　　不断实践精通　　利用工具解决问题

图 4-47 利用工具解决问题示意图

103

通过以上八步可以逐步建立、运用和完善一个作战室。本节分享的作战室是倾向多品种、小批量、定制化产品的项目管理作战室,其他类型的作战室也可以参考这些步骤。作战室一旦建立起来,结合例会机制就会自运转,不断PDCA,发挥其过程控制功能。

第4章小结　识别浪费,消除浪费

本章从识别问题(浪费)入手,通过主动识别(大野耐一圈)、被动暴露(故障、不良等),或是专人识别(分层审核)、全员识别(员工提案改善活动)等形式,不断识别问题;识别问题之后,通过头脑风暴、尝试风暴,利用三级会议、改善周、月光工作室等方式不断解决问题;再通过班组管理区、快反会议室、项目作战室等实际载体来管理问题,通过控制过程来控制结果,形成相对完整的问题解决体系。

需要说明的是,本章并没有特别强调安灯系统(Andon System)。安灯系统是一种普遍使用的问题快速响应机制,包含问题识别、快速上报、快速解决、数据收集与分析、问题解决标准化等一系列要素,是被动识别问题(问题发生后上报)、解决问题和管理问题工具的一种高度集合。然而很多企业在使用过程中过度依赖安灯系统,而忽视了其背后的目的,流程中的使用者也不清楚这些目的,只是被动执行某一段流程,没有发挥出其功能。本章将问题解决流动各要素打开,分享高效工具,更分享工具背后的逻辑,希望能使大家更好地理解从问题识别到解决的全过程,也能更好地利用安灯系统或其他信息系统,促进问题解决流动各工具的落地运行。

第 5 章 价值流流动落地之道

前面三章分别介绍了产线生产流动、内部物流流动和问题识别与解决流动，本章将介绍在这三种流动之上的价值流流动。大野耐一关注的"从接到顾客订单到向顾客收账期间的作业时间"是最长的一个价值流。价值流流动改善是分析选定的价值流，识别出不能创造价值的浪费、设计未来状态并向着没有浪费的未来状态前进的一种系统性改善方法。

价值流分析与规划是精益工具中的规划类工具，本章将介绍以下三项内容：

1）价值流分析：了解现状、分析现状、共识现状问题与目标。
2）价值流规划：基于现状分析，设计未来一年的改善路径。
3）价值流管理：建立精益改善项目的管理机制，从整体价值流动的角度主动分析流动障碍，制定改善对策并实施跟进。

本章不详细介绍具体的工具，如产品数量分析、工艺路径分析、产能需求分析、物流动线分析，以及如何绘制现状图和未来图，而是关注在使用工具过程中的要点以及价值流分析后的项目管理，即从推进者或外部顾问的角度来分享价值流流动改善的落地之道。

在多年的咨询实践中，笔者认为使用工具进行价值流分析不难，难的是如何在这个过程中识别出更有效的改善项目并使其落地。因此本章的三个模块中价值流分析的内容较少，价值流规划和价值流管理的内容相对较多。

5.1 价值流流动概述

5.1.1 需要价值流流动改善的典型现象

当企业存在以下现象时，说明需要进行价值流流动的相关改善：

1) 改善多以点的方式开展,效果差且有反复。
2) 没有年度改善规划,想到哪做到哪。
3) 有改善规划,但每到总结时发现离规划很远。
4) 核心人员对改善内容的认知不同,缺乏共识。
5) 对改善项目没有很好的过程管控,改善效果差……

5.1.2 价值流流动高效工具介绍

当改善过程中存在一种或多种上述现象时,推荐以下价值流流动改善工具:

1. 价值流分析

价值流分析的目的是把握现状,对现状问题进行充分梳理与逻辑分析,暴露深层次问题。只有充分了解现状,才能更好地规划未来。价值流分析开展的内容包括:①收集数据、分析现状,从不同的角度暴露问题;②对各种问题进行逻辑分析,形成改善优先级;③管理者对现状问题、改善逻辑和优先级达成共识。物流动线图是了解内部物流现状的有效工具,以直观和量化的方式暴露物流相关问题。价值流分析中物流动线图案例如图5-1所示。

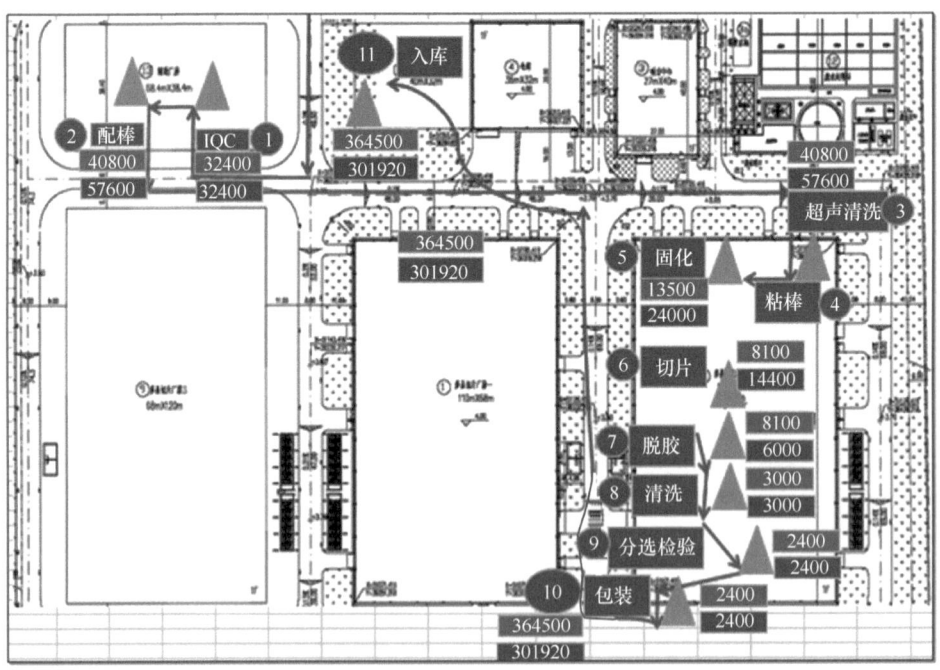

图5-1 价值流分析中物流动线图案例

2. 价值流规划

价值流规划是在现状分析的基础上，设计未来一年左右的蓝图，并制订主计划。价值流规划开展的内容包括：①团队共识价值流规划原则并运用；②绘制未来图，规划未来一年的改善方向；③制订改善主计划（关注优先项目、负责人、里程碑节点等）。价值流规划的输出是价值流未来图和里程碑计划。表 5-1 为价值流项目里程碑计划案例，是价值流规划的核心输出。

表 5-1 价值流项目里程碑计划案例

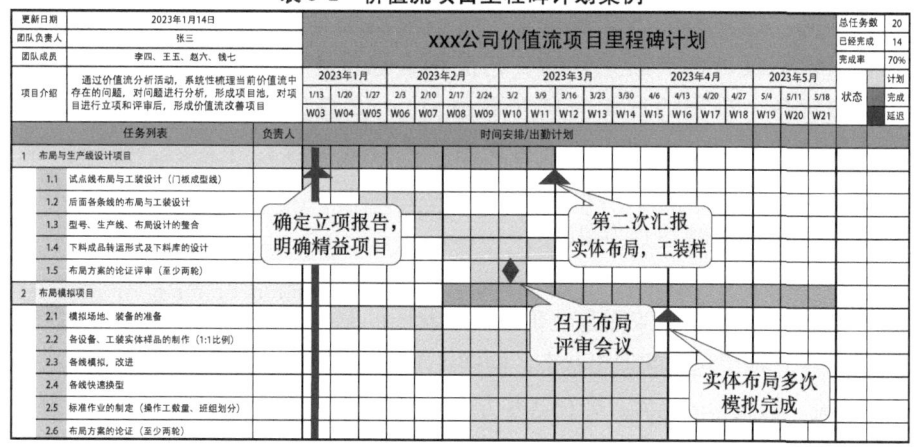

3. 价值流管理

建立项目管理作战室，对价值流项目进行过程把控，通过控制过程来控制结果。价值流管理开展的内容包括：①建立实体价值流项目管理作战室；②建立与之相关的使用机制；③通过目视化与例行会议，不断对项目进行PDCA。价值流管理的目的是将项目管理标准化、目视化、道具化，促使改善项目落地，支撑价值流目标的实现。价值流项目管理作战室案例如图 5-2 所示。

图 5-2 价值流项目管理作战室案例

5.1.3 价值流流动改善输出

价值流设计活动通常有三种核心输出，分别为价值流现状图、价值流未来图以及从现状到未来的改善主计划。本节简单介绍这三种输出，在后续章节中将展开介绍。

1. 价值流现状图

价值流现状图将选定的价值流用图形的方式展现出来，包括工艺流、物流和信息流。用图形的方式展现整个价值流流程有三个优点：①全面，价值流现状图中不仅包含产品完整的工艺流程，也包含物流和信息流，更关键的是，还包含各个流程的量化信息（数据箱）；②整体，使各个流程中的人员从宏观价值流的角度看现状，不再局限于各自的流程；③共识，将在绘制价值流现状图的过程中发现的问题，用爆炸图的形式展现在价值流现状图中，促使团队对这些问题达成共识。

2. 价值流未来图

顾名思义，价值流未来图是在价值流现状图的基础上，设计出未来的一段时间（通常为一年）期望达到的理想状态，同样用图形的方式来表示。价值流未来图中也包含工艺流、物流和信息流，即在这些方面都可以进行改进，以便达到未来状态。

3. 改善主计划

有了价值流现状图，也设计了价值流未来图，需要制订从现在到未来的改善主计划。改善主计划是将评审后的项目在立项报告的基础上（立项报告中有项目名称、团队、输出物、里程碑节点等基本信息，在后续章节中会有介绍），整合汇总成主计划，便于后续的跟进实施。

价值流现状图、价值流未来图和改善主计划是价值流分析活动的三大有形输出。价值流分析更大的输出是无形输出，即在价值流分析和规划过程中，团队形成共识，意见达成一致。团队对现状问题、改善目标、实施团队、改善思路和主计划等不断形成共识，以团队的力量推动整个价值流快速流动。

在这三种输出中，价值流现状图可以认为是过程输出，其目的是更充分地识别问题，形成更有效的改善项目；价值流未来图和改善主计划是结果输出，将项目形成改善主计划，并逐步跟进实施。

5.2 价值流分析概述

5.2.1 什么是价值流分析

价值流是将原材料和信息转化成产品和服务所需活动的集合。价值流分析是用图形的方式跟踪物料和信息流,并通过精益思维发展出价值流未来图的一种工具。广义的价值流分析中包含价值流的分析、规划和后续的价值流项目管理。

价值流分析活动的作用如下:
1)让我们看到整个流程,而非局部流程,也就是整个价值流。
2)帮助我们发现浪费,在活动过程中识别不增值的浪费和改善点。
3)用统一的术语和图标,提供沟通的共同语言。
4)让我们体会精益思维与技术的结合,体会精益是技术的,也是管理的。
5)描述多项指标,让我们明白要改变什么,并且绘制实施蓝图。

图 5-3 为价值流现状图案例,用图形的方式体现价值流现状。

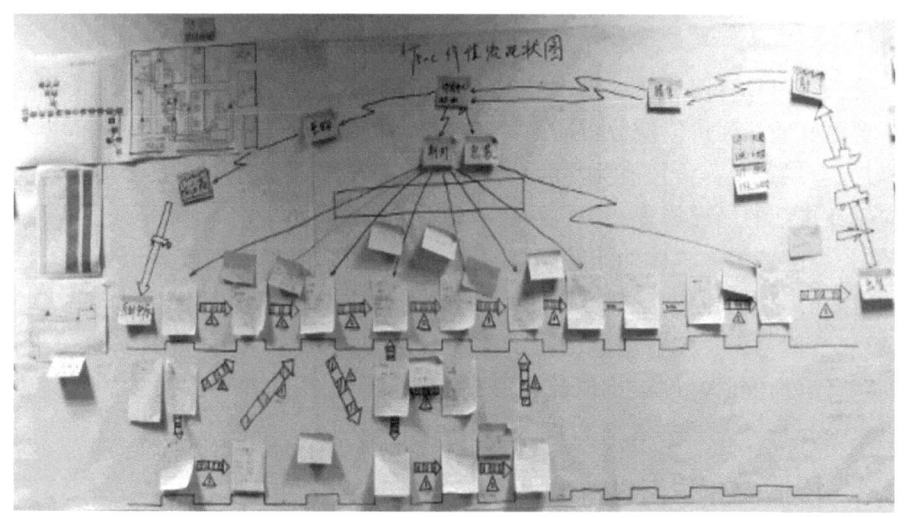

图 5-3 价值流现状图案例

较早介绍价值流分析的书是《学习观察:通过价值流图创造价值、消除浪费》,由迈克·鲁斯和约翰·舒克著,赵克强、刘健翻译,已发行超过 50 万册,价值流分析具体工具可参考它。

5.2.2 绘制价值流图的特点

用绘制价值流图的方式来进行价值流分析和规划,是一种成熟的了解现状、设计未来的工具,具有以下特点:

1. 目视化和图形化

1)价值流分析的是整个流程,价值流图绘制的也是整个流程,从整个流程中能发现更多的不增值点(浪费)。

2）从顾客角度看待流程，不断地从客户的角度识别问题，而不是从流程本身的角度看流程。

3）显示物料和信息流之间的联系，图形化的方式更好展示物流和信息流关系。

2. 聚焦于价值

1）通过绘制价值流图，使团队关注流程而非产品本身。

2）关注系统的优化，而不是局部的优化。

3）将改进活动与运营目标相关联，目标导向、数据衡量，使改善有的放矢。

3. 便于团队工作

1）激发员工跳出自己的流程圈子，从全局的角度看问题。

2）统一的图标为团队提供共同的语言。

3）将不同部门或职能的问题联系在一起，分析关联性，能更快地识别改善点。

价值流图具有使团队一起分析现状、识别问题、形成对策和设计未来的优点。要更好地开展价值流分析活动，还应具备以下三种意识：

1）全局意识：价值流关注的是整个流程而非局部流程，因此参与活动的成员应抛弃自己的局部流程意识，站在全局看流程。

2）高度意识：具体的问题只是冰山一角，团队应具有高度意识，深入挖掘问题背后的深层次原因和根本原因，以开展行之有效的改善项目。

3）价值意识：精益追求的是消除浪费，增加价值，团队应具备价值意识，不断践行识别价值、创建价值流、形成流动、建立拉动并持续改善的精益思想的五大核心。

5.2.3 价值流分析内容与工具

大部分情况下，多品种、小批量、定制化产品开展价值流分析的内容或工具，与常规批量产品类似。本节将简单介绍这些内容或工具，会特别指出在多品种、小批量、定制化产品中运用的不同之处。

1）公司战略与关键目标：公司级的战略、愿景、关键目标等方向性信息，这些核心信息将作为初始输入，为后续分析和规划指明方向。

2）产品数量分析：确定主要产品，以此产品为基础开展分析活动。通常产品数量符合80/20原则（20%的产品型号占80%的需求量），但在本文所关注的多品种、小批量环境中有时并不明显。

3）工艺路径分析：根据工艺路径的不同，形成不同的产品族。需要注意的是，大部分情况下工艺路径一致就可以认为是一个产品族，但是在某些定制化产品或科研产品中，有时工艺路径一致，但加工循环时间差异很大，根据实际情况可以将其认为是一个产品族，也可以不认为是一个产品族。

4)需求分析:了解代表产品及所有产品未来3~5年的需求,判断需求波动情况,计算节拍时间。在多品种、小批量、定制化环境下,客户的需求稳定性通常较弱,波动会较大,因此要求后续在产能分析中,要预留更多的产能以应对需求波动。

5)产能分析:收集循环时间、设备效率等数据,计算各个工序的产能并与需求进行对比分析,判断差距,从工作时间、人员数量、设备数量、能力改善等不同角度制定产能应对策略。

6)库存分析:收集库存量信息,包括原材料、在制品、成品,收集其数量、占用金额、占用面积、呆滞情况等。不同时间库存情况不同,在多品种、小批量、定制化产品环境下,由于更多的波动,这种不同会更明显。

7)物流动线分析:在布局图上呈现物流相关信息,包括路线、停止点、停止点库存量、物流距离等,是库存分析的可视化和量化体现。

8)员工山积图:现场测量各个员工的工作循环时间并将其分解,区分增值与不增值,绘制山积图、计算平衡率。山积图是进行产线平衡、提高效率的基础输入,在多品种、小批量、定制化产品环境下平衡率通常较低,这也是改善方向之一。

除上述内容与工具外,还有产品鱼骨图、成本分析、指标目标分析、高阶价值流图等,根据需求都可以使用。在分析过程中要始终记住的是,这些工具仅是现状的体现,其根本目的是通过现状呈现,暴露出当前存在的问题,为后续分析做好基础输入。

5.2.4 价值流分析步骤

价值流分析活动通常以团队的方式开展,将上述内容或工具分解到不同小组,同步进行,完成各自内容后进行整合汇总,不断形成问题池。虽然是同步开展工作,但相对也有一定的步骤,价值流分析活动的常规步骤如下:

1. 战略、目标、指标收集分析

这些信息通常在战略部署中已经确定,任务小组找到最新版本即可。某公司战略和关键目标案例见表5-2。

表5-2 某公司战略和关键目标案例

战略规划	成为中国华东地区知名的有色金属压铸产业基地;成为某整车厂一流汽配件供应商
关键目标	1. 高绩效,低风险
	2. 高产出,低投入
	3. 高周转,低库存
	4. 建立高效的团队

（续）

	指标项目	2023年现状	2024年已定目标	2020年	2021年	2022年
关键目标指标	PPM	45	40	35	25	15
		50	15	12	8	5
		0	0	0	0	0
	设备机台效率	60%	65%	70%	75%	80%
		54%	59%	65%	70%	75%
	库存周转率	1.2	1.0	1.5	2.0	3.0
	产品综合废品率	38%	13.18%	11.88%	10.69%	9.62%
	生产计划准时完成率	65%	75%（上半年）	95%	100%	100%
		95%	95%（上半年）	100%	100%	100%
	重大安全事故	0	0	0	0	0
	团队建设	建立两支以上精益生产指导团队，具备独立开展工作的能力					

2. 现状了解与分析

各组通过产品数量和工艺路径分析、产能需求分析、物流动线分析、库存分析、山积图等工具，充分了解现状。这一步工作量较大，也是重要的一步，可输出各种现状问题。产能分析案例如图5-4所示。

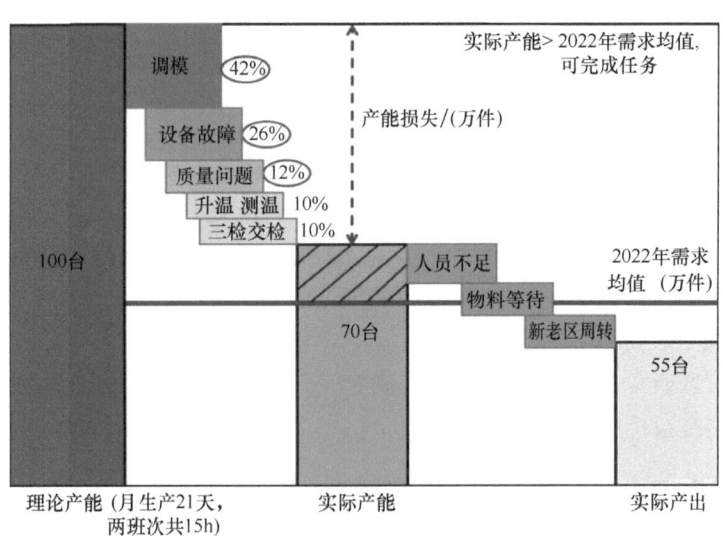

图5-4 产能分析案例

3. 目视化呈现

各个小组完成任务后，将过程资料和结果资料以目视化的方式张贴出来，并在团队内部进行讲解分享，使不同小组共识现状，相互促进。现状输出的目视化呈现案例如图 5-5 所示。

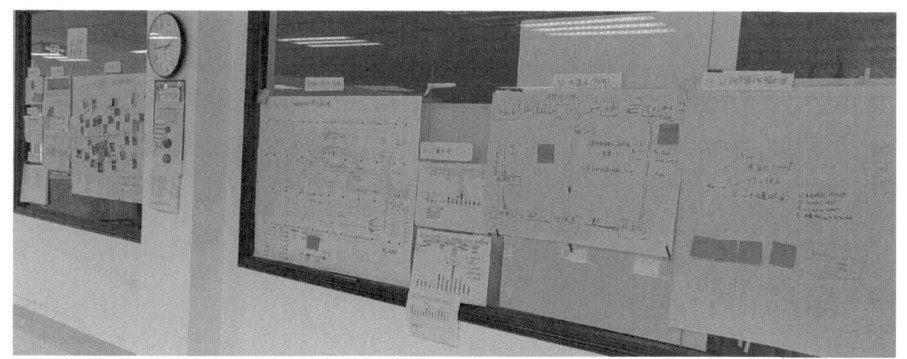

图 5-5　现状输出的目视化呈现案例

4. 价值流现状图绘制

在收集各种信息和数据的基础上，用便利签和铅笔绘制价值流现状图，整体呈现选定价值流上的信息流、物流和工艺流。价值流现状图是现状的一种系统呈现方式，其类似于 A3 报告，将诸多信息呈现在一张图上。价值流现状图案例如图 5-6 所示。

图 5-6　价值流现状图案例

5. 问题池梳理

不管是现场观察、数据分析，还是各种工具的使用，其根本目的是输出当前价值流中存在的各种问题，形成问题池。经过前面的四步，问题已经逐步呈现，将这些问题进行汇总、讲解、整合，并进行问题分类和优先级整理，为后续从问题到项目做好准备。问题池及问题分析案例如图 5-7 所示。

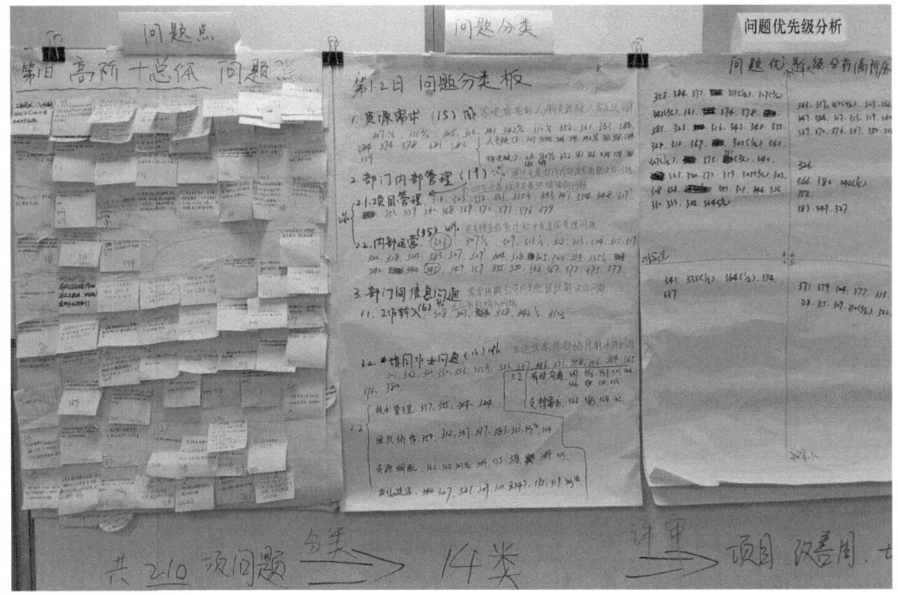

图 5-7　问题池及问题分析案例

以上价值流现状分析步骤，一般可以在 2~3 天内完成。团队通过分工合作，不断识别当前流程中的各种问题，形成问题池，并对这些问题进行多次讲解、分类和优先级分析，使团队中的不同角色都能认可这些问题。共识问题是后续共识项目的基础，在这一阶段要更充分地暴露问题、更充分地延伸问题、更充分地分析问题。

💡 5.3　价值流规划

在上一节中，通过现场观察、各种工具、数据分析后，形成的结果输出是现状问题池，接下来需要对问题进行分析处理，形成改善计划。本节介绍如何将各种问题转化成不同大小的改善项目，对其中的大项目，讲解如何进行项目立项，并根据立项报告形成改善主计划；分享如何用图形化的方式将项目和改善工具（系统）相结合，更系统地展现价值流规划的结果；通过问答的方式分享价值流分析与规划活动的要点。

5.3.1　从问题池到项目池

从现状问题到改善项目，将问题池转化成项目池是价值流流动改善中的关键一步。实践中需要对每一个问题进行讲解，团队在了解问题的同时，根据问题解决的难易程度和解决后的效果好差，将问题分成四个象限，即容易解决且效果好、效果好但不容易解决、效果差且不容易解决、效果差但容易解决。问题的四象限归类案例如图5-8所示。

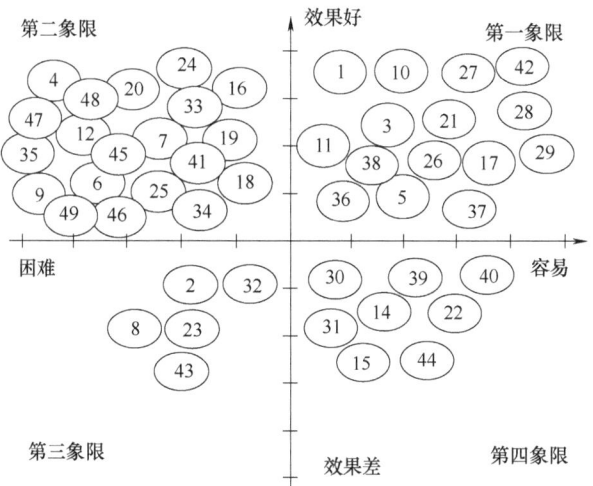

图 5-8　问题的四象限归类案例

这个过程需要团队一起逐个进行梳理，对每一个问题的分类达成共识，同时整合和延展问题，举一反三，因此在实践中需要较多的时间。分类完成后，通常第一、第二、第四象限中的问题是需要进行解决的，第三象限中的问题由于效果差且解决困难，通常会暂时搁置不做处理。

问题的难易程度往往与问题解决所需要的时间成正比，因此对应四个象限，将问题按照预估解决时间分成以下三类：

1. 1~3 天能解决

第四象限中的问题，虽然效果差但解决比较容易，通常 1~3 天（一周内）即可解决，将这些问题整理汇总，讨论对策、确定负责人和日期，形成快速改善清单。需要注意的是，由于这类问题相对简单和具体，通常不需要过多的分析，因此表式中的内容要填写完整，不留下尾巴，便于后续实施和跟进。快速改善清单见表 5-3。

表 5-3　快速改善清单

序号	问题描述	改善对策	负责人	日期	状态
1					
2					
3					
4					

(续)

序号	问题描述	改善对策	负责人	日期	状态
5					
6					
7					
8					
9					
10					

2. 1~3周能解决

第一象限中的问题，解决相对容易并且改善效果较好，通常1~3个周（一月内）即可解决。将这些问题整理汇总，讨论改善周名称、确定负责人和日期，快速形成改善周清单。需要注意的是，由于这类问题相对第四象限的问题稍微复杂，很难快速找到对策或找到更合适的对策，因此在生成改善周清单时，不需要花很长时间来分析对策，这一步只要明确改善周名称和负责人即可，后续再完善改善周的具体内容。跟上述快速改善清单不同的是，一个改善周可能对应多个问题。价值流改善周清单见表5-4。

表5-4 价值流改善周清单

序号	改善周名称	对应问题	负责人	日期	状态
1					
2					
3					
4					
5					
6					
7					
8					
9					
10					

3. 1~3月能解决

第二象限中的问题，改善效果较好但通常较难，通常需要1~3个月（一季度内）的时间才能解决。将这些问题整理汇总，讨论项目名称、确定负责人和日期，快速形成价值流改善项目清单。同样，这时并不需要详细的改善对策，但要明确项目的名称和项目组长，以便接下来进行详细分析。特别要注意的是，团队要讨论确定改善项目的组长人选，不能随意，因为接下来组长要开展项目立项工作。价值流改善项目清单见表5-5。

表 5-5 价值流改善项目清单

序号	项目名称	对应问题	项目组长	日期	状态
1					
2					
3					
4					
5					
6					
7					
8					
9					
10					

基于问题解决的难易程度（问题解决所需时间长短），将问题池中的问题进行归类后，形成三种形式的改善清单：1~3天能解决的快速改善清单，1~3周能解决的改善周清单和1~3月能解决的改善项目清单。实践中，多个快速改善清单可以整合成一个改善周，多个改善周可以整合成一个项目。反过来也可以，即一个改善项目可以分解成多个改善周，一个改善周也可以分解成多个快速改善清单。团队根据实际情况进行整合优化，最终形成三类改善清单，统称为改善项目池。图5-9为价值流规划项目池案例，该案例中，形成项目14项，改善周23项，快速改善清单22项（见图右侧汇总）。

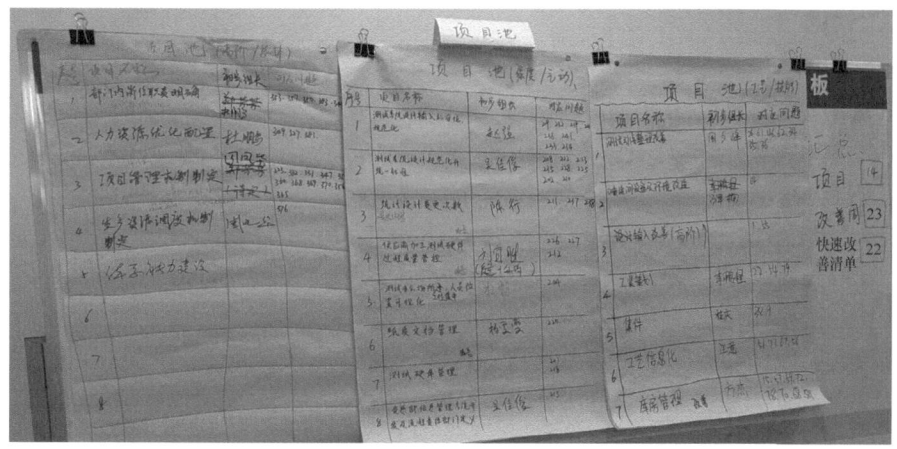

图 5-9 价值流规划项目池案例

5.3.2 项目立项与主计划制订

项目池中的改善内容，特别是改善周和改善项目到目前为止只是一个名称，改善可行性如何、改善效果如何、最终能否实现总的改善目标，这些问题还无法回答，因此需要进一步的项目分析。上一节项目池（改善周和改善项目）确定的负责人，要对项目进行深入分析，编写改善周申请表和项目立项报告，并与价值流目标进行关联性和贡献度分析，判断是否能支撑整体目标的实现，最后形成价值流改善主计划。

1. 改善周申请表

改善周是一种成熟和标准化的改善形式，以小团队的形式针对某个主题快速突破，达到绩效上的快速提升，是价值流规划后常用的改善形式。

在价值流规划过程中，选定的改善周组长应深入分析相关问题，明确改善周主题、目标、团队及潜在障碍等，编写改善周申请表。改善周申请表案例见表5-6。

表5-6 改善周申请表案例

项目范围		领导层		日程	
价值流		支持领导		日期	
改善周名称		价值流负责人		开始、结束时间	
流程触发		引导者		地点	
起始步骤		团队负责人		过程简报	
终止步骤		改善周协调人		团队发布日期	
改善周界限					

改善周驱动要素/现状问题	改善周目标	预期成果
1		
2		
3		

团队成员		后台支持	
职责	姓名	职责	姓名
1		①	
2		②	
3		③	
4		④	
5		⑤	
6		⑥	

2. 项目立项报告

相对于改善周，改善项目实施难度更大、改善周期更长，但改善效果也更好，因此更需要深入分析。项目分析的核心输出是项目立项报告。通常，只有当立项报告通过管理层评审后，才能进入项目实施阶段，因此有时也将项目立项报告看作价值流改善落地的第一步。

编写立项报告的目的是希望项目组长对相关问题进行深入分析后，能在现状问题、改善目标、项目团队、改善思路和实施计划等五个方面达成共识，因此项目立项报告也主要从这五个共识出发：

1）问题共识。基于项目对应的问题，深入了解，用图片、视频、数据等形式，清晰反映当前存在的问题，了解现状是实施落地的基础。问题共识参考格式如图 5-10 所示。

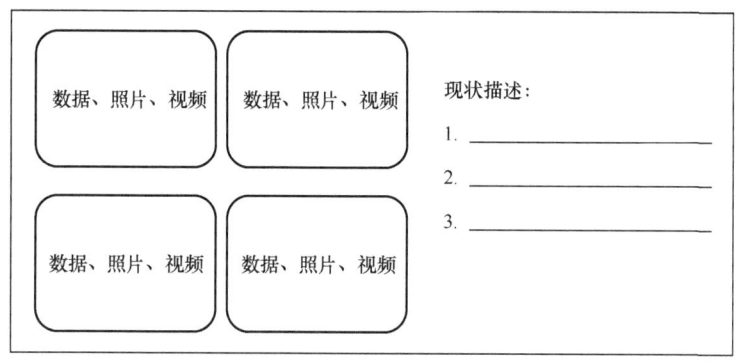

图 5-10　问题共识参考格式

2）目标共识。在当前问题下，项目改善的定量目标、定性目标是什么？立项报告中应明确项目的目标，以便后续进行贡献度分析和效果验证。对应目标也应该分析项目预算，以便给管理层做参考。目标共识参考格式如图 5-11 所示。

	改善点	目前	改进后	提升比例
定量目标				

	改善点	目前	改进后
定性目标			
预估投入			

图 5-11　目标共识参考格式

3）团队共识。项目组长根据问题和目标，组建合适的项目团队，明确团队职责，以团队的形式开展项目工作。除此之外，后续的项目激励也是根据团队进行分配的，因此要确定并共识合适的团队成员。团队共识参考格式如图 5-12 所示。

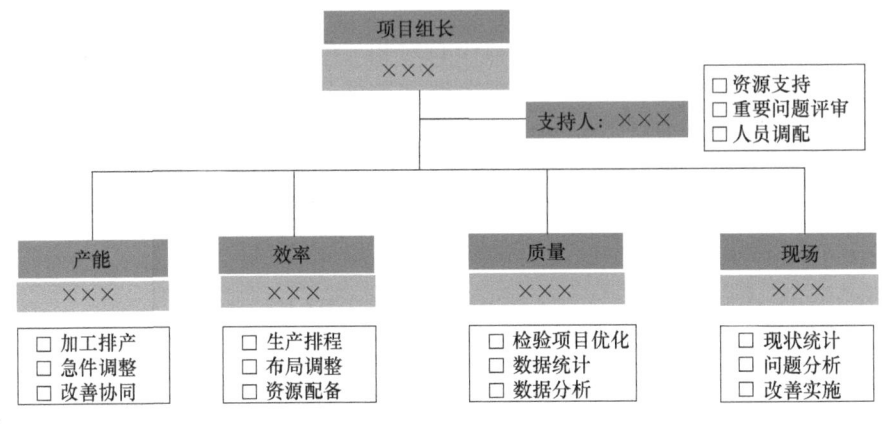

图 5-12　团队共识参考格式

4）思路共识。对应问题和目标，项目应如何开展？在项目团队经过初步沟通后，应形成并共识项目的开展思路。虽然这时思路还不够具体，但在项目评审中仍能为评审团队提供关键信息。思路共识参考格式如图 5-13 所示。

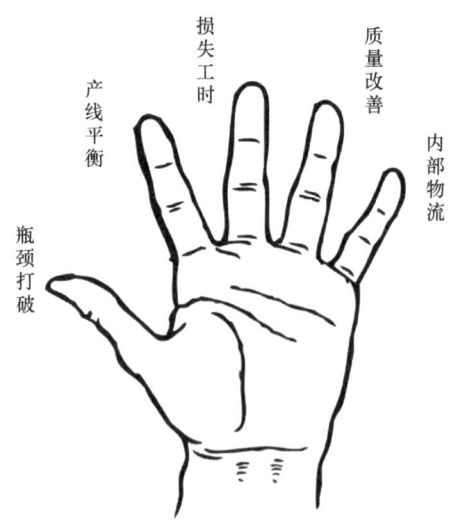

图 5-13　思路共识参考格式

5）计划共识。这个计划在编写立项报告时还是里程碑计划，即每隔 2~3 周确定一个里程碑节点,明确节点输入或输出,后续项目评审完成、启动后再制订详细计划。计划共识参考格式如图 5-14 所示。

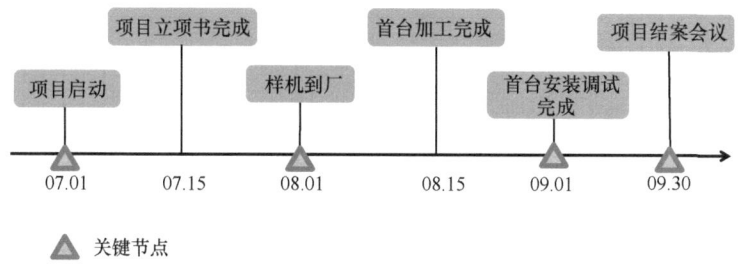

图 5-14 计划共识参考格式

立项报告通常用 PPT 的形式编写,逻辑清晰且便于分享。用五页 PPT 将项目说清楚,是简化的立项报告形式。

当然,立项报告的形式不限于此,可以在这个基础上细化完善、扩充内容,更充分地说明项目的必要性和可行性,也可以在这基础上更加简化,用一页纸的形式展现项目情况。表 5-7 为一页纸形式的立项报告参考格式,参照了 A3 报告形式,将立项报告中最需要共识的五个内容整合在一页纸上,更简洁直观,在立项较多时便于管理层更快速地了解项目。

3. 项目评审

在实际项目中,一方面不管是改善周申请表还是立项报告,都不可能一蹴而就,需要反复修正完善。对单个改善周或项目而言,需要不断了解现状、共识目标、讨论思路以更充分地说明项目的可行性。另一方面,并不是立项报告完成即可以开始项目,还需要进行项目评审,由评审团队评审每一个项目的必要性和可行性。

项目评审团队通常由价值流管理人员组成,他们最终判断某个改善周或改善项目是否要实施。项目评审的输入为改善周申请表和项目立项报告,项目组长讲解立项报告的内容,评审团队从不同维度进行打分,最后进行分数汇总、分析。立项报告评审要考虑不同的维度,通常从以下几个维度评判:

1)绩效影响:包括项目本身绩效提升情况和项目对整个价值流的绩效影响情况。

2)可实现性:项目落地是否相对容易,投入较少,实现周期较短。

3)可扩展性:项目完成后,是否便于在更大范围内推广与标准化。

4)团队能力:团队成员是否有时间、有能力根据里程碑计划完成项目。

5)立项报告质量:立项报告编写质量和项目组长讲解水平如何(可体现项目组长对项目的重视和理解)。

表5-7 一页纸形式的立项报告参考格式

单位	部门	项目名称	×××公司价值流改善项目立项书	日期	作者	发起人
××××	标准件车间	×××		2023/4/10	×××	×××

现状描述

3月3日在××试验器上开展××加力燃烧室试验，在试验内涵升温到××℃并温度持续一段时间（约10min）后发现内涵进口转接段与试验件连接法兰处有水蒸气喷出，随即加温器熄火，转接段下台检查，检查后发现转接段水焊套焊缝处有裂纹。

项目输出

序号	输出内容	形式	主负责人
1	完成问题原因分析	Excel	×××
2	完成前转接段补焊及改进方案	PPT	×××
3	完成前转接段补焊及改进图纸	Word	×××

项目目标（定量、定性）

	改善点	改善前	改善后	改进比例
定量	指标1			
	指标2			
	指标3			
定性目标	改善点	改善前	改善后	改进比例

里程碑计划

项目启动 05.01 → 项目立项书完成 06.30 → 样机到厂 07.31 → 首台加工完成 08.31 → 首台按装调试完成 09.30 → 项目结案会议 10.15

项目投入与潜在风险

投入	费用项目	费用计算	费用累计	备注
1				
2				
风险				
1				
2				

项目团队

项目组长：×××

支持人：×××

产能 ×××　效率 ×××　质量 ×××　现场 ×××

122

需要说明的是，评价维度可以根据实际情况进行调整，不同的维度会有不同的权重，甚至不同的评审人员也会有不同的权重，其核心目的是从管理者的角度来判断价值流改善项目是否合适，一旦确定后续就应提供资源来确保项目的完成。价值流项目立项评审，从不同维度、不同权重对改善项目进行评审，见表5-8。

表5-8 价值流项目立项评审表

部门		零件价值流		评审者：		评审日期：	
序号	维度	标准	权重	项目名称：	项目名称：	项目名称：	项目名称：
				项目组长	项目组长	项目组长	项目组长
1	绩效影响	总分5分：与公司绩效指标关联度高，影响大，得5分；关联度影响度小，得1分	40%				
2	可实现性	总分5分：项目实施相对较易，资金投入少，周期短，得5分；投入较大，较难实现目标，得1分	20%				
3	与公司重点工作的关联性	总分5分：与集团和公司项目有较强关联性，得5分；较低关联性，得1分	20%				
4	项目团队的能力	总分5分：项目组长及团队有能力完成项目设定目标，得5分；项目团队不能与项目目标匹配，得1分	10%				
5	立项报告的质量	总分5分：立项报告讲解清晰、内容完整，有较充分的数据支持，得5分；立项描述不清晰，得1分	10%				

4. 关联性与贡献度分析

对于价值流项目而言，快速改善清单、改善周与改善项目三者集合，才能更好地实现整体目标；在改善周和改善项目评审完成后，应进行整体的改善关联性和贡献度分析，确保每一个子改善项目都对整体目标有关联、有贡献，且能实现整体目标。

关联性分析相对简单，是将改善周或项目与价值流改善整体目标相关联。一个改善周或项目可能与一个目标有关联，也可能与多个目标有关联。通过关联性分析，可判断改善周或项目与整体目标关联性的强弱，以便有针对性地提供资源。

关联性分析可以判断关联性强或弱，是定性分析，不能量化这一判断，因此还要对项目进行贡献度分析，即改善项目（或项目的集合）对整体目标的贡献程度，以量化的方式体现项目对整体目标的贡献。相对于关联性分析，这一步要复杂些，要分析立项报告中的目标与整体目标的关系，判断若项目目标实现对整体目标的贡献度。

在对每一个子项目进行贡献度分析后，还要看全部项目（改善周和改善项目）对整体目标的贡献，以确保项目全部实施完成后，能实现设定的价值流改善整体目标。图5-15所示为某产品装配周期缩短方向贡献度分析案例，体现不同的改善方向对目标的贡献程度，以及整体上通过所有方向的努力，能实现最终目标。

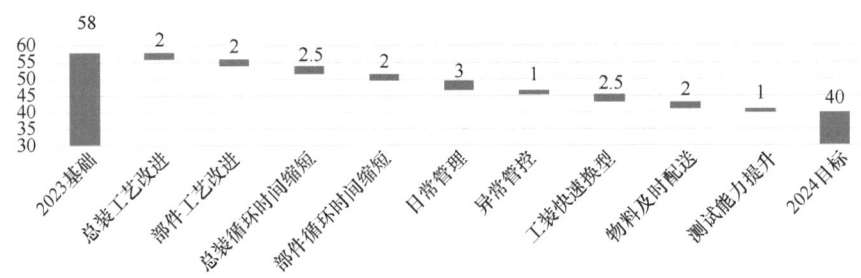

图5-15　某产品装配周期缩短方向贡献度分析案例

经过问题池形成的项目池中的快速改善清单可以立即开始实施，而改善周和改善项目不能马上实施，而是要先编写改善周申请表和项目立项报告，经过评审后才能实施，这也是慢计划、快行动的一种体现。评审通过的项目，还要进行关联性分析和贡献度分析，以确保所有项目实施后能实现价值流改善的整体目标。

在实际推进中，可能存在这种情况：即使全部子项目目标均已实现，整体目标也不能实现，这时需要返回考虑子项目的目标是否过低、整体目标是否过高等。若目标都合适，则说明经过这一轮价值流现状分析所得到的改善项目还不充分，不足以支撑整体目标的实现，需要重复价值流分析的过程，继续识别更多更有效的项目，直至能实现价值流改善的整体目标。

5. 价值流改善主计划

项目池中的项目，通过编写立项报告和改善周申请表、项目评审以及关联性和贡献度分析后，若可以实现价值流改善整体目标，则可以开始编写价值流改善主计划，为后续的项目实施、过程检查和资源支持迈出第一步，即开始 PDCA 中的 P。

价值流主计划通常以 Excel 的形式编制（或者项目管理软件），常规内容包含：基础信息、项目信息、时间轴和里程碑等。

1）基础信息：通常在主计划的上部包含价值流名称、价值流负责人、团队、整体项目介绍、项目数量、状态统计等。

2）项目信息：通常在主计划左侧包含项目名称、项目核心输出、项目组长等内容，这些内容来自评审后的改善周申请表和项目立项报告。

3）时间轴和里程碑：在项目右侧，占用篇幅较大。上部为时间轴，通常以周为单位进行过程管控，下部是与项目对应的时间轴和里程碑节点。需要说明的是，当根据立项报告确定各个项目的时间轴后，要进行统筹调整，避免项目过于集中或稀疏，将人力和时间等资源分散开，以便有序、有效开展项目。

从主计划的内容可以看出，其核心内容均来自改善周申请表和项目立项报告。若这两个资料的质量较高，则主计划可以高质量且快速地形成，也为后续的执行、检查和纠正奠定基础，因此应重视这两个资料的编写和完善。在笔者多年的实践中，当形成项目池后，通常会留出 3~5 天的时间来写改善周申请表和项目立项报告，以确保其高质量地完成。

这也是本书关注的落地之道：扎实编写申请表和立项报告，认真进行评审和贡献度分析，最终形成共识的和可落地实施的主计划，开始良性 PDCA。

5.3.3 价值流项目开展思路提炼

价值流流动改善主计划制订后，各项目组长即可组织开展项目实施。对于项目管理委员会和推进团队，精益顾问通常会引导、总结项目开展思路，笔者通常用模型化来呈现。本节介绍用模型化提炼价值流项目的开展思路。

1. 改善思路模型化

改善思路模型化是将正在进行和计划进行的改善活动进行高度总结，并用一页纸，以图形化的方式来呈现。

模型化有三个要点：内容、形式和逻辑，即用某种形式来体现内容间的逻辑关系。内容即是正在进行或计划进行的各种改善周或改善项目；形式不限，但要与内容相匹配，能体现内容间的逻辑关系。

2. 改善思路模型化案例分享

正如前文所述，模型化的形式不限，只要与内容匹配、能体现内容间的逻辑关系即可。下面分享三种咨询顾问常用的改善思路模型化案例：

1）精益屋。丰田精益屋是最经典的模型，在项目实践中经常借鉴这种形式。房子模型的逻辑清晰：屋顶是目标、横梁是管控手段、支柱是核心内容、地基是改善基础。图5-16所示为某公司精益改善模型化思路案例，以精益屋的形式呈现。

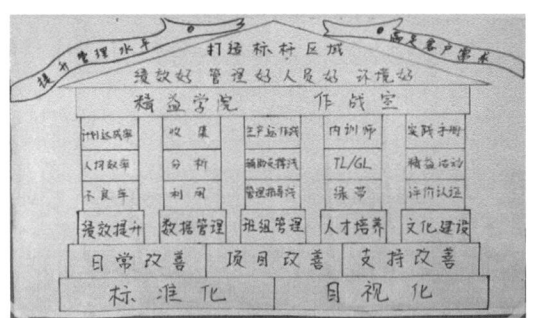

图 5-16　某公司精益改善模型化思路案例

2）大树模型。大树也是一种一目了然的形式。一棵粗壮的大树由根系、树干和树冠组成，从上到下、自下而上都有说法。图5-17所示为日常改善大树模型，图中将日常改善的工具分成土壤（基础）、根系（班组）、树干（上升机制）和树冠（中高层），用大树这种形式呈现内容间的逻辑关系。

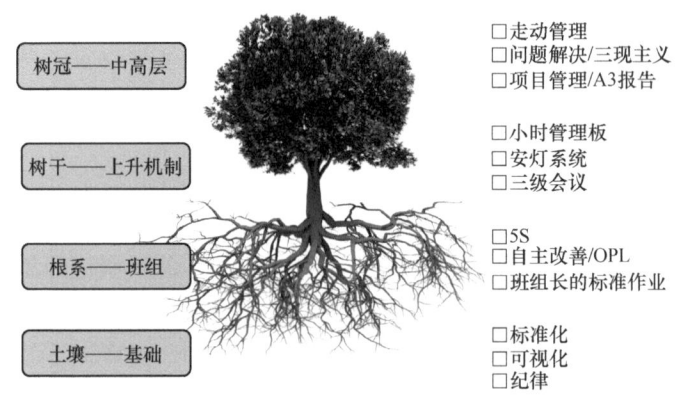

图 5-17　日常改善大树模型

3）射箭模型。逻辑上靶心即目标，射中靶心还需要弓箭手，以及弓、箭和弦。图5-18所示为某项目射箭模型化思路，将靶心作为指标体系，箭为布局设计、弦为物流体系、弓为维持体系、人为过程控制。

箭：布局设计　　　箭：胜兵先胜，而后求战
弦：物流体系　　　弦：兵马未动，粮草先行
弓：维持体系　　　弓：创业易，守成难
人：过程控制　　　人：积跬步，至千里

图 5-18　某项目射箭模型化思路

3. 价值流项目模型化案例分享

该价值流项目的核心目标是总装周期的缩短，在完成项目评审、贡献度分析和主计划制订之后，团队开展七种设计，用模型化的方式呈现改善思路。不同形式的模型化思路手绘图如图 5-19 所示。

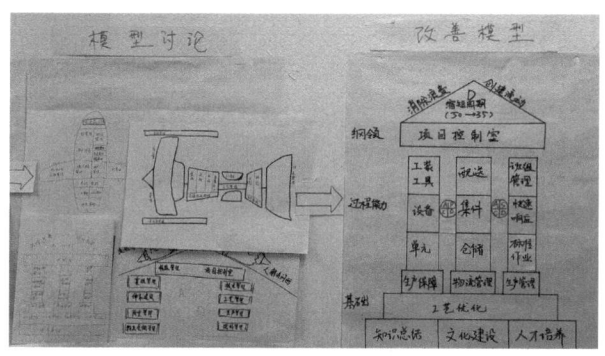

图 5-19　不同形式的模型化思路手绘图

经过分享、整合后，团队最终选择借鉴丰田精益屋的形式，融合精益工具与思维，体现内容间的逻辑关系，呈现价值流改善的思路：

1）屋顶为目标。以缩短总装周期这一核心指标为引领，创建好的现场、好的流程和好的团队，高质量地完成任务，打造最佳实践。

2）横梁为管控。以作战室为 PDCA 的载体，对不同类型的项目进行管控，以分层审核为 SDCA 的手段，不断促进标准的稳定执行；通过周例会及例行审核，形成改善自运转机制。

3）支柱为核心项目。以流动模型为指引，扬长补短，持续深入工具与系统的运用,不断提升过程能力,将改善工具落地运行。

4)地基为基础。持续进行工艺优化和标准化,不断开展工艺基础改善活动,践行"以工艺为基础"的基本理念。

5)土壤为根基。以星级认证为牵引,在实践的同时不断进行知识内化,总结最佳实践经验,不断细化和丰富公司生产制造体系。

某公司价值流流动改善思路案例如图 5-20 所示。

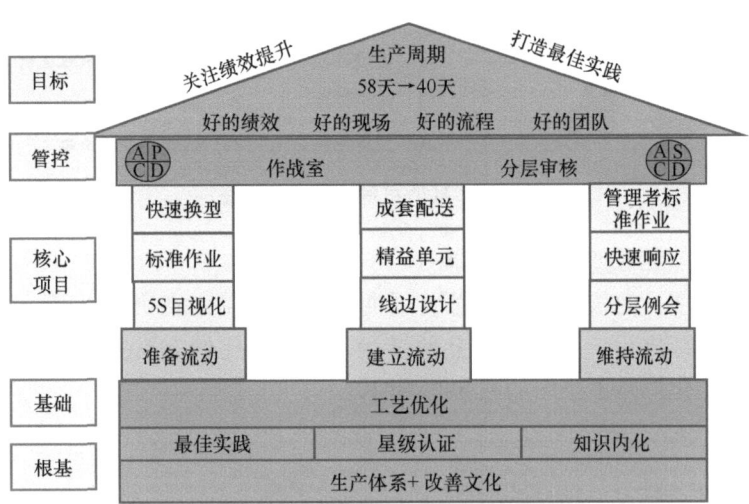

图 5-20 某公司价值流流动改善思路案例

5.3.4 价值流分析与规划活动要点

笔者在项目咨询过程中,进行了数十次价值流分析与规划活动。本节通过提问与回答的方式,分享价值流活动的要点。

1. 什么时间和频次进行价值流分析活动

价值流分析承接公司级战略部署,因此首先要在战略部署完成后才适合进行。通常每年都要进行一次,一般在年底或年初公司进行整体规划的时候进行;在改善初期或流程不稳定阶段,也可以每年进行两次,根据实际情况进行及时调整。另外,在流程发生较大变化(如新工艺、新产品导入)、生产组织发生变化(调整布局或新工厂建设)或公司组织架构发生变化时,都需要进行价值流分析活动。

2. 哪些人适合或应该参加价值流分析活动

参加价值流分析活动的成员来自于价值流上的各个部门或职能岗位,通常为中高层管理者。与很多需要员工参与的改善不同,价值流分析活动需要快速、清晰识别整个流程中存在的问题,并基于战略指标目标等设计公司的未来图,需要团队成员掌握更多的信息和站在一定的高度，因此通常参加价值流分析活动的成员多为中高层管理者和精益推进者。

3. 参加价值流分析活动的人员应具备哪些知识或能力

参加价值流分析活动的团队成员，除具备作为管理者本身的业务知识外，还应具备前文所讲的全局意识、高度意识和价值意识。本节所指的参加价值流活动人员应具备的知识，特指与精益相关的知识。

1）精益工具：如布局设计、3P、标准作业、快速换型、线边设计、层级例会等。

2）精益系统：如日常改善系统、内部物流系统、3K模式、安灯系统等。

3）工具和系统背后的精益思维：如增值与浪费、全员参与、走动管理、领导力范式等。

团队成员具备精益知识后，才能更好地制定从现状到未来的实施精益路径。

4. 价值流活动过程与结果哪个更重要

价值流活动的输出包括现状图、行动计划和未来图等，行动计划是后续活动的主计划，因此价值流活动的输出（也就是结果）很重要。但是在价值流活动过程中，如何更好、更多地识别问题，形成问题池，如何更有效地对问题进行整理和分析形成项目池，是比结果更重要的事情。在价值流活动中，笔者认为过程的控制更重要，好的过程产生好的结果。

以上通过四个问题，分享了价值流分析和规划活动的要点。此外，还要注意以下内容：

1）用铅笔来绘制价值流图，将注意力放在了解流程（而不是电脑格式）上，流程暴露问题，人员解决问题。

2）价值流不是关注局部而是关注系统，必须从整体着手，而不是仅仅考虑单个或几个工序，要特别关注工序与工序之间的衔接，这里通常存在问题。

3）价值流分析最佳的用途是把点的改善串联起来，形成线和面，集中力量去应对企业最关键的挑战。

4）光画价值流现状图和未来图没有实际效果，这仅是一种方法，重要的是如何进行增值的流动。

5）价值流分析的核心目的是缩短生产周期与降低库存，核心理念是流动。

6）价值流分析最终输出的是项目改善计划。

7）衡量价值流图符不符合标准的原则是：图标准确、数据真实、改善计划能落地。

8）价值流设计活动的真正功力体现在能否找到真正有价值的问题和改善项目。

本节重点讲述价值流分析之后的价值流规划，从问题池到项目池再到主计划,以及将改善思路进行模型化,最后分享了价值流分析活动的要点。需要说明的是,虽然在前文中认为价值流未来图是价值流分析活动的三种输出之一,但本节在价值流规划部分,并未特别突出价值流未来图,而是聚焦在项目立项及改善主计划上。未来图是用图形化的方式呈现未来的状态,其本身并不能保证落地实施,而改善主计划是未来图的细化分解,是可以落地实施的计划,后续的价值流管理,管理的也正是这个主计划。因此,作者建议将更多的时间放在项目立项和主计划制订上,这是价值流规划的落地之道。

5.4 价值流管理

在前两节已反复强调,价值流分析与规划的输出中最重要的是改善项目主计划,即从现状到未来的路径,这是一个未来半年到一年的大计划(P),有了计划后,需要团队执行(D)计划,同时更重要的是要对这个计划进行管控(C、A)。如何进行管控呢?本节将介绍价值流管理的落地之道——价值流项目管理作战室。

另外,前文已提到过,对于本书关注的多品种、小批量、定制化或科研类产品,可以认为一个订单就是一个改善项目,多个订单就相当于价值流规划中的项目池,因此同样可以用作战室的方式来管控订单的过程,称为产品(订单)管理作战室。两种作战室的原理是一致的,在实际中也会建立两个实体作战室来进行不同内容的管控。

在第4.4.3节已讲述作战室的起源、发展和建设步骤,本节将结合一些实际案例,讲解作战室的目的、核心内容,分享使用要点,使读者能系统性了解价值流项目管理作战室,并体会其背后的精益思维。

5.4.1 项目管理作战室概述

本节将分享项目管理作战室的内容与逻辑,介绍哪些项目可以用作战室的形式来进行管理。

1. 项目管理作战室的内容与逻辑

项目管理作战室,也称项目大部屋、项目管理道场,是在丰田大部屋的基础上采用目视化的形式来快速管理项目过程的一种方式。某项目作战室的实际场景如图5-21所示。

在项目作战室中,主要进行以下工作:
1) 项目计划制订与过程控制:制订大计划、小计划,并对计划进行检查和纠正。
2) 会议管控和问题解决:在作战室中召开不同层级和不同频次的例行会议,讨论问题、制定对策。

图 5-21　某项目作战室的实际场景

3）反省与改进：提供个人和团队反省与改进的机会，促使团队不断调整，共同进步；在进行项目的同时，不断提升个人和团队能力。

项目管理作战室背后的逻辑其实很简单，就是进行目视化的 PDCA，具体的执行（D）不在作战室而是在各种现场，在作战室中主要进行的是 P、C 和 A，也就是要制订大计划、小计划，不断地进行检查与纠正，不断地进行反省与改进。

2. 项目管理作战室的应用范围

哪些项目需要或者是适合用作战室的方式进行管理？根据经验，通常实施周期在 1~6 个月，需要跨职能合作的项目适合建立项目管理作战室。这里强调两个关键词，第一个是跨职能，也就是说项目团队成员来自不同的职能部门，因为只要是跨职能，就会有隔阂，就需要用某种形式来减少这些隔阂。第二个关键词是项目周期，一般项目周期在 1~6 个月比较适合，因为项目周期的长短往往代表项目工作量大小和复杂程度高低，周期稍长、难度稍大的项目，更有利于发挥作战室的优势。

在许多实际项目中，如果项目周期小于 1 个月或者项目周期多于 6 个月，也可以尝试运用项目管理作战室。对于周期稍短的项目如两个星期，可以缩短管控的周期，以"日"为单位来管控；对于项目周期稍长的项目，如 9 个月或者一年，则可拉长管控周期，以"周"的频次来进行管控。对于长周期项目，还有一种方式就是将大项目分解成小项目来进行细化管理。

常见的适合运用项目管理作战室管控的项目类型如下：

1）价值流项目：价值流规划后的项目，非常适合用作战室的方式来进行管理。笔者几乎在每一个咨询项目中，都会建立精益项目管理作战室来管理价值流项目。

2）新产品研发或改型：丰田大部屋一开始应用的领域。产品研发是企业的重要价值流之一，涉及的部门和人员较多，且通常周期较长，适合用作战室的方式进行管控。

3）新工厂建设/老工厂改造：近几年非常多的一种项目，新工厂建设或老工厂改造涉及工厂的各个部门，且周期通常在半年以上，非常适合用项目管理作战室的方式来进行管理。

4）定制化产品：由于交付周期相对较长，适合用项目管理作战室的形式进行管理，在后续案例中，会特别强调这种情况下的应用。

5）其他重点项目：如新设备或者新工艺的改进、MES、ERP 等信息化项目等。

精益项目作战室是在丰田新产品研发大部屋的基础上，发展形成的新的项目管理方式。目前，其应用范围越来越广，各种项目甚至日常管理都在运用或借鉴这种方式。

5.4.2 项目管理作战室的作用

本节将介绍价值流项目管理作战室的目的，在第 4.4.3 节中讲解问题管理作战室时已有分析。除缩短项目交期、克服检查与纠正不足、过程控制外，用于价值流改善项目管理的作战室还有更多作用：减少墨菲定律的影响、体现目视化管理、改善和改善精神的载体等。

1. 减少墨菲定律现象

项目为什么要进行过程管控，有了计划，一步一步地执行不就行了吗？但是无数次的实践证明，如果没有一个很好的项目过程管控，交期延长是一种常见现象。

从墨菲定律中也能找到原因，墨菲定律认为，如果有两种以上的方式都可以完成某件事情，而其中一种方式将会导致灾难，必定有人选择这种灾难方式。简单来说，如果事情有变坏的可能，不管这种可能性有多小，它总会发生。

墨菲定律具体包含以下四项内容：

1）任何事都没有表面看起来那么简单。

2）所有的事的完成时间，都会比预计时间长。

3）会出错的事总会出错。

4）如果你担心某种情况发生，那么它就更有可能发生。

由墨菲定律可知，如果项目不进行很好的管控，任由其发展会导致抱怨、妥协、交期延长、质量下降、成本增加等。所以应进行过程管控，不断识别项目中的问题和风险。

2. 体现目视化管理

在项目管理作战室中会用到项目管理软件，但更应进行常规的目视化管理。目视化管理是简单、有效、实用的一种管理方式。据统计分析，在人类获得的信息中有83%左右是通过视觉来获得的。人类通过不同感官获取信息的比例如图 5-22所示。

这里强调的是，常规目视化可以在无形中使更多人获得更多的信息。同样的事物，一个人看的时候所获得的信息，不如多人在一起看所获得的信息多。因此，在项目作战室中，会有大量的信息张贴出来，并直接在上面进行更新，让项目团队成员更直观地获取相关信息。

图 5-22　人类通过不同感官获取信息的比例

现在各种项目管理软件及显示大屏的运用也比较多，精益项目管理作战室强调目视化，但并不否定其他形式的运用，有利于项目管理的方法都可以在作战室中运用。某作战室综合显示屏如图 5-23 所示。

图 5-23　某作战室综合显示屏

3. 改善和改善精神的载体

项目管理作战室不仅用来管理项目，它更是改善的载体。它有精益特征、符合精益原则，在项目管理作战室中可以看出改善是什么、是如何进行的，以及效果如何。跨职能的团队加目视化的内容，再加上使用规则，三者不断融合，本身就是一种持续改善的体现。

此外，项目管理作战室还有更多的价值和意义：是培训教室可以进行各种培训、是良好的5S与目视化管理的训练道场、是精益领导力十二范式的训练道场等。项目成员在进入作战室后，要遵守各种精益规则，如改善十条、团队活动法则、五个为什么等，通过在作战室不断地运用精益工具和思维来体现改善精神，所以作战室也是改善精神的载体。

图 5-24 所示为作战室规则案例。其中左图为团队活动法则，明示了各小组

在活动时的法则，包括慢计划快行动、人人担当、时间管理及共同目标。右图为个人发言原则，明示了项目组成员在开例会时的发言原则，包括总分总逻辑、要有眼神交流、声音洪亮、用心打动别人以及面带微笑等。将这些基本原则目视化出来，便于随时提醒大家遵守。

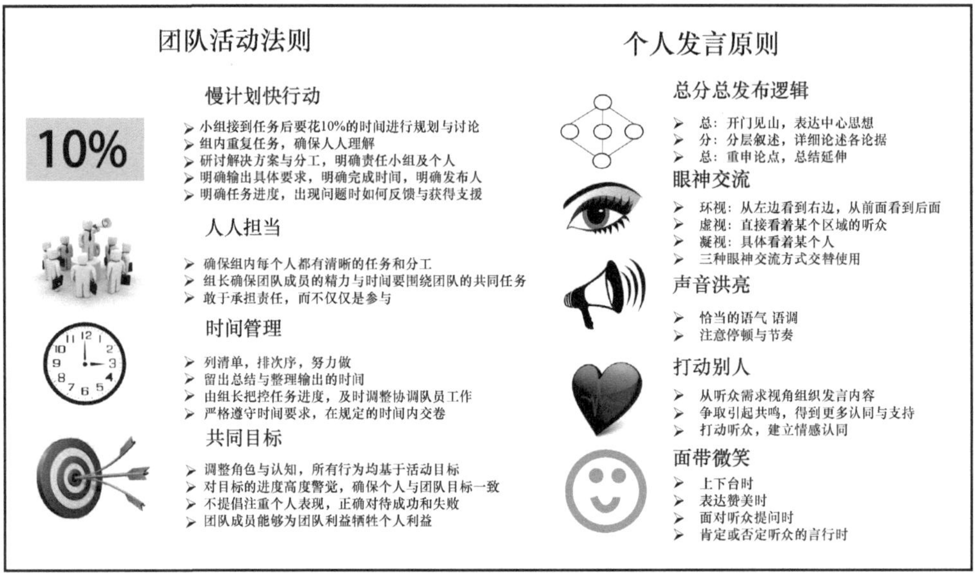

团队活动法则	个人发言原则
 **慢计划快行动** ➢ 小组接到任务后要花10%的时间进行规划与讨论 ➢ 组内重复任务，确保人人理解 ➢ 研讨解决方案与分工，明确责任小组及个人 ➢ 明确输出具体要求，明确完成时间，明确发布人 ➢ 明确任务进度，出现问题时如何反馈与获得支援 **人人担当** ➢ 确保组内每个人都有清晰的任务和分工 ➢ 组长确保团队成员的精力与时间要围绕团队的共同任务 ➢ 敢于承担责任，而不仅仅是参与 **时间管理** ➢ 列清单，排次序，努力做 ➢ 留出总结与整理输出的时间 ➢ 由组长把控任务进度，及时调整协调队员工作 ➢ 严格遵守时间要求，在规定的时间内交卷 **共同目标** ➢ 调整角色与认知，所有行为均是围绕活动目标 ➢ 对目标的进度高度警觉，确保个人与团队目标一致 ➢ 不提倡注重个人表现，正确对待成功和失败 ➢ 团队成员能够为团队利益牺牲个人利益	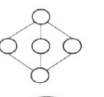 **总分总发布逻辑** ➢ 总：开门见山，表达中心思想 ➢ 分：分层叙述，详细论述各论据 ➢ 总：重申论点，总结延伸  **眼神交流** ➢ 环视：从左边看到右边，从前面看到后面 ➢ 虚视：直接看着某个区域的听众 ➢ 凝视：具体看着某个人 ➢ 三种眼神交流方式交替使用 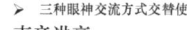 **声音洪亮** ➢ 恰当的语气语调 ➢ 注意停顿与节奏  **打动别人** ➢ 从听众需求视角组织发言内容 ➢ 争取引起共鸣，得到更多认同与支持 ➢ 打动听众，建立情感认同 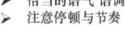 **面带微笑** ➢ 上下台时 ➢ 表达赞美时 ➢ 面对观众提问时 ➢ 肯定或否定听众的言行时

图 5-24　作战室规则案例

5.4.3　价值流项目管理作战室的内容

在作战室称为作战室之前，仅仅是一个房间或区域而已，将项目管理的内容按照一定的逻辑布置后，它就成了项目管理作战室。本节将讲解价值流项目管理作战室的基本内容，并用实际案例加以说明，有利于读者设计与优化自己的作战室。

1. 基本内容

常规价值流项目作战室的基本内容包括项目背景、基本信息、核心信息、开展思路、项目管理组织、团队考核、激励制度、里程碑计划、子项目A3报告、KPI指标/目标管理、具体周计划及跟进（可写进里程碑计划）、待处理事项、异常反馈、风险控制、项目过程输出展示、知识总结、心得分享、填写说明、使用说明、考核机制、签到表、项目地图、书写白板、模拟沙盘等。

价值流项目作战室的内容并非千篇一律，根据项目的特点可自行设计内容和布局，只要有利于项目更好地实施的内容都可以，也可以根据项目的不同阶段布置不同的内容。

2. 基本内容展开

下面将作战室中比较重要的内容展开,以案例的形式进行讲解。

1)项目开展思路。在布局上,根据逻辑关系,项目开展思路应该在作战室的前部,在开始的时候明确项目的开展思路是什么样的。形式上要简化,最好用思维导图的方式,用一页纸、手绘、模型化的形式展示项目开展思路。图 5-25 为某项目的模型化开展思路案例,用手绘图形的方式展示项目的方向和改善关键点,并布置在作战室的起始位置。

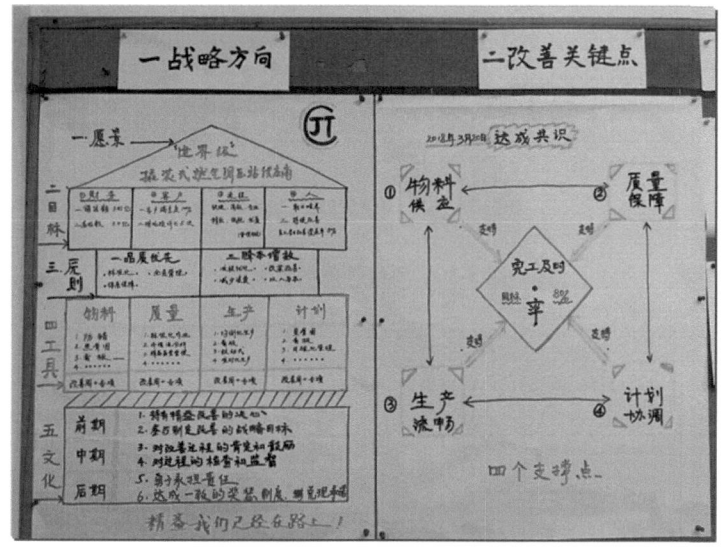

图 5-25 某项目的模型化开展思路案例

2)项目管理内容。项目管理内容包括组织架构与职责、考核机制、管理办法、激励机制等。布局上由于是项目初期内容,且这一部分内容相对来说更新频率比较低,因此通常放在作战室的起始部分。从内容本身上说,项目管理部分是容易忽略但非常重要的部分。例如,项目团队及职责,在项目开始,一定要明确项目团队的架构和各自职责,不能模糊,避免实施过程中的麻烦。另外,在明确团队后要有考核和激励机制,这些也要目视化在项目管理作战室中。项目管理内容案例如图 5-26 所示。

3)项目目标与实际。在项目开始之前,项目的定量目标和定性目标都要进行明确并目视化。特别是定量目标,基础值是多少、公式是什么、定义是什么、目标是多少,都需要明确。有了明确的指标与目标之后,随着项目的进展进行周期性更新,通过实际与目标对比,不断通过数据来暴露问题和解决问题。图 5-27 为某项目 KPI 展示案例,右侧绩效是衡量项目成败的直接体现。项目目标是组建团队、确定资源需求、制订计划等的重要输入条件,对应不同的目标,其资源配备也会有较大差异。因此，对于项目的指标和目标要慎重考虑，使其能引领后续项目的发展。对于团队而言，要以终为始，以目标为导向。

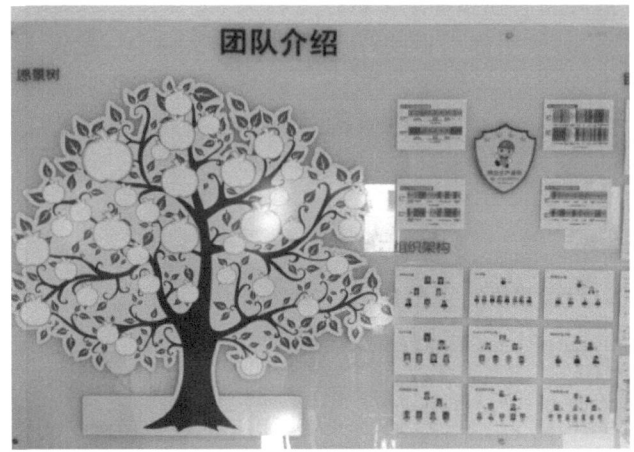

图 5-26　项目管理内容案例

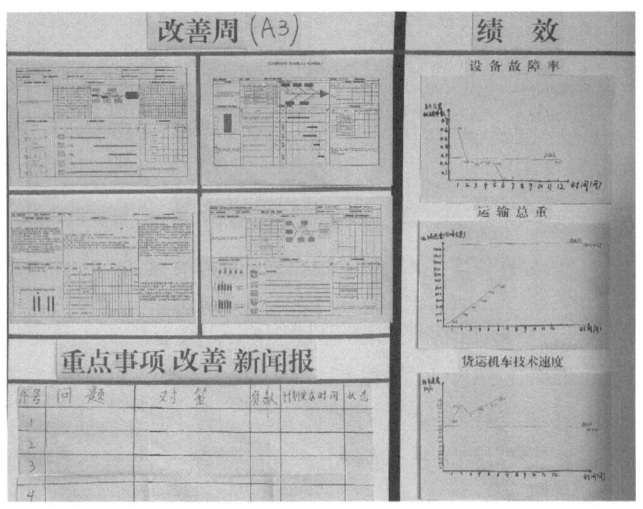

图 5-27　某项目 KPI 展示案例

4）价值流现状图与未来图。价值流现状图与未来图，是价值流流动改善重要的过程输出，可以作为一项内容展示在作战室中。在价值流分析环节中建议用铅笔来绘制，因此可以直接张贴手绘的现状图和未来图（虽然占用的空间大一些），无须转换成电子版。

5）项目里程碑计划。项目里程碑计划也称项目主计划，是整个项目的宏观计划，通常是从后往前逐步倒推和细化的，先按照月度来制定里程碑节点，然后逐步细化到周计划。其内容包含大项目及子项目名称、预期输出、负责人等，并以甘特图的形式显示时间节点。由于里程碑计划是整个项目规划的核心，且需要经常更新，因此通常将其放大并布置在作战室明显的位置，从布局上体现其优先级，促使成员关注里程碑计划。图 5-28 为某项目里程碑计划案例，在这个项目中，将里程碑计划布置在了一整面墙上，直观且便于更新。

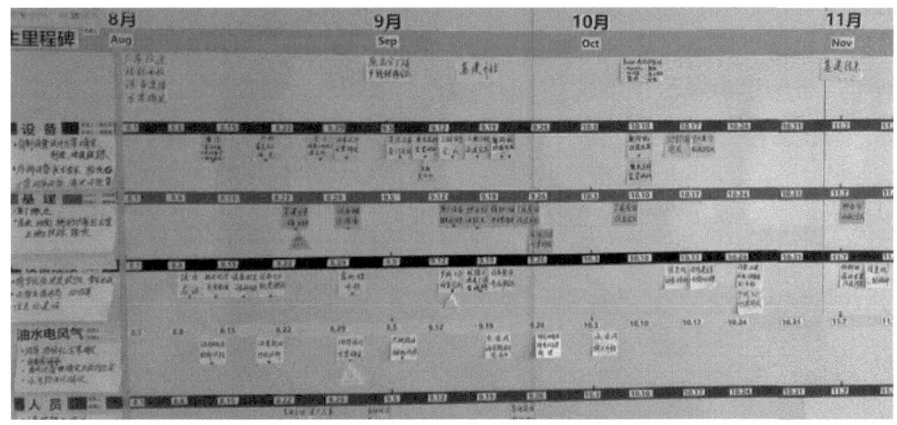

图 5-28　某项目里程碑计划案例

6）周计划与改善新闻报。里程碑计划体现了大的 P 与 C，将里程碑计划分解细化就是月计划、周计划，以改善新闻报形式目视化展现。从内容上，周计划包括事项、负责人、日期及完成状态等，较里程碑计划更具体和便于执行。从更新频次上，这类计划通常以天为单位进行更新。从布局上，由于每天都会新增或更新，因此通常用 A4 或者 A3 纸大小，布置在便于更新的位置。

虽然有周计划，但对于一些紧急事项或排在前三的事项，通常建立专门改善新闻报来进行计划和跟进。对于重要或异常、风险事项，有时需要建立异常响应看板来进行快速响应，及时跟进。以上这些都是不同形式的短期可执行计划，是项目实施落地的保障。图 5-29 为某项目的周计划看板和异常响应看板案例。

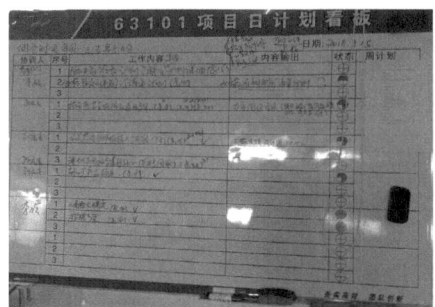

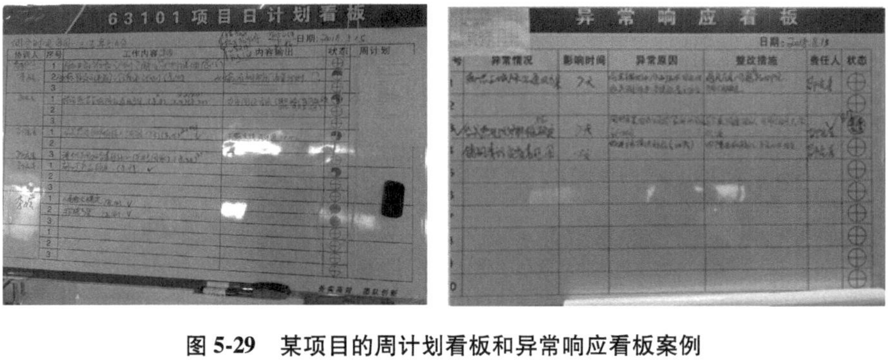

图 5-29　某项目的周计划看板和异常响应看板案例

有时候，一个大项目会分解成很多小项目或子项目，对于这些子项目可以建立子项目的 A3 报告，以 A3 报告的形式进行项目管理，来支撑大项目的完成。

7）模拟沙盘。在新工厂建设项目或新产品新设备研发项目中，也将项目沙盘布置在作战室中。由于空间限制，作战室中的沙盘通常是缩小版的，常见的比例是 1:30~1:20。虽然沙盘是缩小版的，但也能给团队提供很多有用的信息。在进行项目讨论时，一方面作战室墙上是各种信息，另一方面有模拟沙盘，可以让讨论人员更快速、更直观地获得相关信息。图 5-30 为某项目模拟沙盘案例，将新工厂布局缩小展示在作战室中。

图 5-30　某项目模拟沙盘案例

8）办公及宣传相关。作战室中应配备适量的办公与宣传资料，便于随时使用。需要注意的是，即使是办公用品，也应做好 5S 和目视化工作，保持作战室的标杆示范作用。图 5-31 为作战室办公及宣传相关案例。

图 5-31　作战室办公及宣传相关案例

5.4.4　价值流项目管理作战室布局设计

内容基本确定后，需要将其布置在作战室中。作战室布局设计的基本原则如下：

1）逻辑性。作战室中的内容存在一定的逻辑关系，在设计布局时应体现出这种逻辑关系。从整体上说，内容的先后顺序就是项目进行的顺序。

2）优先级。有些内容是常规内容，但有些内容是重要内容，在布局时要体现出内容间的优先级。例如，核心内容放在布局中心、经常更新的内容放在高度合适的位置、需要频繁使用的内容要放大，便于更多人、更直观地了解信息。

3）多功能。工厂内的办公空间有限，通常项目作战室并不是仅仅给项目组使用，还可以作为会议室、培训室、讨论室等，在非项目会议时间都可以使用。

4）实用性。对于某些项目，项目作战室也可以作为项目组的办公室，在布局设计时要考虑办公、会议、讨论等不同场景的特点，使其更有实用性。

项目作战室布局设计的优劣，可从参观讲解中判断，若参观者在听完讲解后能理解内容间的逻辑关系，则可认为是一个好的布局设计，反之则是缺乏逻辑的布局。图 5-32 为某项目作战室案例，在底部用箭头的形式显示内容布置顺序。

图 5-32　某项目作战室案例

第 5 章小结　运筹帷幄，系统规划

本章围绕价值流流动落地进行讲述，价值流流动改善承前启后，往前承接战略部署，往后规划改善项目，因此在流动改善模型中处于横梁的位置，位于产线生产流动、内部物流流动和问题解决流动之上。

从价值流分析到价值流规划的过程，也是从问题池到项目池的过程，需要团队充分共识，分析和梳理出能够支撑实现整体目标的项目池，并最终形成年度改善主计划，最后借助价值流管理中提到的项目管理作战室，通过控制过程来保证最终目标的实现，完成年度 PDCA 闭环，实现价值流流动改善的落地。

第 6 章 日常管理流动落地之道

在流动改善模型中,上一章的价值流流动位于产线生产流动、内部物流流动和问题解决流动之上,统筹这三大核心流动。与之对应,在三大核心流动之下,是作为流动改善模型基础的日常管理流动,支撑其上各种流动改善的持续进行,同时对建立全员参与的改善文化起到至关重要的作用。班组作为现场管理的最小单元,既是价值创造的主体,也是精益改善落地的主体。在班组运行过程中,企业持续开展日常管理流动改善,日积月累,就能不断丰富精益土壤,促进各种流动的持续进行。

本章将介绍促进日常管理流动的三种系统性方法:①精益班组,从不同维度打造星级精益班组,建立改善的根据地;②人才培养,进行系统性培训,理论结合实践,锻炼实战人才;③点灯工程,开展各种小活动,让改善可以星火燎原,在潜移默化中培养企业的改善文化。

6.1 日常管理流动概述

6.1.1 需要日常管理流动改善的典型现象

当企业存在以下现象时,说明需要进行日常管理流动的相关改善:
1) 生产现场基础管理较弱,各种小问题频发。
2) 班组长疲于"救火",他们是高级员工,不会进行班组管理。
3) 中层管理者和推进者拥有的精益知识碎片化、不系统。
4) 内训师队伍不成熟,内训方式单一、效果差,不能学以致用。
5) 员工参与改善较少,没有形成全员改善氛围……

6.1.2 日常管理流动高效工具介绍

当现场或改善中存在一种或多种上述现象时,推荐以下日常管理流动改善工具：

1. 精益班组

班组是流动改善落地的核心力量，以班组为单位学习与实践精益理念，打造精益班组，促进生产流动、物流流动和问题解决流动。精益班组改善内容包括：组织保障、绩效管理、现场管理和流程运行等，并通过星级班组认证方式，以评促改。图 6-1 为班组晨会案例，晨会串联起精益班组的多个工具，是班组管理的体现。

2. 人才培养

人才培养是永恒的主题，在流动改善中同样需要培养人才，培养能落地实施精益工具和思维的人才。开展人才培养活动的内容主要包含三个方面：①系统性的 3K（项目改善、日常改善、支持改善）模式培训；②针对性的项目实践与辅导、评审；③实战性的内训课开发与内

图 6-1　班组晨会案例

训师培养。通过持续的人才培养，让承上启下的中基层管理者和精益专家，知其然、知其所以然，能更好地实践精益知识。图 6-2 为课堂沙盘教学案例，通过沙盘模拟，促进知识吸收。

3. 点灯工程

点灯工程是精益推进中一系列小的、例行的、全员参与的改善活动集合，企业通过这些持续的活动，在潜移默化中影响所有员工，不断激发员工的参与性和积极性，创建改善氛围。常见的点灯工程活动有读书角与读书会、团队及个人展示、文

图 6-2　课堂沙盘教学案例

体活动、家庭日、改善大会、月光工程活动、精益沙龙分享等。这些小活动让星星之火燎原，点亮每一个员工的改善之灯。图 6-3 为读书分享活动案例。

流动改善：多品种小批量趋势下的精益落地之道

图 6-3　读书分享活动案例

6.2　精益班组

班组是流动改善落地的基本单位，不管是生产流动、内部物流流动，还是问题解决流动，都会落实到班组上。关于班组管理的专业书籍非常多，不同企业也有自己的班组管理套路。本节不详细介绍班组管理的具体工具，而是更关注班组管理改善的落地：一方面分享不同形式的班组管理逻辑，让班组管理者理解工具间的关联，由点到线，从形到神，反过来再促进工具的落地；另一方面介绍以评促改的星级班组认证体系，以此为抓手，促进各班组整体水平的提高。本节最后讲解某企业精益班组的蜕变历程，分享精益班组改善实践心得。

6.2.1　精益班组管理内容

不同企业中班组管理内容是类似的，只是有不同的分类方式和关注重点。本节将以某精益班组建设项目为例，介绍班组管理的内容，对于其中的具体工具和表单案例，可参考谭梦和王凯老师编著的《图解精益：五星班组建设》。

在这个项目中，将班组管理内容分成四个部分：组织保障、绩效管理、现场管理和流程运行：

1）组织保障，包含组织架构、人员培训、晨会/交接班和改善提案四个模块，是班组的基础工作。

2）绩效管理，将其作为一个单独的模块，突出数据改善，从数据的收集、整理、分析和利用四个方面完善绩效管理机制。

3）现场管理，结合现场实际，总结 5S 和目视化管理在现场实施的活动及其内容；借助小时控制板对生产过程进行高频次监控，同时运用安灯系统对过程中出现的问题进行快速响应，快速恢复正常。

4）流程运行，从正常活动和异常活动两个维度出发，对关键流程进行梳理和改善，包括问题解决、异常管理、保留品管理、设备管理等流程。

以上内容相辅相成，共同构成了班组管理的主体，又通过星级班组认证体系将各个内容串联在一起，以评促改，打造卓越的精益班组。在本项目实践中，团队利用模型化的方式总结了精益班组建设的思维导图，其中支柱即为班组管理内容的四个部分，横梁为星级班组认证体系。该项目的星级班组建设思维导图，如图 6-4 所示。

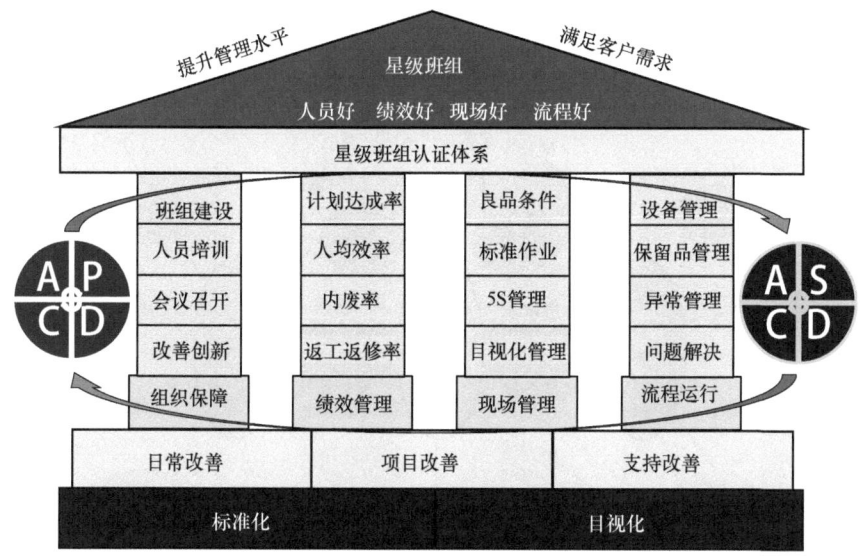

图 6-4　星级班组建设思维导图

6.2.2　精益班组管理逻辑

精益班组管理内容中的具体工具是简单的，但工具背后的逻辑并不简单，同时班组管理中的很多工具也不是独立存在的，而是相互关联和作用的。本项目经过近三年的反复实践后，团队总结提炼班组管理内容和工具，形成三种班组管理逻辑，分别是三级架构式、维持与改善式和载体裂变式，每一种都有其特点。班组管理逻辑是班组管理内容的高度总结，是从形到神的提炼、升华。本节将介绍这三种逻辑以及逻辑总结的过程，供读者参考借鉴。

1. 三级架构式

三级即产线级、班组级和车间级。在班组管理内容上，产线级有人员培训、设备管理、标准操作和流程执行；班组级有组织架构、人员培训、绩效管理和改善提案；车间级有组织保障、推进地图、绩效管理和持续改善。每一项内容又进行扩展细化，落实到具体的工具或范围。

在相互关联性上，一方面自下而上，产线级通过安灯系统和小时看板将生产情况及过程问题反馈至班组级，班组解决不了的借助快反会议上升至车间级；另一方面自上而下，车间通过分层审核对班组运行情况进行监控，班组利用晨会对产线人员、生产、质量、安全、改善等方面的内容进行回顾安排。三个层级需要共同关注的两个模块是目视化管理和5S管理。将班组管理内容按车间、班组和产线这三个级别进行提炼整合，便于理解。三级架构式班组管理逻辑图，如图6-5所示。

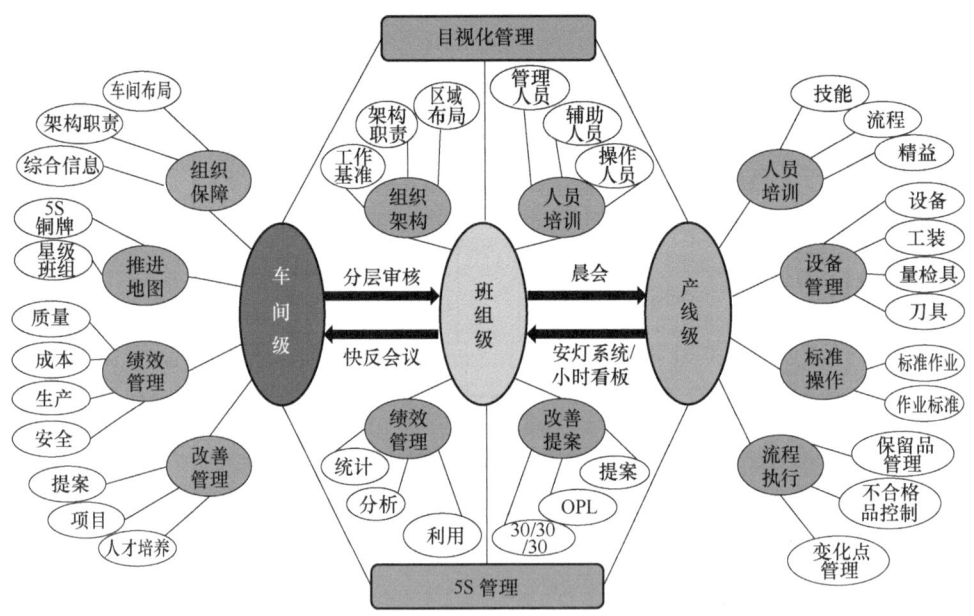

图6-5　三级架构式班组管理逻辑图

2. 维持与改善式

团队发展的维持与改善式的模型结构是一种相互关联的倒三角形式。倒三角形式包含维持、改善和人才培养三个部分。维持部分展开有标准作业、设备管理、作业标准、5S管理、变化点管理、保留品管理、不合格品控制七个方面；改善部分主要运用安灯系统/小时看板、绩效管理和改善提案，分别从过程、结果和自主发现三个方面的问题进行改善；维持和改善都离不开人才，人才部分主要关注组织架构、人员培训和晨会/交接班三个方面，在三角形的底部支持维持和改善；维持、改善和人才培养中均会运用目视化管理看板，因此目视化管理看板是三者共同的关注点和实际载体。维持与改善倒三角形式班组管理逻辑图如图6-6所示。

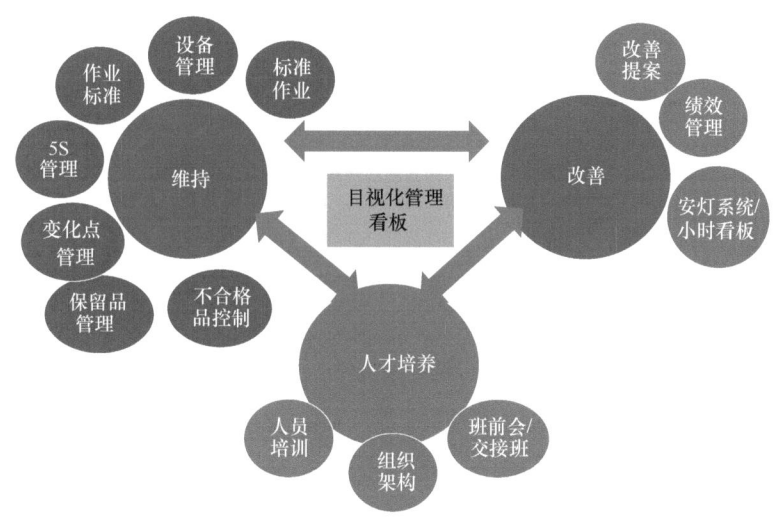

图 6-6 维持与改善倒三角形式班组管理逻辑图

3. 载体裂变式

班组管理的落地运行需要实际的载体,选择班长日工作表、问题解决板和技能矩阵三种具体表单作为载体进行不断裂变,形成载体裂变式逻辑。

以班长日工作表为载体进行裂变,包含两大部分:日常管理和流程运行。日常管理又包含三个较小的模块:5S管理、晨会/交接班和设备管理;流程运行包含不良品、保留品和变化点管理三个模块,这些模块确保各种标准的运行,是维持的体现。

以问题解决板为载体进行裂变,包含三个模块:安灯系统/小时看板、绩效管理、提案改善。将在日常班组管理中遇到的问题,通过问题解决板来进行呈现,是改善的体现。

以技能矩阵为载体进行裂变,包含三个部分:培训、操作标准和带级认证。培训包含单点课程、工作指导和培训计划;操作标准包含标准作业和作业标准;带级认证包含黄带、绿带和内训师认证等模块。通过这些模块不断提升员工的技能水平。

通过以上三种载体的不断裂变,不断相互作用,最终达成建设星级班组的目标。载体裂变式班组管理逻辑图如图6-7所示。

实际上,班长日工作表可以看作维持的载体,问题解决板可以看作改善的载体,而技能矩阵可以看作人才培养的载体之一,因此从这个角度讲,载体裂变式逻辑图是维持与改善式的一种特殊形式。

班组管理的各种工具大同小异,而班组管理逻辑基于不同的实践,个人理

流动改善：多品种小批量趋势下的精益落地之道

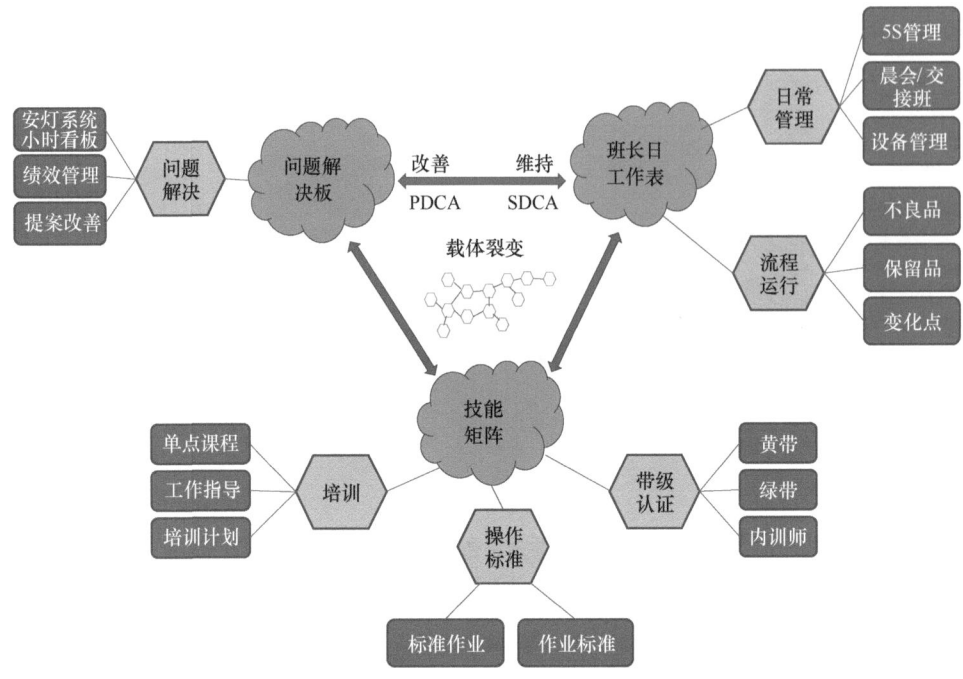

图6-7 载体裂变式班组管理逻辑图

解上各有千秋，本节详解了三种逻辑图供读者参考。在项目实践中，绘制一种形式的逻辑图并不难，但让班组核心成员及上一级管理者都能理解这种逻辑却不容易。在本项目中团队经过了内部探讨、顾问培训、班长课堂绘制、内部再探讨、内部讲解与共识、讲解及目视化等系列活动，让核心成员至少能绘制和讲解一种形式的班组管理逻辑，加深对工具的认识，在实践中也更好地促进了班组管理工具的落地运行。图6-8为班组管理逻辑梳理系列活动案例。

6.2.3 星级班组认证体系

在不断优化班组管理工具两到三年后，不同班组对工具的运用深度不尽相同，这时可以导入精益班组认证体系，以评促改，让班组管理更加落地和深入，促进各个班组整体水平的提高。星级班组建设旨在打造高效的生产现场、营造改善氛围、提高班组改善的积极性，进而全方位提升班组管理水平和绩效表现。本节将系统性介绍精益星级班组认证体系。

1. 星级班组认证概述

以星级方式对班组管理水平进行评价，共划分为五个层级，从低到高分别为一星到五星。其整体评价标准是：一星为有标准并可以执行；二星为现场按照标准执行；三星为按标准执行并能达到想要的效果；四星为管理领先（比别

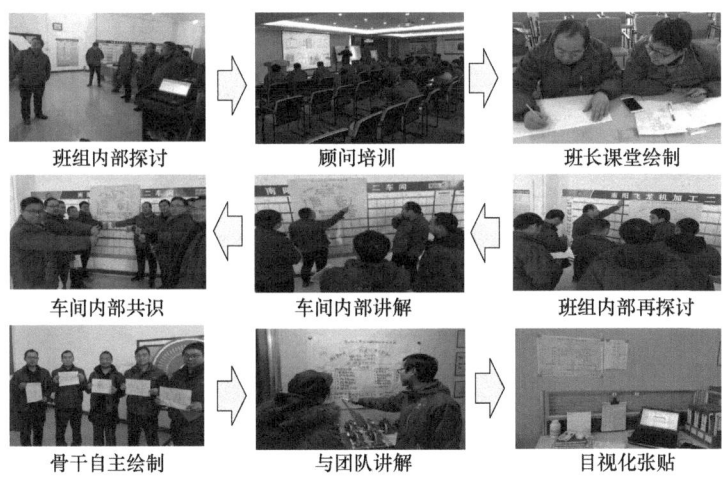

图 6-8　班组管理逻辑梳理系列活动案例

人做得好）；五星为行业领先（绝对领先）。转换成另外一种比较好记忆的方式：一星为"有法可依"，即相关工具都学习过，现场可以看到；二星为"有法必依"，即在"有"的基础上要"用"——表单等在更新、流程等在运用；三星为"执法必严"，即工具不是为了用而用，而是为了维持与改善；四星为"违法必究"，即发现的问题能被及时解决，有闭环；五星为持续改善，即在持续运用各种工具和方法，改善无止境。星级班组认证的五星层级如图 6-9 所示。

图 6-9　星级班组认证的五星层级

2. 星级班组认证标准

对应班组管理内容中的每一个具体工具，结合优秀公司的经验，作者编制了星级班组现场认证标准，作为评估班组管理水平的依据。每一星级都有要求和说明，要求是工具对应星级的解释，说明是星级评审时的依据。星级班组认证标准便于班组进行自评，也便于评审团队开展评估。星级班组认证标准（部分）见表 6-1。

表 6-1 星级班组认证标准（部分）

星级		2星		3星	
		要求	说明	要求	说明
组织保障	组织架构	2.1【组织架构图】和【区域布局图】适时更新、真实准确 2.2 工区长和副工区长能按照工作基准执行，【工作基准点检表】及时填写、内容完整	2.1 现场核对【组织架构图】、【区域布局图】，与实际一致 2.2 现场查看工区长和副工区长【工作基准点检表】	3.1【组织架构图】中各级人员能说出自己的工作职责及相应的工作基准 3.2 工区长和副工区长【工作基准点检表】内容真实有效（识别出的问题有记录） 3.3 工区长和副工区长通过精益学院黄带认证	3.1 现场核对【组织架构图】、【区域布局图】 3.2 现场核对工区长和副工区长【工作基准点检表】 3.3 依精益学院【黄带人员名单】为准
	人员培训	2.1 培训计划依据现状素质矩阵和车间整体培训计划制订，包含技能类、流程类、精益类等内容（技能类必须包含） 2.2 培训计划有更新 2.3 有培训见证资料（例如PPT、照片、记录、OPL等） 2.4 素质矩阵图及时更新	2.1 车间培训计划与班组培训计划有承接 2.2 培训需求申请表、签到表、评价表，考核试题，OPL 2.3 素质矩阵图	3.1 区域所有员工都经过精益基础知识（精益概论、七大浪费、5S、标准作业）培训 3.2 区域主管（副主任和工区长）向员工培训精益理念/知识（至少两月1次） 3.3 培训达到预期的效果，技能类会实际操作或正确识别，知识类能够说出对应的内容（符合度不低于80%）	3.1 现场抽查员工知识 3.2 区域主管培训图片 3.3 现场抽查
	班前会/交接班	2.1 晨会和交接班有标准/流程 2.2 副工区长掌握班前会和交接班流程 2.3 有【班前会记录】、【交接班记录】	2.1 现场询问副工区长是否掌握标准/流程 2.2 现场查看日工作表中会议记录和交接班记录是否填写	3.1 晨会和交接班按标准/流程召开 3.2【晨会记录】和【交接班记录】填写完整、正确（晨会记录包含绩效达成情况、质量情况等关键绩效指标）	3.1 现场观察是否按标准流程召开 3.2 现场查看日工作表中会议记录和交接班记录是否完整、正确
	改善提案	2.1 人均提案不低于0.5件/人/月 2.2 OPL不低于4件/月	2.1 现场查看【合理化提案统计表】、【合理化提案】 2.2 现场查看OPL	3.1 提案数量和实施率目视化，实施率能达到50%以上 3.2 区域主管有开展30/30/30活动（1次/月），有问题记录	3.1 现场查看【合理化提案统计表】、【合理化提案】和改善案例 3.2 现场查看【大野耐一环问题跟踪表】

(续)

星级		2星		3星	
		要求	说明	要求	说明
绩效管理	绩效管理	2.1 绩效按照既定的周期及时更新 2.2 绩效现状要有系统性分析，例如周报/月报	2.1 现场查看绩效管理看板 2.2 现场查看绩效分析报告	3.1 绩效状态目视化，未达成的影响因素依上板原则记录在问题解决板上 3.2 明确的绩效改善计划（现状目标、责任人、改善方向、计划完成时间），并得以实施	3.1 查看问题解决看板 3.2 查看项目改善看板
现场管理	5S管理		未通过不参与认证	通过5S铜牌认证	
	目视管理板	2.1 看板各项内容能按照标准和规定的频次填写更新；内容真实有效	2.1 现场查看、核实、部分项目提供验证性资料		
	安灯系统/小时看板	2.1 员工具备使用安灯系统的意识，并能够正确使用安灯系统 2.2 应急人员接到报警信息后立即响应 2.3 小时看板能按标准填写（计划数量、实际数量、差异原因、TT等） 2.4h 板按照规定的时间间隔进行更新	2.1 现场询问员工 2.2 现场测试，响应时间不超过5min 2.3 查看小时看板填写情况，TT与标准作业票中的TT是否一致	3.1 安灯系统问题收集汇总，归类分析（以小时看板问题为准） 3.2 小时看板填写情况与现场实际情况保持一致，能够暴露问题	3.1 现场查看小时板、问题分析报告

3. 星级班组认证流程

星级班组认证的目的是以评促改，基于这个出发点制定认证流程与方式，如图6-10所示。

呼应落地之道这一主题，对具体的认证流程不再详述，重点介绍能使认证发挥作用、有效落地的实践心得：

1）建立拉动式的认证机制，即班组要先改善和自评，根据标准自评达到某个星级后提出认证申请，评审团队基于申请开展认证工作。拉动式的认证是自下而上的拉动，不是自上而下的推动，企业应变推动为拉动，提高班组认证的主动性。

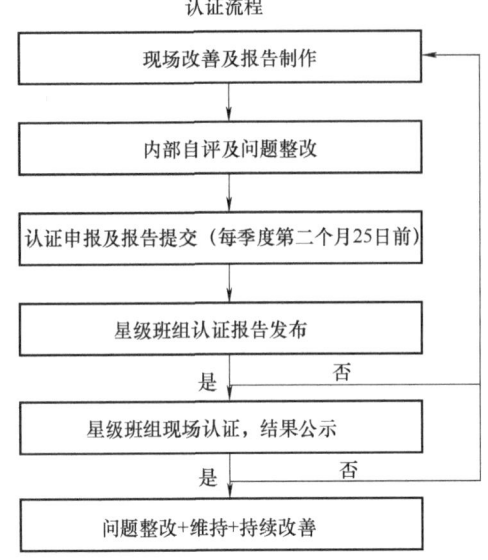

图 6-10 星级班组认证流程与方式

2)现场为王。虽然会要求编写改善报告,但更关注的还是现场,认证活动 80% 的时间在现场。一方面在现场查看工具的运用,另一个方面在现场与班组长或员工沟通,更直观地了解使用者对工具的理解并提出改善建议。这也是以评促改的体现。

3)输出物要具体。审核的结果并不只是达到几星,更重要的是要识别问题并提出具体改善建议。每一次现场评审后,评审团队都要与班组长一起整理评估问题,形成分析报告,开展 PDCA。图 6-11 所示为星级班组认证评估报告案例(部分)。

精益星级班组认证串联起班组管理的各个工具,既关注工具的深入运用,也关注工具间的相互关联促进;既关注工具在现场的运用,也关注班组管理者和员工对工具的理解,是打造精益班组的一种有效手段,也是日常管理流动改善的落地之道。

6.2.4 班组管理蜕变历程

班组一旦建立就会持续进行班组管理工作,如何在现有基础上快速建立高效的精益班组管理体系,夯实流动改善的基础,是日常管理流动改善推进面临的挑战。本节将介绍初级阶段(基础较弱)和高级阶段(基础较好)两种水平下推进班组管理的步骤和思路,助力班组管理从形到神、实现跨越式蜕变。

1. 初级阶段班组管理开展六步法

第一步:了解精益班组体系并快速改善

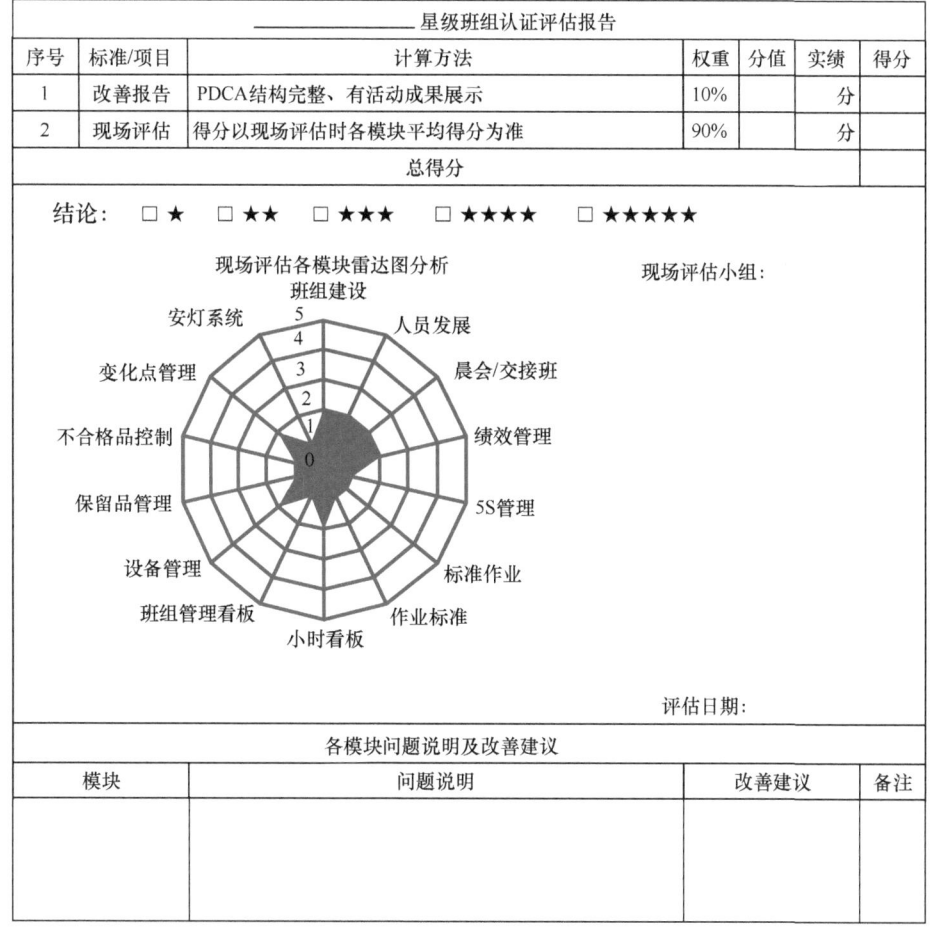

图 6-11　星级班组认证评估报告案例（部分）

团队要系统性地了解精益以及精益班组的内容，包括精益思想、日常改善、项目改善、支持改善等系统性知识，也包括班前会、班组管理看板、小时控制板、提案改善、标准作业等工具类知识，使班组长及骨干首先系统全面地获取理论知识。之后理论结合实际，参照星级认证标准梳理问题并形成改善计划，进行多轮快速改善。这一步是常规步骤，不是本节的重点，不详述。

第二步：优化晨会

晨会是班组所有成员每天都要参与的活动，是班组长与员工交流的平台，也是多个班组管理工具的交汇处。在开展快速改善的同时，优先开展晨会改善，梳理当前的晨会流程，反省每一步流程背后的目的和为了达到目的需要做什么，形成新的晨会流程并切实开展。表6-2所示为晨会流程案例，突出了流程背后的目的和要点。

表 6-2 晨会流程案例

一、会议目的：增强团队观念，保持顺畅沟通，培养良好的习惯

二、会议时间：每班开班前（白班 7:30，中班 15:40，夜班 23:40） 会议时长：10~15min

三、会议形式：站立式

四、地点：班组管理看板附近/其他合适地点（视班组具体情况而定）

五、主持人：副工区长；参会人员：副工区长及当班全体员工（工区长）

六、会前准备：1. 晨会记录（交接班记录）；2. 整理队列：立正稍息；3. 劳保用品穿戴整齐；4. 应急系统硬件配备：腕表、对讲机

事项	内容	目的	要点	时间/s
问候	问：早上好；员工回答：好，很好，非常好	提起员工精神，引起大家注意，鼓舞士气	队列整齐、目光注视、站姿手势规范、问答声音要响亮；站位不符的要纠正	30
讲人员	点名，员工大声回答：到	确认出勤和精神状态	目光要注视员工；声音要洪亮	60
讲任务	a. 总结昨日本班工作和上个班次发生的问题	使员工知道昨日工作情况及异常处理措施	强调重点内容，员工能记住；要有表扬和批评	210
	b. 今日的生产任务：工作任务安排	使每个员工了解自己的任务	强调重点内容，员工能记住；提问 1~2 名员工	
	c. 昨日质量问题回顾	避免质量问题的重发	说明问题的原因及对策	
讲安全	a. 安全：注意人身/设备/产品安全和劳动纪律（休息、抽烟）	每天讲，慢慢养成习惯	属于持续灌输部分，副工区长要用各种方式来加强员工印象	60
	b. 5S：各生产线的 5S 相关事项			
讲改善	a. 工作标准、技能、技巧等的简单培训	随时培训，增加技能	副工区长可以来培训，也可以请员工来培训	120
	b. 员工改善案例的分享和是否有新的改善点	要问，问员工是否有改善点；逐步引导	员工自主分享和副工区长引导	
讲其他	a. 询问员工是否有困难、问题等	沟通共识、体现关怀、确保生产	要询问	90
	b. 公司通知、领导指示等	上传下达；统一共识	清晰、直接；正确传达	
加油	a. 鼓劲加油：今天大家辛苦了	加油，加油	表示感谢；声音洪亮	30
	b. 喊口号：	加油，加油	声音洪亮；每季度更换一下	

在第二步中，根据标准流程召开晨会相对容易，但提高晨会的有效性并不容易，这也是晨会落地改善中更需要关注的部分。提高晨会的有效性，需要从晨会本身和晨会推广两个角度思考。

从晨会本身角度，要"有准备、有条理、有气势、有交流、有互动"，纵向提高有效性：

1) 有准备：班组长对每天的晨会要进行充分准备，实际上是用一天的时间准备第二天的晨会。辅助手段是班组长日工作表（在第三步中讲解）。

2) 有条理：10min 的内容要有条理，清晰地讲解，如流程中的五必讲，每天都要从五个方面讲解。辅助手段是手势（用手势表示第一项、第二项内容等）。

3) 有气势：晨会主持人声音要响亮，口号要整齐、洪亮，带动团队气势。

4) 有交流：这里的交流特指目光交流，班组长要与每一个人有目光交流，关注重点员工，同时判断员工的精神状态。

5) 有互动：一方面是在晨会过程中要有提问，通过提问引起注意、提起精神并强化关键点；另一方面要询问是否有改善，是否有其他说明事项等。

以上是从晨会本身角度纵向提高有效性；从晨会推广角度，可采用观摩交流、分层审核、"比武"竞赛等形式，横向提高有效性。

1) 观摩交流：不同班组有各自的优点，组织核心人员在晨会中观摩交流，取长补短、相互学习。

2) 分层审核：在例行分层审核中，管理者应观察班组长的晨会召开情况，督促按照流程召开，提出改善建议。

3) "比武"竞赛：在经过一段时间的运行后，组织开展晨会"比武"活动，鼓励班组长思考，强化晨会流程。表 6-3 所示为晨会评分标准，在"比武"竞赛中参考使用。

第三步：建立班组长日工作表

班组长是第一层管理者，有较多、较细的日常工作，但往往会因为急于解决问题等而忽略了其他本该开展的工作。班组管理的第三步是将班组长的日常工作进行设计，串联起班组管理的内容，建立班组长的标准作业，也即班组长日工作表。

表 6-3 晨会评分标准

序号	内容	评比标准	评价方法	分值	评价得分	问题点
1	晨会目的：工区长、副工区长能准确讲出晨会的目的	说不出或不完整，不得分；能说出 3 个关键点，得 5 分	会后提问	5 分		

（续）

序号	内容	评比标准	评价方法	分值	评价得分	问题点
2	会议时间：能按照要求，准时开会；时长控制在10~15min 会议地点：班组管理看板附近/其他合适地点（视班组具体情况而定）	会议时间迟于时间截点；时长低于5min，不得分；能准时召开会议，时长5~8min，得3分；准时召开会议，时长控制在8~15min，得5分	现场统计	10分		
		地点环境嘈杂，严重影响会议质量，不得分；环境优良，不易受外界影响，能清楚听到会议内容，得5分	现场查看、会后提问			
3	晨会准备：有填写完整、真实有效的交接班记录，有条理清楚、事件详细的晨会记录	无交接班记录，不得分；有交接班记录，得2分；交接班记录填写公正认真、详细完整、真实有效，得5分	会后查看交接班记录	10分		
		无晨会记录，不得分；有晨会记录，得2分；晨会记录编写认真、详细、有条理、能将自己要讲的内容重要点罗列出来，得5分	会后查看班前会记录本			
4	晨会准备：队列整齐，站姿统一；所有人劳保用品穿戴完整	队列混乱，不得分；队列整齐，得3分	现场查看	10分		
		站姿随意、会议期间乱动，不得分；站姿统一、会议期间无乱动，得3分	现场查看			
		未穿戴劳保用品，手里拿有早餐等私人物品，不得分；80%以上员工劳保用品均穿戴整齐，得4分	现场查看			
5	会议开始：问候：相互问好；问：早上好，员工回答：好，很好，非常好！讲人员：点名，员工举手示意，大声答：到	无问好，不得分；有相互问好，得2分；相互问好且声音洪亮、士气激昂，得5分	现场查看	10分		
		未点名，不得分；有点名，能举手示意，得2分；点名均能举手示意，且答到声音响亮，对点到人员用眼神确认其精神状态，得5分	现场查看			

154

(续)

序号	内容	评比标准	评价方法	分值	评价得分	问题点
6	讲任务：a. 总结昨日本班工作和上个班次发生的问题；b. 今日的生产任务：工作任务安排；c. 昨日质量问题回顾	未讲到 a、b、c 内容 3 点，不得分；对 a、b、c 内容能基本陈述，有关键点，有表扬，视内容得 5~10 分；能详细讲出本班昨日生产情况、阐述原因及对策；能根据交接班内容，向员工传达上一班发生的各种问题；对质量问题能重点交代，能精确到工序和个人，并对质量问题能给出相应的对策；安排当天的生产任务；视内容得 10~15 分	现场查看、会后查看晨会记录本	15 分		
7	讲安全：a. 安全：注意人身/设备/产品安全和劳动纪律（休息、抽烟）；b. 5S：各生产线的 5S 相关事项	不讲安全，不得分；能讲到安全事项、注意要点及现场 5S 问题项，得 5 分；能生动地对员工讲述安全事项、虚惊事件、事故案例等注意点，达到记住的目的；能罗列出近期生产过程中发现的 5S 问题，并提出改正，视内容得 5~10 分	现场查看、会后查看晨会记录本	10 分		
8	讲改善：a. 工作标准、技能、技巧等的简单培训；b. 员工改善案例的分享和是否有新的改善点	无培训，不得分；有简单且实用的培训（质量、技能等均可），得 5 分	现场查看、会后查看晨会记录本	10 分		
		不讲改善，不得分；能提出优秀的改善案例或指明方向引导大家做改善，得 5 分	现场查看、会后查看晨会记录本			
9	讲其他：a. 询问员工是否有困难、问题等；b. 公司通知、领导指示等 会后加油：a. 鼓劲加油：今天大家辛苦了；b. 喊口号	未询问员工是否有困难、问题，不得分；主动询问员工有无困难、问题，会后解决；有效传达改善通知、政策、领导指示等，视内容得 3~5 分	现场查看	10 分		
		会议结束后喊"散会"，不得分；会议结束后，有口号，得 2 分；会议结束后，有口号，有鼓励，情绪高涨，声音洪亮，得 5 分	现场查看			

(续)

序号	内容	评比标准	评价方法	分值	评价得分	问题点
10	会议效果：测评人员随机抽1~2名参会人员进行会议效果提问验证	被提问人员说不出问题关键点或严重不符合，不得分；能基本讲出关键点、视内容，得3~6分；能讲出详细信息、正确数据、关键要点，视内容得7~10分	会后随机提问	10分		

班组长日工作表是将班组长工作进行标准化，整合各种工作和表单，形成一页A4纸大小的表单（有时是正反两面），每天填写一张。班组长日工作表是确保每日工作的符合性和有效性的载体。表6-4为班组长日工作表案例，其内容之一就是随时记录晨会相关信息，为明日晨会做准备。图6-12为填写过的日工作表及现场放置位置案例，虽然现在也有很多信息化方式，但初期还是建议用纸质、目视化的方式，促进班组长标准作业的执行，促进从"救火"到"防火"的转变。

表6-4 班组长日工作表案例

日期：　　　　　　　　　　生产线：

上班时间：　自　　　至　　　　　班长签字：　　　　　主管签字：

班前		开班				开始工作			
A（8min）		B（5min）		C（10min）		D（20min）验证首件是否完成			
晨会前与主管碰面	1	佩戴劳保用品	5	检查标准化作业是否更新	7				
检查不良品区	2	完成晨会	6	检查首件及设备保养相关记录	8	检查员工首件记录	11	当班：安全隐患简要描述：	
预估产量	3			检查工位标识是否齐全	9				
检查看板是否更新	4			检查设备应急开关及安全门等是否有效	10				

156

(续)

班前	开班		开始工作
每班晨会纪要	班组多岗位培训状况		E（5min/次） 每小时检查一次生产信息板
安全：（事故、危险的情况、措施的进展情况）	岗位		小时　0　1　2　3　4　5　6　7　8　9　10　11
^	月培训目标		产量
^	^		F（60min） 检查标准化作业
简单描述质量问题：	计划培训（H）		使用标准化作业检查表，每天至少检查一个工位 检查工位名称
^	实际培训（H）		工位操作工：
需要改进的方面：	目前状况		最小时间与最大时间的比率： □ 好　　□ 不好，简单描述问题 问题：
^	改进方案：		
^	^		G 班长工时跟踪
合理化建议：	班长不定期花费时间	内容	工时
^	处理工伤	会议/培训	
^	收集合理化建议	质量跟踪	
^	实施合理化建议	替岗/返工（生产时间）	
公司信息传达：	制订多岗位培训计划	生产工时跟踪：内容记录于生产跟踪表 完成后在此处画 √	
^	回顾多岗位培训计划	^	
^	班组核心小组审核	停机时间：内容记录于《停机时间分析》 完成后在此处画 √	
^	参加部门例会	^	
其他：（废品、质量问题、加班、员工问题反馈）	计算和上报考勤	出勤时间：内容记录于《生产日报表》 完成后在此处画 √	
^	其他：	I（10min）记录产量	
^	^	内容记录于生产日报表 完成后在此处画 √	
日清			
H（15min）红箱子清空：	通知主管/质量/物流		

(续)

J（5min）检查 5S	K（5min）交接班留言	L（5min）本班组特殊要求
内容记录于 5S 检查表 完成后在此处画 ✓ 整理工具箱： 5S 状况描述：		

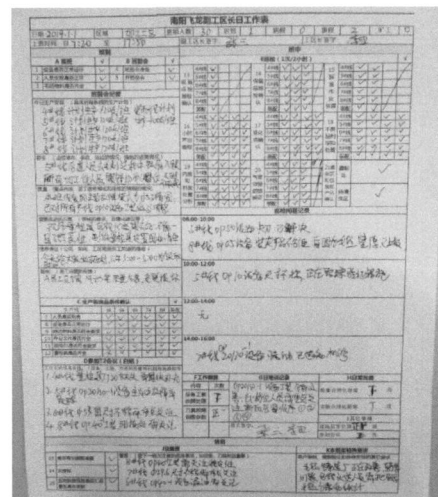 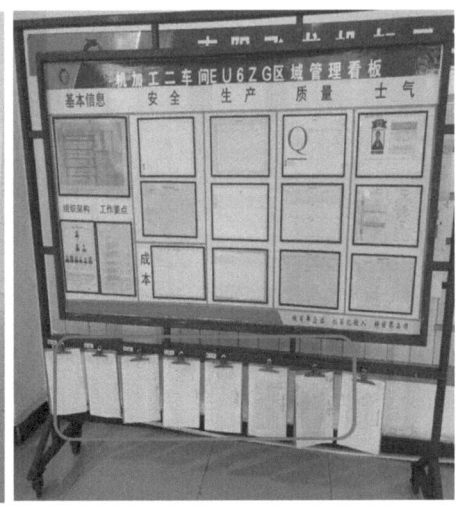

图 6-12　填写过的日工作表及现场放置位置案例

第四步：改善班组管理看板及管理区

管理是"务虚"的，要将"务虚"的管理用"务实"的方式呈现出来，这种"务实"的呈现即为班组管理看板和班组管理区。晨会和班组长日工作表串联起了多个日常管理工具，其运行正常之后，班组管理的第四步是改善班组管理看板和班组管理区。

班组管理看板是将各种管理文件、表单等以某种布局逻辑目视化，便于更直观地展示、暴露和解决问题。其内容通常包含人员、绩效和持续改进，也可以根据实际情况补充其他管理内容。班组管理看板案例（部分）如图 6-13 所示。

管理看板的放置区域为班组管理区，要规划与优化接近现场的班组管理区。班组管理区是多功能区域，既是班组长等人员的办公区，也是晨会召开区、员工休息区、培训区、沟通区等非生产功能区。图 6-14 为班组管理区案例。

班组管理看板是诸多管理类表单文件的集合点，是管理的载体；班组管理区是诸多管理功能的根据地，是管理落地的体现，因此需要形神兼备，既要建

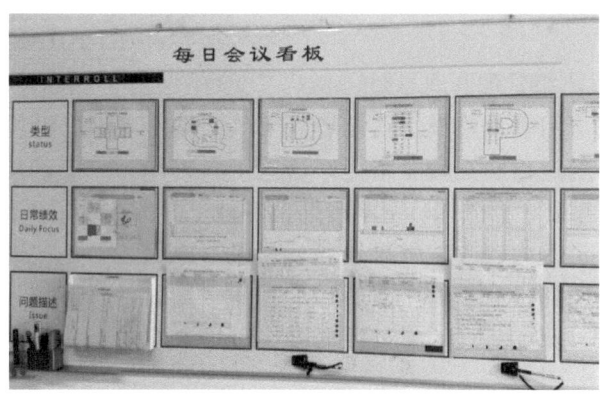

图 6-13 班组管理看板案例(部分)

图 6-14 班组管理区案例

立实体,又要建立使用机制。班组管理看板及管理区用目视化和实体化的方式,让班组长(及上级管理者)甚至员工更直观地参与到管理与改善,是班组管理和日常改善流动落地的有效方式。

第五步:理解班组管理的逻辑

以上四步,在同步开展各工具改善的同时,重点强调了晨会、日工作表和管理看板(管理区),这些都是可以落地运用的工具,需要持续运用。然而这些工具之间有何关联?工具的背后有何逻辑?班组长是否理解?在运用一段时间以后要开展"知其然、知其所以然"的班组管理逻辑梳理,理顺工具间的关联、理解工具背后的逻辑,以更好地促进工具的运用。

第六步:开展星级班组认证

当公司的各个班组(生产班组,包括职能班组)都已经开始运用班组管理的各种工具后,可以开展星级班组认证活动(详见第 6.2.3 节),针对工具运用、理念理解等进行评估认证,判断班组管理水平,以评促改。

基础较弱的班组以上六步可以在一年周期内实施完成,在第二年可持续进行认证工作，确保每一项工具和表单都能真正落地使用，使日常管理能真正流动起来。

2. 高级阶段班组管理开展思路

初级阶段的班组管理建设，首先导入工具，然后培训班组长及核心人员会使用工具，最后经过长期实践能用得好这些工具，即为"有的用、用得了、用得好"。但1~2年后，会进入一个平台期，各种工具都在运用，也在进行评估工作，但总感觉推进乏力，改善效果较弱。其根本原因之一是，班组长及核心骨干更多的是执行，并没有理解工具背后的思维，知其然，不知其所以然。这时可以往"讲得出、讲得好、用得好"转变，开展高阶班组建设活动，实现班组管理的蜕变。

1）讲得出。班组管理的各项内容，已经成为一种常态，班组长只是在机械地执行，并没有深入记忆和理解，似乎在做但效果不佳，当被问起时不能快速和系统地讲解。通过对各个工具和整体逻辑图的绘制和讲解，加深班组长对工具和逻辑的认识。当班组长能言之有情、言之有物地讲解班组管理时，说明他已经掌握了班组管理工具的使用，不仅会用，而且能讲得清楚。

2）讲得好。不仅要讲得出，还要讲得好。班组长来源于基层，通常擅长执行而不擅长表达。班组管理需要影响上级，也需要影响员工，这就要求班组长能将班组管理讲得清晰明了。通过内训师课堂呈现技巧培训及练习，提高讲解自信。当班组长能绘声绘色、情溢于表地讲解和培训各种班组管理工具时，说明他已经理解了班组管理的工具和逻辑，达到了更高一级的水平。

3）用得好。根本还是要用得好，即笔者一直强调的"落地"。讲得出、讲得好，与用得好，不能本末倒置。从初阶的"有的用"到"用得了"，到高阶的"讲得出""讲得好"，这是循序渐进的过程，不断向着"用得好"努力。

从初级到高级、从有形到有神，从工具到逻辑，从有的用、用得了到讲得出、讲得好，目的都是用得好。班组管理需要一步一步地稳扎稳打，培养精益的班组长、创建持续的改善文化，夯实流动改善基础，实现班组管理的蜕变。

6.2.5 班组管理落地实践心得

班组是企业的基础，犹如大厦的基石、人体的细胞。处于基层的班组，地位上虽然是个"小不点"，但管理的空间依然是个"大舞台"。班组管理改善是一个长期过程，也会经历挫折和反复，但只要方向正确、思路清晰，精益班组管理就一定能落地运行。本节将分享一位班组改善推进者的实践心得，希望能为处在推进困境中的人提供一定的参考。

公司推进班组管理已两年之久，最初我们依据现场开展内容和体系要求，从人、机、料、法、环、测六个方面编制了星级班组管理标准，然后通过不断实践，又完善了班组管理标准化手册和星级班组评价体系，并在现场不断推广。做了这些之后，现场有了一定的变化，有了一些好的载体，如小时控制板、安灯系统、班组长日工作表、班组管理看板等，但实际上管理效果在现场得不到体现，看不出通过认证的区域与其他区域的区别，推进工作陷入了困境……

怎样才能提高精益星级班组的辨识度呢？依据咨询顾问提出的星级标准的五个层级（有标准、遵守标准、发现问题、解决问题、持续改进），我们对星级班组评价标准做出调整，重新定义每个星级的标准，以星级的方式对班组管理水平进行评价。但至此，精益推进还是站在评价者的角度思考问题，认为这些内容都是班组日常开展的，大家都会，不过是执行不执行的问题，却忽略了现场管理人员对日常管理的内容是否真正清楚的问题，同时把领导提出的"看得到、说得出"的要求抛于脑后，实际上也不知道该如何实现"看得到、说得出"。

正在迷茫之时，周彬彬老师改变了这种困境。周老师先以晨会、日工作表这两个班组内容间衔接性比较强的工具为突破口，系统性推动改善工作。以晨会为例：从流程梳理、思路构建、现场讲解、工区长试讲、现场跟踪辅导、有效性提升研讨等方面逐步引导，使工区长能讲得出晨会内容与逻辑，并且能运用到晨会中，精益办也借势举办了两届晨会"比武"活动，均取得了很好的效果。

以点带面、趁热打铁，在周老师引导下公司逐步推进以下工作：①完善星级班组评价标准，组织工区长和骨干学习三星标准（要求能讲得出并开展自评）；②组织工区长强化班组管理内容，尝试在现场对员工讲解，通过现场讲解结合标准开展自评，减少员工对星级班组认证的抵抗；③梳理班组管理三种方式逻辑图，组织车间管理人员研讨、绘制并讲解，使车间管理人员明确各模块间的逻辑关系，厘清思路后识别问题并自主改善；④推动和支持12个重点班组开展星级班组改善，以班组为主、精益办为辅，快速突破；⑤利用新的星级班组评价标准到现场进行评估，验证改善效果并继续改善。

在辅导过程中，精益办遵循周老师提出的"有得用、用得了、讲得出、讲得好、用得好"的思路，使班组管理推进工作由推动成功转变为拉动，既调动了现场人员的积极性，又减少了推进过程中的矛盾，为后续推进工作打下了良好的基础。

在班组管理实践过程中，工具是"形"，思维是"神"，唯有形神兼备，才会使班组管理达到和谐统一，实现班组管理的高效运转，推动日常管理流动的落地。

6.3 精益人才培养

在笔者近15年的精益咨询过程中，发现一些企业存在以下困境：
1）精益推行多年后，改善效果不明显、过程有反复。
2）中层、基层管理者了解精益，但不理解，疲于应付。
3）中层、高层管理者对精益热衷，但不系统，没有系统的方法论。
4）推进者了解工具，但不擅长如何规划和推进改善活动。
5）在岗位及人员发生变化时，没有知识及人才储备，不能快速恢复正常……

缺乏系统性的课程体系、有效的培训方式和内训师队伍是造成这些困境的主要原因之一。被称为"经营之神"的松下创始人松下幸之助认为：没有经过培训的员工是企业最大的成本。对此很多企业开始整合各种培训资源，建立公司级或集团级的人才学院，不断开展人才培养工作。

系统性人才培养包含课程体系、管理制度、评估方式等，本节重点介绍精益课程体系、培养方式和内训师能力培养，关注精益专员、骨干员工和各级管理者，他们是精益推进和实施的核心力量，提升他们的精益水平对流动改善的落地能达到事半功倍的效果。另外，介绍系统性的线上课程体系，以及介于线下咨询和线上课程之间的线上训练营培训方式。

6.3.1 精益带级课程体系

不同企业有各自的精益课程体系，唐道述咨询公司根据常规的公司组织架构、参照六西格玛带级的方式，将精益课程分成蓝带、绿带、黑带和红带四个层级，对应执行层、现场管理层、工厂管理层和领导层，不同层级有不同的课程和要求。唐道述咨询精益带级课程体系，如图6-15所示。

1）蓝带（起步）：针对人数多、变动大的一线员工，建立基础。课程通常包含：精益思想、七大浪费、5S、标准作业、提案改善等。蓝带课程是基础课程，在此不展开叙述。

2）绿带（初阶）：针对落地运行的基层管理者、精益专员和骨干员工，从有得用、用得了，向用得好转变。课程通常包括：晨会、大野耐一圈、分层审核、快反会议、安灯系统等。相对蓝带课程数量更多、内容更具体和深入。笔者将绿带课程总结成6个层面18个道具化工具，使培训工具看得见、摸得着，确保能落地运行。6个层面分别是：班组管理、快速响应、改善支持、计划管理、领导改善和点灯工程，是符合基层管理者特征和偏向日常改善的课程。图6-16为精益绿带课程内容案例，由于有18个具体工具，笔者称之为"降龙十八掌"，希望以简克繁，以有招克无招，融会贯通、落地为王。

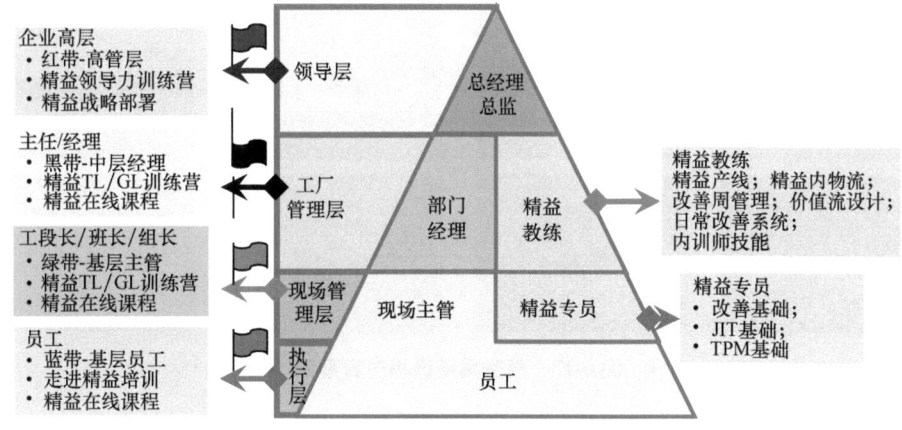

图 6-15 唐道述咨询精益带级课程体系

```
1. 班组管理之晨会              10. 计划管理之思维导图
2. 班组管理之管理看板/管理区    11. 计划管理之主计划
3. 班组管理之班组长日工作表    12. 计划管理之改善新闻报
4. 快速响应之小时控制板        13. 领导改善之大野耐一圈
5. 快速响应之安灯系统          14. 领导改善之分层审核
6. 快速响应之快反会议室        15. 领导改善之A3问题解决
7. 改善支持之精益大部屋        16. 点灯工程之读书角
8. 改善支持之月光工作室        17. 点灯工程之沙龙活动
9. 改善支持之提案改善墙        18. 点灯工程之精益工作法
```

"降龙十八掌"

图 6-16 精益绿带课程内容案例

3）黑带（中阶）：针对承上启下的中层管理者和精益教练，促使其知其然、知其所以然，从有得用、用得了，向讲得出、讲得好转变。课程通常包括：价值流分析、布局设计、快速换型、超市设计、水蜘蛛设计、三级会议、作战室等。笔者将黑带课程总结为 3 种模式下的 8 种精益系统。3 种模式是指项目改善、日常改善和支持性改善（3K），8 种精益系统是指价值流、精益产线、精益物流、拉动系统、问题解决、班组管理、支持改善和精益教练。8 种系统包含多个工具，助力中层管理者和精益教练建立精益体系。图 6-17 为精益黑带课程内容案例。由于有 8 种系统，笔者称之为"天龙八部"，工具的背后是系统，系统的背后是思维，希望通过训练使中层管理者和精益教练能理解工具背后的精益思维。

4）红带（高阶）：针对中高层管理者和精益专家，以改变思维范式为出发点，促使日常行为的改变。培养精益思维范式，从传统领导力十二范式转变为

图 6-17 精益黑带课程内容案例

精益领导力十二范式,加速自上而下的精益变革。红带培训以精益领导力训练营的方式开展,通常包含 8 天训练课程和 90 天实践计划,是一种魔鬼式的强化训练。唐道述精益领导力训练营经过 20 年实践和数次重大迭代,已经成为国内领先的精益领导力训练模式。图 6-18 所示为精益领导力十二范式,图 6-19 所示为精益领导力训练营开展流程。

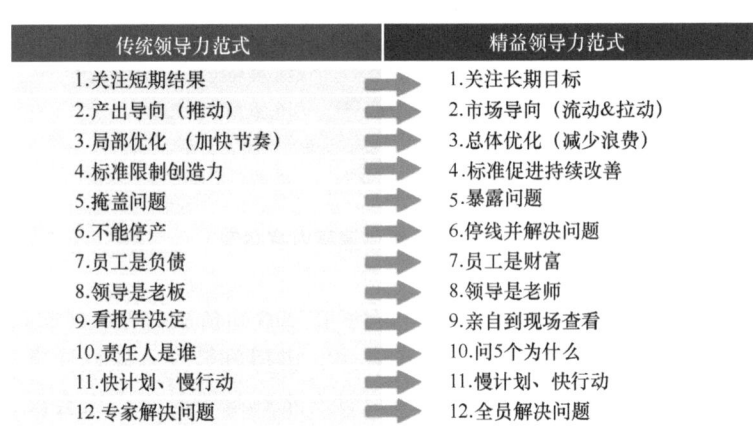

图 6-18 精益领导力十二范式

需要说明的是,不同企业的课程设计不同、不同带级之间的内容也会有一定的交叉。这种分层的、渐进的、可重复的系统性精益培训,能够促进各级人才的成长。

6.3.2 课程开展方式

美国学者埃德加·戴尔(Edgar Dale)在 1946 年提出了"学习金字塔"理论,介绍不同学习方式下的知识留存率。以语言学习为例,在初次学习两个星

日常管理流动落地之道　第6章

图 6-19　精益领导力训练营开展流程

期后，听讲只能留存学习内容的 5%、阅读能够留存 10%、声音图片能留存 20%、示范演示能留存 30%、讨论可以留存 50%、实践可以留存 75%、将内容教授给他人可以留存 90%。学习金字塔模型如图 6-20 所示。精益带级认证课程的开展方式正是参考"学习金字塔"理论，采用课堂学习、书籍阅读、课后实践、过程辅导和实践答辩五种方式，促进知行合一，确保学员能真正掌握知识。

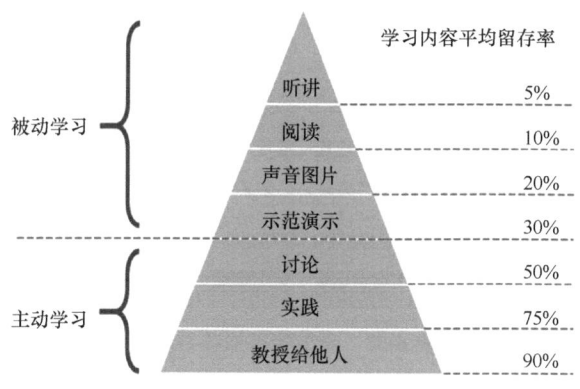

图 6-20　学习金字塔模型

1）课堂学习。人学始知道，不学非自然，但即使是课堂学习，也不是知识的灌输，而是应采用知识讲授、案例分享、团队讨论、验证模拟等多种形式，增加知识的留存度。图 6-21 为笔者课堂授课案例，通过多种方式使学员在课堂中学到更多知识。

2）书籍阅读。站在前人的肩膀上，深入阅读，撰写读书笔记、分享读书心得，也是在运用学习金字塔理论。不同带级（阶段）深入阅读相应的书籍，不

165

流动改善：多品种小批量趋势下的精益落地之道

图 6-21　笔者课堂授课案例

在多读，而在精读。绿带课程推荐书籍：《现场改善：低成本管理方法》侧重项目改善，《精益企业文化：维持精益转型的工具》侧重日常改善和支持改善，如图 6-22 所示。

图 6-22　绿带课程推荐书籍

3）课后实践。纸上得来终觉浅，绝知此事要躬行，课堂学习和书籍阅读，都不能代替现场实践。课后应根据所学内容制订行动计划，在实践中学习。图 6-23 为课后实践案例，理论结合实际加深对知识的理解。

4）过程辅导。师者传道授业解惑，在学员实践阶段，内训师或顾问应进行过程辅导，答疑纠偏，实践经验丰富的顾问来进行过程辅导更能事半功倍。笔者过程辅导案例如图 6-24 所示。

5）实践答辩。经过课堂学习、书籍阅读、现场实践和过程辅导后，要进行实践答辩，既能督促学员关注结果、分享经验，也能促进管理者参与，以获得

166

图 6-23 课后实践案例

图 6-24 笔者过程辅导案例

鼓励和支持，是一种很好的沟通方式。图 6-25 为实践答辩案例，包括报告汇报和现场讲解两种方式。

图 6-25 实践答辩案例

通过以上五种方式不断运用学习金字塔理论，不仅要被动学习，更要鼓励主动学习，使学员知其然、知其所以然，促进精益工具和思维的真正落地运行。

6.3.3 精益线上课程体系

传统的课堂学习需要利用专门的时间、集中相关人员进行学习，经常会出现与工作冲突的现象，能否在 7×24h 随时随地、利用碎片化的时间重复学习呢？

汉灏精益咨询引入美国汉灏学院的资源，开发了精益线上课程体系，收集制作各行各业累计1500个以上的视频资料，是一站式线上精益学院。

1) 课程体系。分为初级、中级、高级三个级别的课程，对应不同的具体课程和数量不等的视频教程。线上精益学院系列课程清单见表6-5。

表6-5 线上精益学院系列课程清单

初级课程	视频数	中级课程	视频数	高级课程	视频数
精益知识入门	5个	业务流程图	13个	方针规划	11个
七大浪费	12个	A3思维	9个	3P生产准备流程	11个
5S现场管理	20个	七大质量控制工具	28个	改善文化	11个
改善方法	14个	品质内置介绍	12个	实施以客户为中心的文化	8个
价值流	19个	现场看要素	6个	大部屋运营中心	11个
看板	8个	日常管理的教导	7个	套路峰会	34个
全员生产维护（TPM）	7个	日常确责流程	7个	精益领导力周	15个
标准作业	20个	领导者标准作业要素	4个	现场走看研讨会	22个
快速换产-SMED系统	12个	实际问题解决	21个	领导者标准作业研讨会	13个
医疗保健行业的八大浪费	14个	精益型主管的一天	11个	今井正明谈现场改善和精益	11个
现场词汇表	6个	从工具到管理实践的价值流图	6个	在办公室和服务中应用价值流图	6个

2) 学习方式。线上精益学院设计了便捷的学习和管理方式，可以随时随地进行学习、复习和测试，后台也有对应的统计管理。图6-26为线上精益学院学习方式示意图，图6-27为学习管理系统展示案例。

精益线上学院除精益和六西格玛工具知识外，还有精益峰会、成功案例、大师访谈、网络研讨会等丰富的内容，并且在持续更新，帮助相关人员从精益"小白"到资深专家，是企业精益人才培养的一种辅助方式。

6.3.4 精益内训师

在学习金字塔理论中，"实践"的知识留存度是75%，而"教授他人"的知识留存度是90%，因此教授他人是比课堂学习、阅读甚至亲身实践效率更高

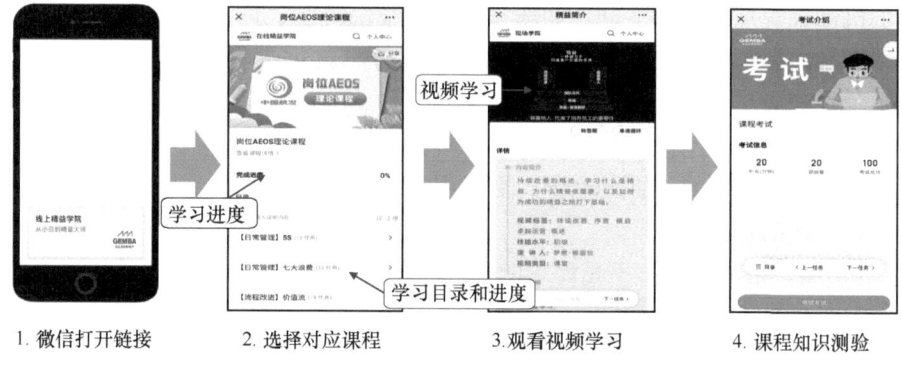

图 6-26 线上精益学院学习方式示意图

图 6-27 学习管理系统展示案例

的学习方式，也是人才培养中的最高形式，很多企业在积极开展精益内训师培养工作。

开展内训师培养一举多得：对内训师而言，教学相长，不但能进一步巩固知识，还能锻炼能力、获得尊重、提升非职务影响；对于学员而言，内训师授课能获得更切合实际的知识；对于企业而言，可以减少聘请外部老师的时间、成本、"水土不服"等不利因素，更有利于企业的人才培养。

从落地开展的角度，一方面内训师通常从精益推进人员、各级管理者和优秀学员中评选，其自身的知识、经验，再加上有针对性的培训（Training The

Trainer，TTT），一般可以胜任内训师工作；另一方面，人力资源部门应出台相应的机制来管理内训师活动，如选拔方式、激励机制、评价机制、退出机制等。本节将从内训师的角度，介绍其基本职责，分享内训过程中的落地技巧，帮助内训师快速成长。

1. 内训师的角色

内训师不仅仅是讲课的老师，更是课程的设计、表达和主导者，是编、导、演三位一体的角色：

1）编。编写课件，不是简单的拿来与转述，而是需要设计与编写适合企业自身的高质量课件，这是对内训师的基本要求。

2）导。过程掌控，以内训师为主（人力资源部分支持为辅），从课程需求调研、学员选择、时间安排、课后实践、过程辅导、效果评估等全过程进行把控，是内训师能力的内在表现。

3）演。课堂呈现，在培训过程中运用培训技巧，更好地完成课堂培训工作，是内训师能力的外在表现。

2. 内训师课前准备

内训师通常为兼职人员，没有丰富的教学经验，很难轻车熟路、自信满满地讲课，但实践经验证明：准备比资历更重要，因此在上课前要做好准备，通常提前15~20min到培训场地进行以下准备：

1）调试设备。连接投影仪、调试话筒、准备激光笔等，并将投影显示在课件首页。

2）确认仪容。去洗手间，检查整体仪容仪表，对自己微笑，鼓励自己。

3）观察布局。观察座位布局是否合理，是否有安全隐患，并适当调整教室布局。

4）观察学员。判断学员的精神状态，与早到的学员进行沟通，创造轻松、开放的氛围。

5）高层沟通。与开场领导交谈，介绍自己，明示课程要点，为开场做心理准备。

3. 内训师课堂呈现技巧

课程开场之后便是内训师的主场，要通过"声、情、目、手、姿、步"六字技巧，使自己"看起来像内训师"。

1）声音。内训师在课堂中要刻意控制语速和音调，语速放慢、音调提高，让学员听清楚的同时，增加内训师的自信；同时要避免含糊不清、口头禅、方言等习惯。

2）情绪。内训师要克服紧张，保持自信，特别是刚开始时可以通过暖场活动、提问等形式，缓解紧张情绪，快速进入状态。克服紧张的根本方法是提前准备，包括课件准备、试讲、心理准备及课前准备等。

3）目光。眼睛是心灵的窗户，内训师在课堂中要与每一位学员有眼神接触，特别是经常点头的积极学员和关键学员；一定要避免长时间看计算机或投影屏幕，不看学员。

4）手势。内训师要用手势放松自己，用手势展示自信，使用整个手臂配合讲授内容；任何时候都要避免用手指指向某人。

5）站姿。内训师在课堂中尽量站立讲课，以更好地把控课堂状况。站姿以自然随意为准，保持身体自然挺直并适当移动，不要一直不动或频繁晃动。站立要面向学员，避免长时间背向学员。

6）步伐。内训师在课堂中可以有意识地适当走动，这样能缓解紧张情绪、带动节奏、吸引注意力，也能提醒走神的学员。需要注意的是不能走动太快，也应减少背对学员的走动（可倒着走回来）。

除以上六字技巧外，课堂中内训师还应掌握的一个有效技巧是提问，通过提问将关注点从内训师身上转移到学员身上，同时能引起所有学员的注意，强化重点内容。提问也有一些技巧，内训师可灵活运用：①问题要明确，不能模糊；②问题要重复一遍，让全体学员（特别是走神者）都能知道问题是什么；③当指定的学员回答不上来时，换一个人回答，减少对个人的影响；④学员在回答过程中，内训师要与学员一起讨论，激发集体思考；⑤内训师最后应完整重复一下答案，以强化大家对重点内容的记忆。

以上课堂呈现技巧，内训师经过练习后可灵活运用，提高课堂授课效果；另外，教学相长，这些技巧也可以应用在其他场合，如报告讲解、各种会议发言等。

6.3.5 精益线上训练营

前面介绍了精益人才培养的开展方式，基于学习金字塔理论在6.3.2节推荐课堂学习、书籍阅读、课后实践、过程辅导和实践答辩的方式；在6.3.3节介绍了线上课程体系，以便更灵活地学习知识。本节将介绍一种介于这两者之间的学习方式——精益线上训练营。

精益线上训练营是在不能满足常规的高效学习要求的情况下采用的一种学习方式。唐道述与西安某企业开发的线上训练营，取得了较好的人才培养效果。

1. 线上训练营的结构

线上训练营从2021年12月底到2022年4月初，内容包括前期三个学习模块和后期的验收模块。精益线上训练营结构图，如图6-28所示。

1）模块1：团队学习，工作日的上下午各1.5h，团队通过手机、计算机等统一观看视频课程、阅读书籍和相关文章，形成的有形输出是问题清单。

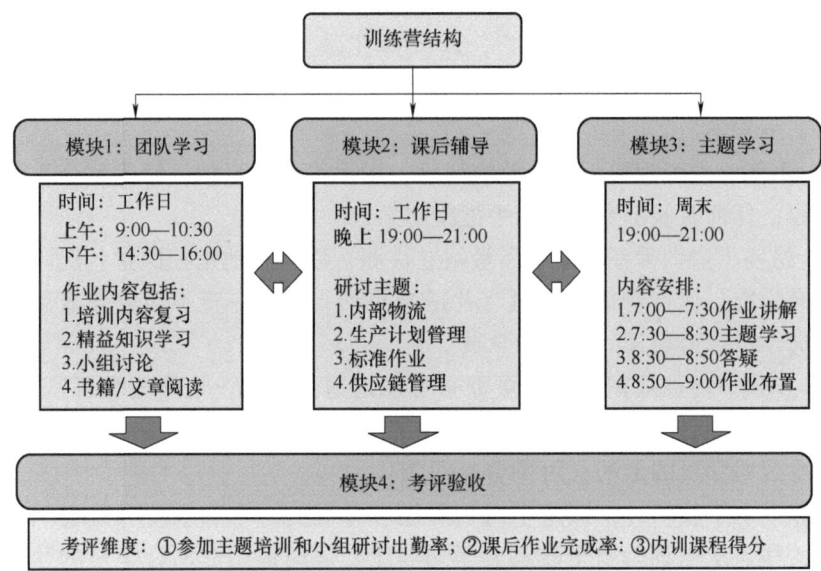

图 6-28 精益线上训练营结构图

2）模块2：课后辅导，针对白天学习的内容，通过腾讯会议由录制课程的顾问老师回顾课程的核心内容，解答相关问题，形成的有形输出是下一步计划。

3）模块3：主题学习，周末晚上根据学员不同的工作岗位，以分组的形式开展有针对性的主题学习和研讨、顾问答疑。

4）模块4：考评验收，通过出勤率（30%权重）、作业完成率（30%权重）和内训课程得分（40%权重）综合评价。

这种架构集合了学员集中学习、提出问题、顾问回顾重点、解答问题、内化课程、小组分享、团队分享等形式，最大限度地保证知识留存度。

2. 团队及分工

学员以公司级和车间级精益推进专员为主，也有部分生产班组长，共50余人，根据职能分成5个小组。确定班长、组长、学习委员和组织委员，明确各岗位职责。

1）班长协助班主任、顾问组织学习活动，对各组学习情况进行记录并定期通报。

2）组长协助班长组织训练营活动，组织小组成员开展学习研讨，确保过程效果。

3）学习委员组织、督促组员完成作业，统计成员的出勤率及作业完成率。

4）组织委员协助班主任、顾问老师开展先进评比工作，组织考评验收相关活动。

3. 课程体系

经过班委与顾问的讨论选择五个统一学习主题：生产计划系列、内部物流系列、精益工具系列、标准作业系列和供应链系列。

精益线上训练营方式的本质还是学习金字塔理论：不能线下课堂教学就改成线上视频集中学习、不能线下研讨就改成线上研讨、不能线下辅导就改成线上辅导、不便现场实践就改成资料内化和方案写作；另一方面非常重要的是，精益咨询公司提供了高质量的系列视频课程，且线上辅导的顾问就是视频课程的制作者，能有效解答学员的问题，这也大大提高了学习的有效性。

线上学习训练营是一种介于传统线下模式和常规线上模式之间的人才培养方式。相对于传统线下模式，减少了团队集中，时间更灵活；相对于常规线上模式，增加了小组讨论、讲师问答、资料内化和分享（也可进行现场实践）等，提升了知识留存度。

环境在变化，但人才培养是永恒的主题，我们应根据实际情况采取不同的人才培养方式，不断提升理论水平，促进知识的落地应用。

6.4 点灯工程

在前面两节中，介绍了促进日常改善落地的班组建设和人才培养。班组建设是从最小的现场组织——班组入手，介绍如何开展日常管理和改善；人才培养是从知识培训的角度，介绍如何开展理论与实践相结合的人才培养形式。这两者相对聚焦和专业，本节将介绍一种更具广泛性和适应性的日常管理流动改善形式——点灯工程。

点灯工程基于马斯洛层次需求理论，通过一系列活动持续影响所有员工，在潜移默化中改善氛围、培养企业文化。本节除介绍"以小博大"的系列文化建设活动外，还将介绍"听君一席话，胜读十年书"的沙龙分享活动和"从暗默知到明示知"的精益工作法，希望点亮读者的"改善之灯"。

6.4.1 系列文化建设活动

在日常改善过程中，通过规律性地开展不同形式的活动，让员工在淡忘改善时，又看到火光、点燃希望，让员工能感受到改善是认真的、持续的，也鼓舞更多的人参与日常改善，促进日常改善的落地。

1. 读书角与读书分享

在工厂内合适的位置设立多个读书角（如车间员工休息区、办公休闲区、厂内花园、通道旁边等），布置不同类型的书籍，创建良好的借阅和读书环境，引导和鼓励员工多读书、读好书。同时组织读书分享活动，开展线上或线下读书分享。需要注意的是，读书及读书分享不是只针对基层员工，中高层管理者更要以身作则，积极读书和进行分享。图 6-29 为读书角和线上读书分享案例。

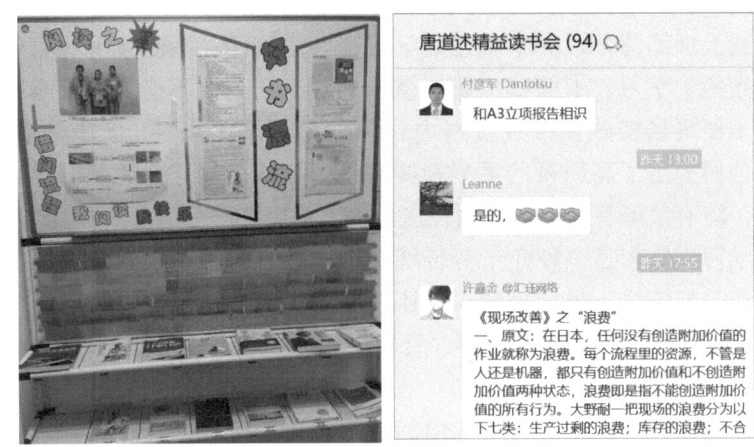

图 6-29　读书角和线上读书分享案例

2. 个人、家庭、生日、活动等展示

在非工作区建立生活类展示区，展现个人与团队的重要时刻。通常以照片的形式呈现，每一张照片都有一个故事，可以是个人故事，也可以是团队故事。当员工看到照片时，能增强团队的亲和力，体现企业文化。图 6-30 为照片墙案例。

图 6-30　照片墙案例

3. 文体活动

规律性地开展不同形式的文体活动，增强团队凝聚力。这类活动的频次、规模、形式不限，如春游、秋游、尾牙、运动会、生日会、部门聚餐等，以创造良好的生活关系。良好的生活关系是工作关系的有效补充。图 6-31 为不同形式的文体活动案例。

图 6-31　不同形式的文体活动案例

4. 公司的重大活动

在公司的重大活动时,如周年庆、新产品发布、获得重要荣誉等,邀请员工(全员或部分)参与,分享公司的喜悦、体会个人的价值,让公司的大事成为个人的大事。图 6-32 为公司新产品发布与发货纪念活动案例。

图 6-32　公司新产品发布与发货纪念活动案例

5. 家庭日、亲子日等活动

每年举办一次家庭日或亲子日活动,邀请员工亲属或子女参观工厂、介绍公司情况、介绍工作情况,让亲属或子女了解亲人工作的内容和重要性,感受公司对个人的重视和认可,增强工作荣誉感。

6. 精益文创作品

通过实物宣传精益文化,处处展示精益文化,如常用的板夹、水杯、鼠标垫、签字笔等,都可以印上不同的文化宣传内容。图 6-33 为不同形式的文创作品案例,左侧为常用板夹,在封面上张贴了 PDCA 和精益管理方针;右侧为优秀改善提案人员专用车位,在一定周期内优享位置较好的停车位。

7. 小菜园

在文化认同的情况下,利用闲置的区域开发小菜园等,丰富 8h 以外的工厂生活。可以以个人为单位,也可以以班组为单位,分享植物成长和收获的喜悦。

图 6-33　不同形式的文创作品案例

图 6-34 为工厂内小菜园案例。

图 6-34　工厂内小菜园案例

8. 典型的公开表扬与鼓励

这是常见的活动,通常每半年或一年一次,对各种典型进行公开表扬与鼓励,发挥榜样的力量。图 6-35 为典型的公开表扬与鼓励案例。

图 6-35　典型的公开表扬与鼓励案例

以上分享了八种常见的文化建设活动，活动不大但意义重大，通过这些活动不断地从马斯洛需求中的生理需求、安全需求和归属需求层次，逐步提升到尊重需求和自我实现层次，体现和丰富企业精益文化。

6.4.2 精益沙龙分享会

沙龙分享是一种一举多得的点灯工程形式。一方面人才培养部分介绍的学习金字塔理论，分享了获得较高的知识留存度（90%）的方法（教授给他人）；另一方面马斯洛需求中的尊重需求和自我实现需求，也需要有实际的载体。在日常改善流动模型中，这种载体是精益沙龙分享会，以团队的形式对某个主题进行分享。

1. 分享准备

实践中，沙龙分享活动并不需要较多的准备，提前选定一个自己熟悉的主题，介绍一下主题背景、适合的参与人员、时间、地点即可。每次都用统一的格式减少时间占用。图6-36为沙龙分享准备案例。

2. 分享过程

组织者创建一个开放、包容、轻松的环境，分享者分享自己的观点，提问与解答，共同探讨一个主题，各抒己见，整个过程在1h以内为宜。图6-37为沙龙分享过程案例，左图为团队内部分享，右图为顾问分享。

3. 沙龙分享要点

沙龙分享与内训课不同，在活动中要注意以下几点：

1) 频次。不能太频繁也不能间隔太长，比较合适的间隔是一个月。

2) 课后作业。内训课通常会留课后作业，沙龙分享不需要课后作业，倾听分享者的观点即可。这也是沙龙分享的定位，防止与内训课交叉。

3) 对与错。允许争论，但不需要评判对与错，分享你认为正确的观点即可。

4) 公平分享。选定团队后从都需要分享，管理者分享是其水平的重要体现，非管理者分享是学习更是锻炼，每个人都应该有机会展现自己。

实践中，并不是必须组织专门的沙龙活动，有时可以作为一个议题放在某个会议的最后环节。"听君一席话，胜读十年书。"点灯工程中要鼓励不同层级开展分享活动，相互学习、相互交流。精益沙龙分享是一种有效的沟通平台，建议企业探索尝试。

6.4.3 精益工作法

在企业发展过程中，每个企业都会形成自己的价值观和行为规范，这是团队长期合作积累所形成的默契。这种默契一般难以形式化（用语言和文字）地表达，称为"暗默知"。工作法是将多年形成的良好的价值观和行为规范等，用

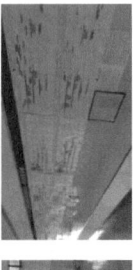

图 6-36 沙龙分享准备案例

图 6-37　沙龙分享过程案例

语言和文字明确地表达出来，使之成为"明示知"，便于传播。本节要分享的精益工作法，就是将企业在精益改善中形成的基本意识、思维范式、行为标准等用文字表达出来，作为企业共同的精益语言，加速传播，更快地影响更多的人。

1. 精益工作法的核心内容

精益工作法的核心内容来自企业长期积累和提炼的十二个工作范式和九项行为检验标准，如图 6-38 所示。十二个工作范式对比了传统领导范式和精益领导范式，是思维的体现；九项行为检验标准分别是时间、PDCA、全员参与、无借口、安全、反省、改善、标准化、目视化等，是行为的体现。精益工作法强调知行合一，是可执行的工作语言。精益工作法的核心内容，通常张贴在明显位置，进行积极宣传。有些企业在这两项内容之外，增加基本意识，如客户意识、实事求是、尊重、利他等，称为四大基本意识。

精益工作法是承接企业文化理念到实践落地的桥梁，是全体员工共同的工作方法和价值标准，为工作思维和工作行为提供正确指导和判断标准，每一个员工都应该主动践行。图 6-39 为精益工作法的桥梁作用示意图。

2. 十二个工作范式

十二个工作范式是指传统工作范式和精益工作范式的对比：

1) 关注长期目标。传统工作范式关注短期结果，精益工作范式关注长期目标。

2) 市场导向。传统工作范式关注能干多少，是产出导向；精益工作范式关注客户需求，是市场导向。

3) 总体优化。传统工作范式关注局部优化，看不到整体；精益工作范式从全局考虑，关注并优化瓶颈资源。

4) 标准促进持续改善。传统工作范式认为标准限制了创造力；精益工作范式认为标准促进持续改善，SDCA 确保改善保持，PDCA 实现改善提升。

5) 暴露问题。传统工作范式往往会掩盖问题；精益工作范式希望暴露问

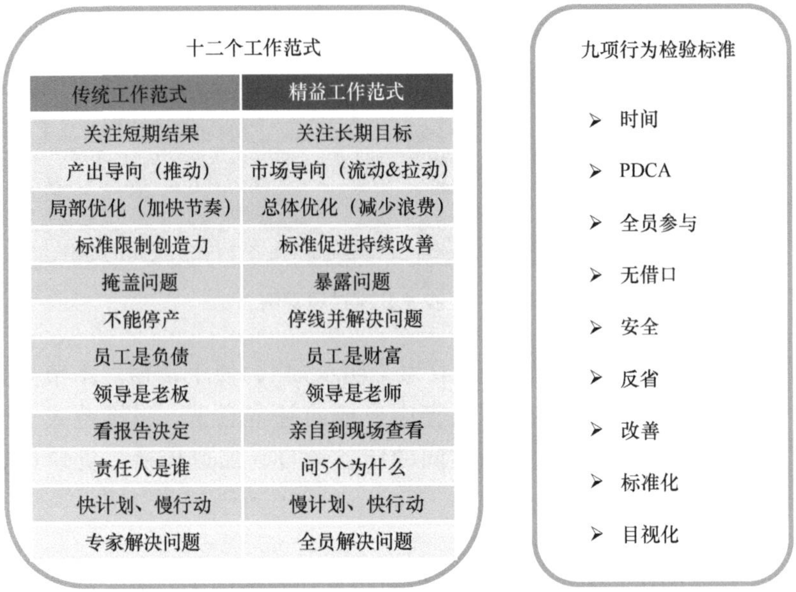
十二个工作范式
传统工作范式
精益工作范式
关注短期结果
关注长期目标
产出导向（推动）
市场导向（流动&拉动）
局部优化（加快节奏）
总体优化（减少浪费）
标准限制创造力
标准促进持续改善
掩盖问题
暴露问题
不能停产
停线并解决问题
员工是负债
员工是财富
领导是老板
领导是老师
看报告决定
亲自到现场查看
责任人是谁
问5个为什么
快计划、慢行动
慢计划、快行动
专家解决问题
全员解决问题
九项行为检验标准
时间
PDCA
全员参与
无借口
安全
反省
改善
标准化
目视化

图 6-38　精益工作法的核心内容

精益工作法
文化理念
十二个工作范式
九项行为检验标准
工作实践

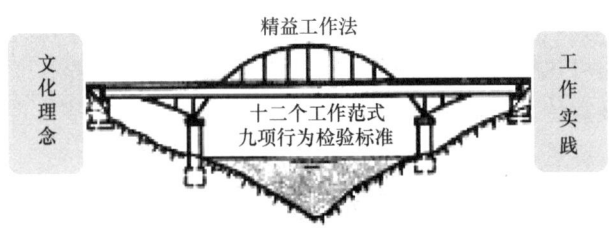

图 6-39　精益工作法桥梁作用示意图

题，让问题显性化。

6）停线并解决问题。传统工作范式认为发生问题时不能停产；精益工作范式认为应该停线并解决问题，不能把问题留给下道工序。

7）员工是财富。传统工作范式认为员工是负债；精益工作范式认为员工是财富，员工与企业共同发展，员工是企业的核心竞争力。

8）领导是老师。传统工作范式认为领导是老板，下属唯命是从；精益工作范式认为领导是老师，指导方法，提供资源，为员工做好管理服务。

9）亲自到现场查看。传统工作范式通过看报告决定，脱离现场；精益工作范式亲自到现场查看，遵循三现主义。

10）问 5 个为什么。发生问题后，传统工作范式会问责任人是谁；精益工作范式会问 5 个为什么，找到问题根本原因并解决。

11）慢计划、快行动。传统工作范式快计划、慢行动，但未达成共识就按照自己的想法随意做计划；精益工作范式慢计划、快行动，团队首先达成共识后再快速执行计划。

12）全员解决问题。传统工作范式认为专家解决问题或谁有能力谁解决问题；精益工作范式认为全员解决问题，每个人都有智慧，关键是如何激发和应用员工的智慧。

3. 九项行为检验标准

从传统工作范式到精益工作范式后，行为是否符合精益范式？下面介绍行为检验的九项标准，因为它有九项，有时也称为"行为检验九宫格"。

1）时间。遵守规定时间、按时开展工作、准时完成工作。时间的本质是计划，计划的核心是共识，没有共识的计划是冲突、内耗和失败的开始。

2）PDCA。所有事项都可以运用PDCA，每日、每周、每月都应该进行PDCA，让PDCA无处不在。

3）全员参与。每个人都是企业成长的一分子，鼓励员工积极参与改善，为企业发展贡献力量。

4）无借口。工作中不找理由、不找借口，要思考"我要做什么"，只为成功找方法，不为失败找理由。

5）安全。一切工作都是在安全的基础上开展的，发现的安全隐患要立即指出并排除，安全无小事。

6）反省。自我总结、自我提升，失败需要反省，成功也需要反省。不要因为"完成"而停止，要不断地追求更好。

7）改善。改善是每一人、每一天、每一处的持续改进。任何一个流程都有改善的机会，不断挑战固有的观念，每天进步一点点。

8）标准化。没有标准就没有改善，改善之后再优化标准，不断进行SDCA。

9）目视化。使信息快速分享、使问题快速显现，目视化是简单、有效、实用性最高的管理方式。

点灯，是指点亮改善之灯，通过不同形式的例行活动、各种主题的沙龙分享、精益工作法的推广与实践等，让更多员工都能感受改善、参与改善、收获改善、分享改善，逐步让改善成为一种习惯，让改善的星星之火燎原，点亮每一个员工心中的改善之灯。

第6章小结　构筑基石，构建灵魂

人才是企业的基石，文化是企业的灵魂。本章分享了日常管理流动改善的三个方面：打造精益班组、培养精益人才和实施点灯工程。班组改善的核心是从"有得用、用得了"向"讲得出、讲得好"转变,最终"用得好";人才培养的核心是系统化的课程体系和符合学习金字塔理论的开展方式,学以致用;点灯工程的核心是持续开展各种活动,将精益工作法作为统一语言,创建改善文化。这三个方面相互作用、相互补充,使日常管理流动落地,打牢整个流动改善的基础。

第 7 章

流动的最低要求落地之道

从第 2 章到第 6 章，介绍了产线生产流动、内部物流流动、问题解决流动、价值流流动、日常管理流动等五种流动系统，它们是流动改善的核心，通过流动系统的具体工具来加速流动以缩短交付周期、降低成本、提升竞争力。不能忽略的是，在流动改善模型中，五种流动系统和很多工具的底层还有三种精益工具：5S、目视化和标准化，它们与日常管理流动一起组成流动改善模型的基础，是流动改善的重要组成部分。

如果没有基础的 5S、目视化和标准化，流动改善就无从谈起，即使强制推行流动改善中的各种工具，也会因为没有很好的基础而事倍功半。因此，笔者认为 5S、目视化、标准化是流动改善的最低要求；另外，在各种流动改善工具运用到一定程度时，很大程度上体现出来的正是 5S、标准化和目视化，从这个角度来看，这三个方面又是流动水平的最高体现。

5S、目视化、标准化已被广泛接受和运用，本章不具体介绍这三种工具的常规内容，而是从落地的角度重点介绍三种落地手段：5S 认证体系、目视化标准手册和分层审核，对应促进 5S、目视化和标准化的落地运行，为全面流动改善打牢基础。

7.1 流动的最低要求改善概述

7.1.1 需要流动的最低要求改善的典型现象

当现场存在以下现象时，说明需要进行 5S、目视化和标准化相关的改善：
1）5S 时好时坏，反复开展，不能保持。
2）接待或参观较多，但经常需要突击准备，打破正常状态，疲于应付。
3）各种标识混乱、缺乏统一设计与维护。

4）员工作业指导书、5S标准、各种流程等都有，但没有严格按照标准执行。

5）低级问题频发、工厂环境差、安全隐患多、员工满意度低……

7.1.2 流动的最低要求改善工具介绍

当现场或改善中存在一种或多种上述现象，特别是低级问题频发、工厂环境差、安全隐患较多、员工满意度较低时，说明基础的5S、目视化和标准化改善工作没有落地，推荐使用以下高效落地工具：

1. 5S认证体系

与运动型的5S推进不同，5S认证体系以评促改，通过周期性的检查和评比，真正逐步提升每个区域的5S水平。5S金银铜认证体系是咨询公司基于很多项目实践经验总结而成的，包含各种表单、文件、参考资料等，是持续推进5S的一种有效方式。

2. 目视化标准手册

在人类获取信息的手段中，视觉占83%的比例，说明了目视化的重要性。在工厂中，不管是生产区还是仓储区、办公区，不管是室内还是室外，都需要目视化。建立目视化标准手册，从目的、对象和标准三个方面对目视化内容进行总结和延展，是工厂目视化提升和维持的有效方式，同时提升工厂整体直观感受、提高员工满意度。

3. 分层审核

标准包含三个含义：是当前最好的、是可以改进的、是每个人都应遵守的。但很多情况下，问题或事故的发生，就是因为没有遵守标准，因此建立标准后应持续遵守和检查（纠正）标准，即SDCA，确保标准的有效性。分层审核就是一种常态的、高频次的、由各级管理者实施的关于标准符合性检查。检查实际是否与标准一致，若不一致，说明没有执行标准（或标准不合适，需要更新）。

💡 7.2 5S落地之道

每个企业都在推行5S，有些已经推行十年甚至更久，但多数效果不佳。本节不具体讲解如何开展每一个S，而是介绍一种促进5S落地的有效工具——5S认证体系，通过系统性地认证串联起各种5S相关改善，以评促改，将5S落到实处。

7.2.1 5S认证体系概述

5S认证体系分为铜牌、银牌和金牌三个层次，分别对应整理、整顿，清扫、清洁和素养。5S认证体系包含计划、实施、验证等阶段,并制定了具体的流程和标准,具有可执行性和有效性。5S认证体系推进过程如图7-1所示。

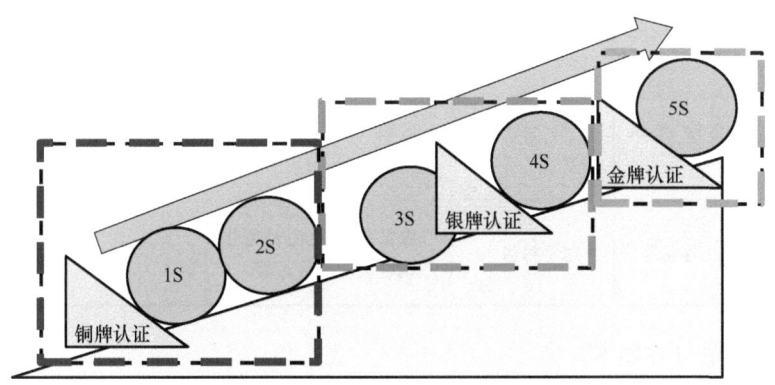

图7-1　5S认证体系推进过程

铜牌认证对应整理、整顿,整理是指区分要与不要,除了要用的东西以外一切都不放置,目的是将"空间"腾出来活用。整顿是指将有用的东西实施"三定":定品、定量、定位,目的是不浪费时间找东西,提高工作效率。

银牌认证对应清扫、清洁,清扫是清除脏污并防止污染的发生,目的是保持干净明亮,做到根除异常;清扫即点检。清洁是将前3S实施的做法规范化,维持其成果,最终形成制度,目的是通过制度化来维持成果。

金牌认证对应素养,素养是指按规定行事,养成良好的工作习惯,目的是提升"人的品质",对任何工作都认真。

本节以铜牌认证为例,介绍相关流程、分享相关表单文件,促进5S的落地实施。

7.2.2　5S铜牌认证流程

铜牌认证体系包括:月度检查得分、现场复查得分、员工参与改善率、周度检查执行率、铜牌申请报告(铜牌申请报告与讲解)等项目。铜牌认证项目、标准、说明及来源见表7-1。

表7-1　铜牌认证项目、标准、说明及来源

序号	认证项目	标准	说明	来源
1	月度检查得分	≥28分	连续两个月平均得分≥28分	月度检查结果
2	现场复核得分	≥28分	申请后,复核小组随机现场复核得分≥28分	现场复核结果

(续)

序号	认证项目	标准	说明	来源
3	人均提案改善数	每人每周一个	区域/部门每人每周完成一个改善案例	生产管理与保障部门提交的数据
4	周度检查执行率	每周进行一次	区域/部门每周进行一次检查	生产管理与保障部门提交的数据
5	铜牌申请报告	PPT报告	由部门经理在月度生产调度会上进行汇报	/

铜牌认证过程如下：

1）5S改善及报告制作。把在车间日常的员工管理、现场管理和工作流程，按照5S认证的要求做一个有条理的陈述，陈述改善内容、展现当前状态。

2）内部自评及问题整改。根据5S的检查标准对认证区域进行自评，让员工参与自评工作，使他们更好地了解5S的含义。问题整改是指对通过各种渠道查找出来的问题，经分类、分工后，进行全面改善。

3）铜牌认证报告发布。现场自评及整改后，撰写5S铜牌认证报告，填写铜牌申请表，并由部门主管在月度总结会上进行发布。

4）现场评审。对申请认证区域进行现场评审，确保执行到位；通过后发放铜牌证件，悬挂在认证区域。

5）问题整改+维持+持续改善。铜牌认证通过不是最终目的，还要进行改善，在例行复审中强化维持，并逐步申请银牌、金牌。

图7-2为5S铜牌认证流程及方式案例。

7.2.3　5S铜牌认证开展步骤

5S认证开展步骤与常规开展5S活动类似，本节进行简要介绍，重点分享审核过程中的相关表单文件，便于快速参考使用。5S铜牌认证步骤如图7-3所示。

1）准备。区域划分并落实到各班组和个人；开展5S培训，营造改善氛围，管理层积极动员，起到带头作用。

2）整理改善。区分要与不要的物品，现场只保留必需品，把不要的物品收起来或者适当处理，把需要的物品放到指定的位置。

3）整顿改善。必需品按定置方法摆放整齐有序，明确标识。把整理好的物品放置在使用顺手的地方，易于寻找和保管。

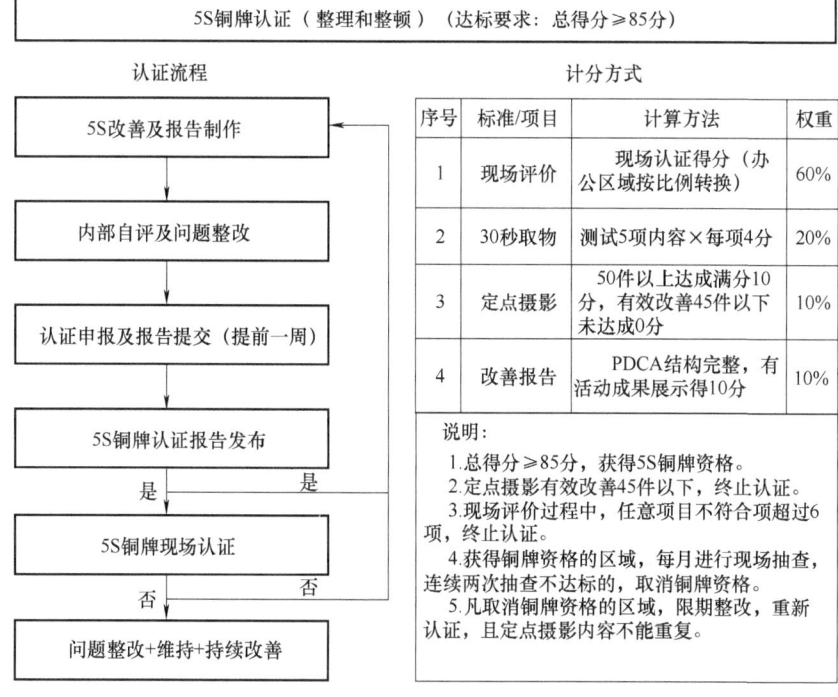

图 7-2 5S 铜牌认证流程及方式案例

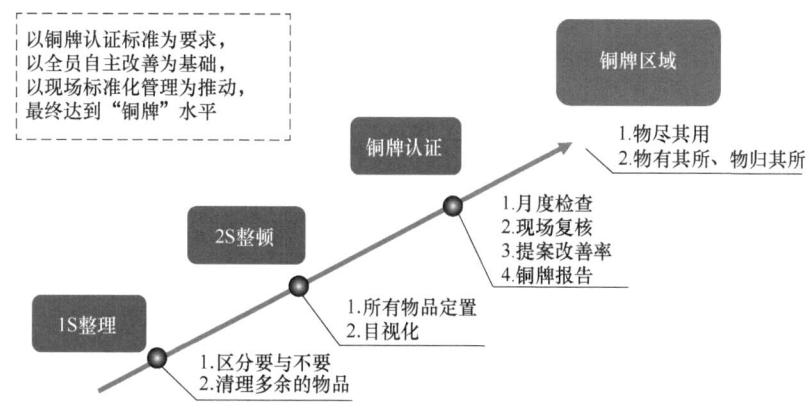

图 7-3 5S 铜牌认证步骤

4）例行审核。部门每周检查、公司每月检查，表扬先进、批评后进，同时培养 5S 推进人员。表 7-2 为现场 5S 铜牌认证检查表案例，表 7-3 为办公区 5S 认证检查表案例。

表 7-2　现场 5S 铜牌认证检查表案例

检查区域：				检查时间：			
序号	5S	类别	管理要点	检查要求	标准分数	评分	备注
1	整理	现场没有不必要的物品	工作区物料	工作区只有当前生产产品所需的物料，无其他产品物料	5		
2			工作区工具	工作区只有物品清单中规定放置现场的工具，无其他工具	5		
3			工作区设备	工作区只有当前生产产品所需的设备，无其他设备	5		
4			工作区工装	工作区只有当前产品系列所需的工装，无其他系列产品工装	5		
5			现场文件	工作区只有文件架上规定的文件，无其他多余文件	5		
6			劳保用品	工作区没有不需要的劳保用品	6		
7			环境设施	工作区没有多余的目视化看板、清洁工具及其他设施	5		
8		现场无杂物	工作区地面	地面无水、油、化学品或其他杂物	6		
9			工作台	工作台只有物品清单中的物品，无灰尘，无其他杂物	5		
10			通道	通道没有障碍物（长时间停滞的叉车、搬运小车）	6		
11	整顿	现场物品三定	工作区物料	物料存放位置、容器、数量与物料三定卡信息一致	5		
12			工作区物料限高	物料摆放不超出规定高度	6		
13			工作区设备	设备实际运行状态与设备状态标识卡信息一致	5		
14			工作区工装	工装夹具摆放位置不超出定位标识区域	5		
15			工作区文件	文件悬挂在文件架对应区域内	5		
16		现场区域定置及标识	功能区划分	车间各功能区区域线及标识清晰（功能区、产线小组）	7		
17			警示标识	车间内需要警示的位置有警示标识（限高、禁止、防撞、防火标识等）	7		
18			环境设施	配电柜、消防栓、工具柜、物品放置架、清洁工具、劳保用品等有定置位置及标识	7		
总分：							
定量标准：每项次未有异常得 5 分，发现一处异常扣除 1 分，大于等于五处异常得 0 分。							

表 7-3 办公区 5S 认证检查表案例

检查区域：		检查人：	检查时间：	
序号	检查内容	评分标准	分数	问题点说明
1	办公桌面/操作区域	有不需要的物品，包或零食等个人物品		
		无定位标识，或未按定位位置摆放		
		桌面未清洁，有积灰		
2	桌面文件架	文件架有不需要的文件或非文件物品		
		文件架中书脊/各层/各格无目视化标识		
		文件架有积灰等		
3	文件柜/储物柜/物料放置区	有不需要的物品，如报废物品或个人物品混放		
		物品无标识，或未按定置摆放整齐		
		表面未清洁，有积灰		
4	工具	报废、损坏工具未适当处理，与完好工具混放		
		工具未定置摆放，定置后工具缺失		
		工具使用后未及时清理，有油污		
5	设备/设施	线缆/设施杂乱无序		
		设备/设施未正确标识状态		
		设备/设施未清理，表面有杂物、积灰		
6	门窗（外窗及窗框除外）	门窗有破损，影响正常使用		
		门窗范围放置物品杂乱		
		门窗、窗台有明显积灰、污渍		
7	地面	各种物品随意摆放在地面上		
		地面物品未定位		
		地面未清理，有积灰、纸屑等垃圾、污渍		
8	椅子	人员离开办公室，椅子未归位放置		
		衣物、包等挂在椅子上		
		椅子有积灰		
9	绿植	办公室绿植不能超过三盆		
		绿植没有固定位置，随意摆放		
		绿植有黄叶、干枯，绿植枯死未及时清除		
10	其他	其他明显不符合 5S 要求的事项 1		
		其他明显不符合 5S 要求的事项 2		
		其他明显不符合 5S 要求的事项 3		

评分说明：本评分表满分为 30 分，共 30 个考核项，逐项检查，每一个不合格项扣 1 分，扣完为止，不适用项不扣分。

5）改善。制订改善计划改善发现和暴露的问题，不断进行 PDCA。

6）形成标准。在多轮整理、整顿之后形成区域 5S 标准，不断进行 SDCA。

本节介绍的 5S 金、银、铜认证机制，与上一章的五星精益班组认证机制类似，都是强化改善方式，以评促改，在维持现有水平的基础上再次提高，不断挑战。

7.3 目视化落地之道

目视化管理就是将工作需要的工具、物料、生产过程以及生产系统的绩效指标等，通过清晰的方式展示出来，目的是让相关人员对系统的现状一目了然。

7.3.1 目视化改善概述

根据目视化在管理中的作用，通常分成浅层次目视化和深层次目视化。浅层次目视化是指单方面的、传递固定信息的目视化，如各种标识。图 7-4 为浅层次目视化案例。深层次目视化是双方面的、能暴露问题并促使解决问题的目视化，如各种管理看板或数显大屏。图 7-5 为深层次目视化案例。

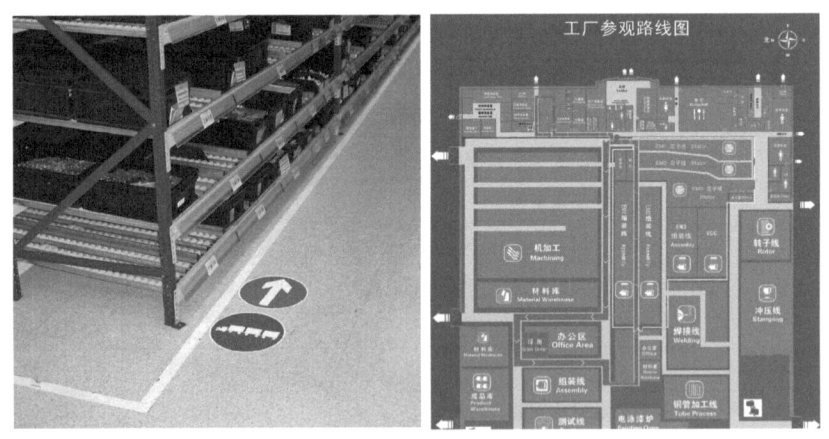

图 7-4 浅层次目视化案例

对于深层次目视化，在第 4.4 节已有涉及，其本质不是"有"而是"用"，本节将分享一些实践心得。对于浅层次目视化，通常与 5S 直接关联，在 5S 改善中会不断进行各种目视化改善，且浅层次目视化相对简单和容易实施，不展开讲解。本节将重点介绍在浅层次目视化改善中承前启后的一项内容：目视化标准手册。

图 7-5　深层次目视化案例

7.3.2　目视化标准手册

工厂内的浅层次目视化通常存在以下现象：

1) 有基础。各种常规标识都有，如地面通道、各种基础标识等。

2) 不全面。需要什么做什么，哪里需要在哪里做，没有系统性梳理目视化的种类。

3) 不统一。同类型的目视化不同区域各不相同，各有各的标准，没有统一。

在这些情况下为更好地将目视化落地运行，需要将目视化标准统一，形成公司级的目视化标准手册，促进目视化的落地实施，提升目视化水平。

1) 将工厂所有目视化进行整理分类。不同的企业有不同的分类方式，参照优秀企业的分类方式对各种目视化内容进行整理分类，形成目录便于快速查找。表 7-4 为某优秀企业目视化分类方式案例，分成 7 大类、22 小类共 72 个系列。

2) 建立目视化标准。对于每一个系列以及系列中的各种目视化标识建立目视化标准，标准主要由两部分组成：左侧为标准说明，包括标准的目的、应用对象和具体的标准；右侧为对应的效果图或实际案例，如图 7-6 所示。将诸多目视化标准按照目录整理成册，即为公司级目视化标准手册。

3) 进行目视化改善。对于目视化标准手册中已有的条目，在工厂全部区域内识别是否需要此目视化；对于目视化标准手册中没有的条目，设计实施后更新到其中，打造一目了然的可视化工厂。

目视化需求经过设计实施后形成目视化标准，根据目视化标准识别更多目视化需求，目视化标准手册与实际需求相互补充，不断完善，因此它是目视化改善中承前启后的内容，是促进目视化改善落地的有效方式，同时也是目视化改善的重要输出。

表 7-4 目视化分类方式案例

大类	类别	系列	大类	类别	系列
A-标识	01-定置线	A0101-通道线			D0203-操作台
		A0102-区域线		03-货架	D0301-线棒物料架
		A0103-警示线			D0302-金属货架
		A0104-不良品区线			D0303-模具架
		A0105-消防通道线			D0304-标准宣贯架
		A0106-限高线			D0305-卫生工具架
	02-通道	A0201-人流通道			D0306-文件架
		A0202-人行斑马线			D0307-挂衣架
		A0203-物流通道			D0308-水杯架
		A0204-车流通道		04-工装橱	D0401-工装橱
	03-标记	A0301-上岗证		05-辅助类	D0501-工具套
		A0302-物料卡			D0502-模具套
		A0303-责任标签			D0503-风扇套
		A0304-不良品卡			D0504-垃圾桶
		A0305-工装标牌			D0505-毛毡/胶垫
		A0306-电控柜状态卡	E-容器	01-HP 箱	E0101-标准箱
		A0307-设备状态卡			E0102-零件盒
B-标牌	01-展示牌	B0101-看板		02-托盘	E0201-塑料托盘
		B0102-立牌			E0202-木托盘
		B0103-6S 大脚印	F-设备	01-生产线	F0101-线体
		B0104-6S 看板			F0101-线体
	02-区域牌	B0201-线体牌			F0102-滚杠
		B0202-工序牌			F0103-板链
		B0203-重点工序牌		02-控制柜	F0201-电控柜
		B0204-物料区牌			F0202-扫描站
		B0205-设备介绍牌		03-辅助类	F0301-踏板
		B0206-安全警示牌			F0302-过桥
		B0207-参观引导牌			F0303-灯柱
		B0208-物料区牌			F0304-管路
C-标语	01-喷绘	C0101-喷绘			F0305-防护网
	02-写真	C0201-写真			F0306-搬运车
	03-立体字	C0301-立体字			F0307-辅助梯
D-工装	01-工装车	D0101-线棒类	G-基建	01-防护装置	G0101-墙柱/护柱
		D0102-金属类		02-楼梯	G0201-办公楼梯
	02-案台	D0201-首件台		03-隔断	G0301-办公隔断
		D0202-样机台		04-电梯	G0401-电梯

7.3.3 目视化改善实践心得

目视化改善能快速提升企业整体感官水平。对员工而言，良好的目视化能提供良好的工作环境；对客户或其他外部人员而言，有助于提高企业的形象、

目的

为了便于来宾参观，划定参观范围及通行线路，减少对现场的影响

应用对象

各专业厂车间生产车间及库房的来宾通道。

标准

1、线宽：100mm，间断线宽度50mm
2、通道宽度：1800mm，人行道宽度600mm
4、材料：油漆
5、颜色：黄色
6、箭头头部长100mm，宽100mm；尾部长200mm，宽50mm

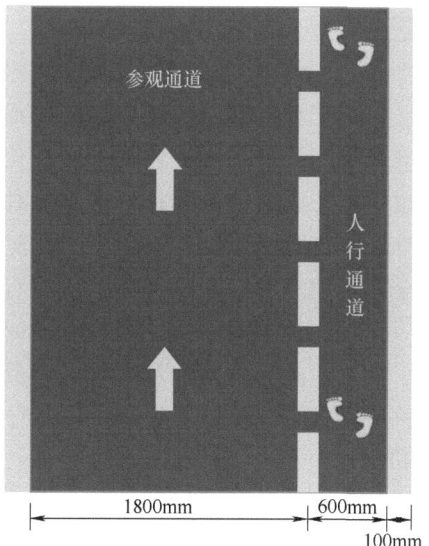

图7-6 地面参观通道目视化标准案例

提高竞争力；对管理者而言，有助于潜移默化地提升日常管理水平。在前文已多次说明目视化是简单、有效、实用性最高的管理方式，本节强调其是流动的最低要求和最高体现，因此应提高对目视化改善的重视。下面介绍一些目视化改善的实践心得：

1）目视化的形式只会受到想象力的约束，要更广泛和深入的应用，良好的目视化能预防和避免问题的发生，并且很多时候目视化的效果会让你大吃一惊。

2）深层次目视化的目的只有一个，就是关注流程，并使预期和实际绩效的对比变得简单，使问题更直观地呈现，这也是丰田生产方式与传统生产方式的一个重要区别：暴露问题，让问题无处隐藏。

3）最好的目视化图表是自己开发和修改的图表，模板可以借鉴他人的，但应在使用中不断完善自己的展示形式。

4）使用简单的目视化控制有时比尖端的IT技术更有优势，无须刻意追求逻辑严谨的信息系统或高大上的信息化大屏，数据真实准确和促进问题解决才是深层次目视化的核心。

5）重要的不是目视化的形式和外观，而是要让管理者明白为什么要跟踪绩效，并根据数据采取行动，而且要持之以恒，以便真正解决问题，使改善落地。管理者需要在实践中逐步理解这一点。

7.4 标准化落地之道

5S、目视化改善之后会建立标准，各种改善之后也都会建立新的标准。这里的标准是指广泛的标准，包括不同岗位员工的作业标准、各级管理者的作业标准，也包括各职能的流程标准等。各种标准、流程建立后，相关方都应严格执行标准，并进行例行检查和改进，形成SDCA循环。

在全面流动改善中，没有标准就没有改善，改善之后再更新标准，形成良性循环。同5S、目视化一样，标准化既是流动的最低要求，也是流动最高水平的体现。关于标准化的建立和执行请参阅专业书籍，本节介绍标准建立后，通过开展例行检查来确保标准落地的一种有效方式——分层审核（Layered Process Audit，LPA）。

由于分层审核是基础工具，并且通常是由外部客户推动的工具，因此大部分企业有不同形式的分层审核运用。本节介绍分层审核的概念，重点分享分层审核的优化步骤和能促进分层审核落地的实践要点。

7.4.1 分层审核概述

在当前标准的基础上再优化是"改善"，但已有标准却没有按照标准执行，就需要"改恶"。为减少和避免不遵守标准这个"恶"，需要开展标准的检查工作，这种预防性的检查和改善称为分层审核。通过这种例行审核，一方面识别问题并迅速纠正，确保过程的符合性和稳定性；另一方面从被动反应到主动预防，避免潜在问题发生，从"救火"向"防火"转变，是标准化的落地之道。

1. 分层审核的定义

分层审核是由组织的各个级别定期进行的一种标准化审核，以确保生产过程始终严格遵守标准和执行标准，提高过程质量，并通过管理层和员工之间言传身教的互动来加强理解和认知。

分层审核是一种标准化的、常态的、高频次的、从管理高层到基层实施的符合性检查。审核是一种参与、支持和辅导的表现，是SDCA的体现。

2. 分层审核的常见问题

分层审核虽是精益中的常规工具，但经常存在导致有效性不足的问题：①审核时间较长，影响正常工作；②看板内容不全，特别是没有审核记录表，需要自己临时打印；③问题记录模糊，对策无法跟进；④相同或相似问题反复发生，没有根除；⑤管理者自身不按照规定时间、频次等标准开展审核工作。分层审核的有效性不足意味着各种标准的执行稳定性存在风险。

3. 谁来做分层审核

应做到"员工不是关注领导要求什么,而是关注领导检查什么",因此分层审核通常由管理者来执行,自上而下,上一级管理者要审核其所有下级(不仅是直接下属)的标准作业,只是不同级别的管理者有不同的频率和要求。

4. 分层审核的频次

不同层级人员的检查频次,一般按照每班、每周、每两周、每月的频次划分,由于不同公司称谓不同,本书将管理者分为基层、中层和高层,根据实际情况来确定。

1)基层管理者(生产一线的班组长、线长等)建议每班/天一次的最高频次。

2)中层管理者(车间主任、主管、部长等)可每周或每两周一次。

3)高层管理者(部门经理/总经理)可每两周或每月一次。

7.4.2 分层审核改善步骤

在实际项目中企业往往已有分层审核,但多流于形式,没有发挥 SDCA 的作用。本节将介绍其改善步骤,优化当前分层审核活动,用高效的分层审核来确保标准的稳定执行和持续改进。

1. 优化分层审核检查表

梳理当前分层审核流程,找到使用过的纸质或电子分层审核表,观察填写情况、了解格式是否完整,判断是否形成了闭环。形成闭环是分层审核有效的关键。表 7-5 为某公司的分层审核检查表,这种类型的表仅仅记录是否完成,不能记录问题是什么,以及谁来整改,没有形成闭环。

表 7-5 某公司的分层审核检查表

序号	分类	审核项目	审核日期(由审核员填写)	备注
1	设备点检	操作工是否开班前进行设备点检并按实际记录		每个审核员每次必须审核一个工序;每个审核员均应审核项目1~20
2	样品管理	现场是否体现首件、中件、末件,是否已确认		
3	安全装备	是否按要求佩戴安全防护用品		

（续）

序号	分类	审核项目	审核日期（由审核员填写）	备注
4	标识	合格品标识是否及时、完整、清晰、唯一		
5		是否去除了旧的标识		
6		不合格品是否按要求放置在不良品滑道		
7		报废品是否进行分类记录，并放置在不良品滑道		
8		返修返工品是否按要求放置在返工返修架子上		
9	5S	工作区域（内外上下）是否无杂物、跌落零件、灰尘等		每个审核员每次必须审核一个工序；每个审核员均应审核项目1~20
10		待加工、已加工周转器具等是否按规定整体放置		
11		标准件、工具、量检具、记录等是否按要求放置整齐		
12		是否理解"重点关注项目"内容及要求		
13		周转架内是否有杂物、垃圾、废纸、烟头及灰尘等异物		
14	过程控制	是否进行过程记录并且及时、完整、清晰等		
15		每个架子是否有多装、混装现象		
16	操作资格	作业人员是否进行了标准化作业培训并适合上岗操作		
17	标准化作业	操作人员是否按照工位上的标准化作业文件进行操作，并且能够很好地理解文件的内容		17~19灰色项目需要观察和询问
18		是否标准化操作中规定的正确工装、量具在现场并被正确地使用		
19		操作人员是否知晓质量重点项目及失效后果		
20	共同关注项目	是否有划伤、磕碰、漏装、脱落及松动现象，毛刺是否去除		

分层审核的核心不在于检查，而在于检查后问题的及时整改。表7-6为格式优化后的生产现场分层审核表，在原有表单的基础上增加了问题记录、整改日期、责任人等信息，在一张表上体现PDCA的过程，减少表单的使用并形成闭环。另外，为便于审核操作，有时也将审核路线与审核内容统一起来，以路线图的形式体现在审核表中。

表7-6　格式优化后的生产现场分层审核表

	审核周期：
审核结果栏中无问题打√，有问题打×，并记录在问题记录表中	审核人：
	审核日期：

系统特性要素

序号	审核要点	审核结果	问题记录	整改日期	责任人
1	分层审核：各车间主任对负责区域每周开展1次分层审核，并记录完整				
2	分层例会：各车间分层例会看板要素齐全，包含SQCDP绩效表单、计划跟踪表单、问题跟踪表单、点滴教育表单				
3	分层例会：分层例会看板全部数据填写及时、准确				
4	管理者标准作业：各车间主任应用管理者标准作业，并记录准确				
5	5S管理：各车间主任每周开展1次5S检查，并记录完整				

工位特性要素

序号	审核要点	审核结果	问题记录	整改日期	责任人
6	安全生产：操作人员正确穿戴工装，符合工位和操作要求的个体防护用品				
7	设备管理：按规定进行设备的自主点检和维护保养，检定、校准及时，在检定期内使用				
8	5S管理：生产现场设备、工装工具、仪器、仪表、检测平台等，状态标识清楚，无脏污				
9	5S管理：现场员工熟练掌握5S管理规范				
10	质量管理：工作交接单交接记录准确，要素齐全				

(续)

序号	审核要点	质量特性要素 审核结果	问题记录	整改日期	责任人
11	质量管理：操作人员实操项目在授权范围内；操作人员授权在有效期内				
12	质量管理：工艺指令、卡片记录完整、清晰，记录结果有签字或盖章				
13	质量管理：工艺文件完成落实设计技术要求，图文相符				
14	质量管理：工装定检及时，合格证在有效期内				

2. 更新分层审核管理看板

将相关流程标准、检查机制、路线图、检查日程表、空白审核表、数据统计等相关信息，根据一定的逻辑布局在看板上，建立分层审核管理看板。目前，越来越多的企业开始试用信息化形式进行分层审核，但笔者仍建议将相关核心内容目视化出来，让更多人特别是员工，能随时获取相关信息。某分层审核管理看板示意图如图7-7所示。

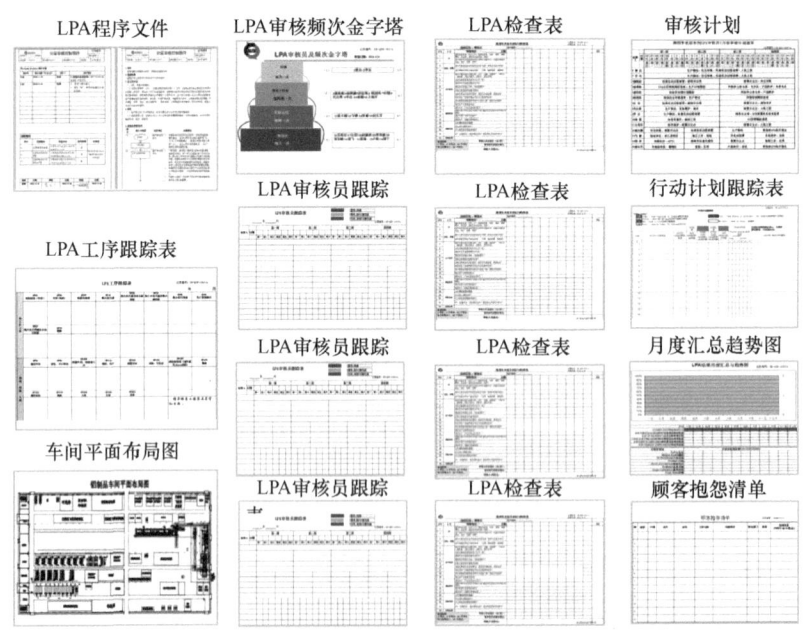

图7-7 某分层审核管理看板示意图

3. 关注审核结果，延伸分层审核的作用

在核心检查表和管理看板建立后，即可开展分层审核工作，从设计转到运行。这时要注意：①要对分层审核进行审核，确保审核活动在有效开展，这一点通常在管理者标准作业中体现；②要跟进审核结果，对相关信息进行统计汇总，形成数据统计，让数据说话，从中获取更多信息并改善，延伸分层审核的作用。图 7-8 为两种不同形式的问题关闭率数据统计，上图以时间为单位、下图以问题类型为单位。

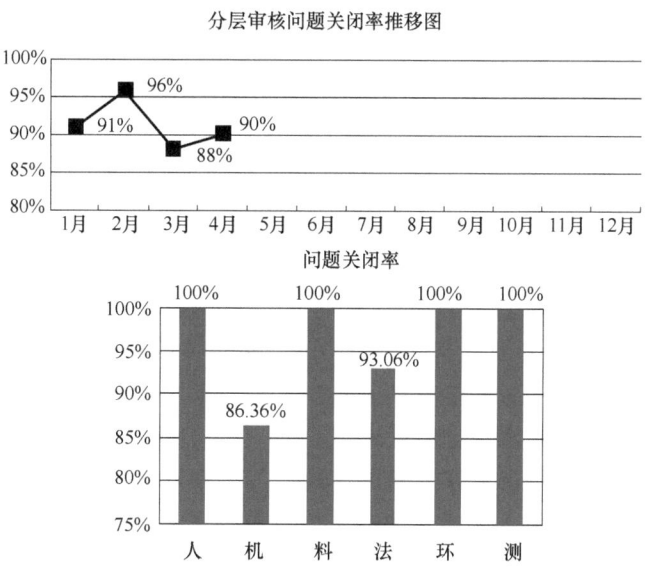

图 7-8　两种不同形式的问题关闭率数据统计

7.4.3　分层审核落地要点

分层审核是促使各种标准稳定运行的有效手段，但由于种种原因，分层审核活动不能有效开展，这间接导致有些标准没有被执行，产生隐患。本节将介绍促进分层审核落地的要点，供读者参考借鉴。

1. 表单文件要简单、便于操作

相对来说，分层审核的过程比结果更重要，要确保审核能完成并且不流于形式，因此要求相关的表单要简单、便于操作，减少分层审核执行者的思考和反应过程。有条件的企业，可以采用电子形式的分层审核，用手机等终端更方便地，用照片、语音等形式更直观、快速地反馈和跟进问题。

2. 审核过程中的"望、闻、问、切"

现场审核不是走马观花，在审核过程中要通过各种方式，厘清实际与标准的差距，判断潜在的问题。可以通过"望"（观察）、"闻"（倾听）、"问"（询

问)、"切"（确认）四种方式，提高审核的有效性。在这个过程中，管理者能与员工有更近距离的沟通，体现管理者对标准的重视、对改善的重视，从而在潜移默化中影响员工的标准意识。

3. 建立分层审核的评价机制

分层审核是一种流程，像其他系统一样需要有效的行为准则。对管理者而言，有很多借口导致不能有效进行分层审核，因此需要建立分层审核的管理评价机制。笔者建议指定专人协调分层审核的推进和改善、统计各层级的开展情况和问题的整改情况，并定期在高层会议上专题汇报，使管理层清楚分层审核的进展，并寻求资源支持。同时关注过程和结果数据，用数据说话，促进分层审核更有效地实施。

第7章小结　打好地基，筑牢长堤

本章介绍了三种流动改善的基础工具：5S、目视化和标准化。作为基础工具，本章没有详细讲解如何具体开展这三种改善，而是从落地的角度，突出如何使这三种改善持续运行。对于5S，介绍了金、银、铜认证机制，以评促改，提升整体5S水平；对于目视化，介绍了承前启后的目视化标准手册，用标准促进改善；对于标准化，介绍了过程重于结果的分层审核，通过不同层级和频次的符合性检查，促进标准的稳定执行。

5S、目视化和标准化贯穿流动改善的始终，即在流动改善开始之前应首先进行基础的5S、目视化和标准化工作；在逐步改善过程中和改善之后，仍需要持续进行5S、目视化和标准化工作。这三种改善既是流动的最低要求，也是流动的最高水平体现。

第 8 章
精益思维落地之道

推进精益需要全员参与，所以实现精益是容易的，然而大部分企业推进精益的效果并不明显，甚至失败，所以实现精益又是困难的。在企业精益转型中有形的精益很简单，而无形的精益非常难。在这个过程中，只有不到 20% 的努力包含了典型的"所见即所得"的实际转型，剩下的 80% 是不明显但又非常重要的任务：改变根深蒂固的工作习惯、改变管理和生产的思维方式。

前文介绍的产线布局设计、快速换型、成套工装、水蜘蛛配送、大野耐一圈、价值流分析等，都是精益中的"务实工具"，而在务实工具的背后还有"务虚思维"。在精益实践中，我们看得见的务实工具就像露出水面的冰山一角一样，而在冰山下面还有更大但看不见的务虚思维，如图 8-1 所示。只有更好地理解精益思维，才能更好地务实落地。

图 8-1　务实工具与务虚思维

笔者在多年的流动改善咨询实践中，最推崇两种精益思维：一种是走动管理（Gemba Walk），另一种是作战室（Obeya）。在流动改善模型中，将这两种思维作为地基之下的土壤，是流动改善的本质。本章将介绍这两种精益思维，从工具层面提升到思维层面，希望能加深读者对精益思维的认识，了解其落地之道，更好地促进精益工具的落地运行。

流动改善：多品种小批量趋势下的精益落地之道

💡 8.1 精益思维概述

8.1.1 管理的定义

科学管理之父泰勒认为，管理是准确地了解你期望员工做什么，然后让他们用最好、最经济的方法完成；哈佛商学院认为，管理是通过他人完成业绩；今井正明认为，管理就是维持与改善。从精益的角度，笔者更认同今井正明的观点，即管理就是不断地进行维持与改善。

结合精益的语言，维持是开展SDCA，建立标准、执行标准、检查标准和优化标准，通过不断进行SDCA循环，减小波动，维持当前的稳定状态；改善是开展PDCA，建立改善计划、实施改善计划、检查并纠正改善计划，在稳定的基础上，不断进行PDCA循环，改善当前的状态，达到一个新的水平。达到新的水平后，再通过开展SDCA稳定这一水平。通过不断地进行SDCA和PDCA循环，逐步提升，从普通到优秀，从优秀到卓越。维持与改善关系图如图8-2所示。

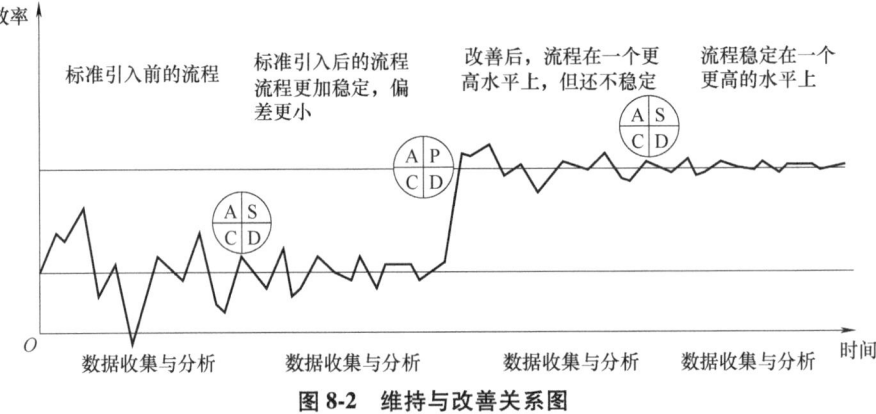

图8-2 维持与改善关系图

本节所讲述的流动改善模型中的很多工具，看上去是针对改善的工具，通过识别问题来解决问题，是开展PDCA的体现。但改善之后，必然要标准化和维持，如果不进行SDCA循环，则改善效果很难持续，这也是很多企业改善不落地的原因，可以说模型中各种工具背后所蕴含的都是PDCA和SDCA这两种循环。

8.1.2 两种思维与两种循环

从字面意义上，Obeya译为大部屋、作战室，Gemba Walk译为现场走动、走动管理，但字面意义并未很好地体现出思维上的意义。Gemba Walk是现场管理的一种形式，不同于办公室中的管理，要求管理者到现场观察和判断是否正常运行，是否有问题并协助解决问题，其背后是标准化思维，是 SDCA 的体现，是管理的一种体现形式。Obeya 起源于项目管理，是项目管理的一种有效方式，用来管理项目从立项到交付的全过程，通过好的过程控制得到好的结果，其背后是一种改善思维，是 PDCA 的体现，是改善的实际载体。

本节中，笔者将 Obeya 思维和 Gemba Walk 思维贯穿于流动改善的全过程：运用 Obeya 思维不断进行大大小小改善计划的 PDCA，运用 Gemba Walk 思维不断进行改善标准的 SDCA，两种思维交错融合，维持中有改善、改善中有维持，促进流动改善的落地。两种精益思维与两种循环的关系示意图，如图 8-3 所示。

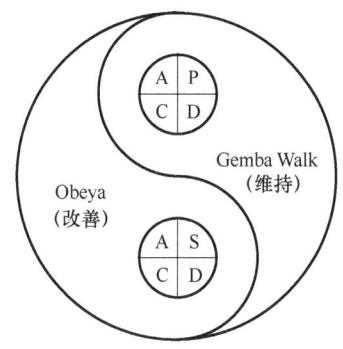

图 8-3　两种精益思维与两种循环的关系示意图

8.2　Gemba Walk 思维

Gemba 源于日语，意为"现场"，是组织的工作区域并产生价值的地方。Gemba Walk 是管理者到实际工作现场（创造价值的地方，不管是车间还是办公室、实验室等），亲自深入观察现状、寻找问题、了解员工状态、跟进改善对策的一种管理方式，是丰田倡导的"三现主义"的一种体现。前文中的大野耐一圈、分层审核、管理看板、管理者标准作业，以及各种现场会议等，都是 Gemba Walk 的具体表现形式。本节将介绍 Gemba Walk 思维的要素和核心理念，并分享一个实施案例。更详细的内容可以参考詹姆斯·沃麦克的《现场观察》一书，书中强调精益实践落地的要诀：到现场观察、问 5 个为什么、尊重员工。

8.2.1　Gemba Walk 的要素与目的

1. Gemba Walk 的要素

Gemba Walk 的要素并非不变的，可以灵活运用，其基本要素如下：

1）时间/频次：根据管理者的层级和目的不同，活动的时间和频次也不同。

2）路线：设定标准的观察路径，每次按照规划的路径巡视。

3）内容：基于不同阶段的特点，定义应该观察或了解的信息，避免无目的的走动。

4）输出：每一次现场观察都是识别浪费的机会，也是 Gemba Walk 的重要输出。

5）沟通：现场观察创建了良好的沟通渠道，是一种对话而不是单向的检查。

6）改善：不要仅仅看到问题，更要解决问题，应跟进上次安排的行动事项完成情况。

2. Gemba Walk 的目的

Gemba Walk 是现场管理的一种方式，是管理能力的体现，通过规律性的现场走动在潜移默化中进行 SDCA 循环，可以更好地达到以下目的：

1）管理者深入了解现状，因为只有到现场去，才能了解最真实的情况。

2）指导下属的工作，面对面指导与沟通，使下属的思路与管理者一致，也促使下属乐意与管理者交流。

3）检查与纠正工作计划或改善计划，是 PDCA 和 SDCA 中 C 的具体体现。

4）观察与识别新的改善机遇，因为现场是一面镜子，是改善的源泉、智慧的源泉。

8.2.2　Gemba Walk 的核心理念

大野耐一圈活动、层级例会、分层审核、纸卡系统等，是 Gemba Walk 思维的载体，在有形载体的背后是无形的理念，本节将介绍不同形式有形载体背后的 Gemba Walk 的核心理念。

1. Gemba Walk 是一种思维，形式和载体不限

Gemba Walk 走动管理是"三现主义"的一种体现，是"没有调查就没有发言权"的体现、是"大兴调查研究之风"的体现。其本质是管理者到创造价值的地方去，深入观察现状、寻找问题、了解员工状态、跟进之前的改善对策的一种管理方式。理解了走动管理的本质，其"形"就不那么重要了，不管是管理者标准作业，还是分层审核、纸卡系统，都是体现走动管理的载体而已。但载体不宜多、不宜复杂，否则容易流于形式，关键在于持续地使用，使其能真正发挥走动管理的作用。

2. Gemba Walk 是 PDCA 和 SDCA

精益是识别浪费与消除浪费。在识别浪费的精益工具中，大野耐一圈能够

主动识别问题，是 PDCA 的体现；分层审核通过判断实际与标准的差距来识别问题，是 SDCA 的体现；Gemba Walk 是两种方式的结合，在走动管理过程中，既可以通过观察、询问等方式发现问题，也可以通过各种标准来识别问题，是 PDCA 与 SDCA 的共同体现。这两个循环作用巨大，但缺少其中任何一个环节，效果都会大打折扣。在 Gemba Walk 实施过程中，要使这两个循环不断转动起来，这也是持续进行走动管理的意义。

3. 充分利用目视化，促使 Gemba Walk 全流程更易于落地

笔者认为"目视化是简单、有效、实用性最高的一种管理方式"，因此强调目视化的重要性。在 Gemba Walk 过程中要充分利用目视化，让管理留下痕迹，在每一次走动管理中都能跟进之前的问题或对策，更好地促进改善。例如，每人配备一个板夹，随身携带管理者标准作业，随时记录；建立分层审核看板并放置在明显位置等。

4. Gemba Walk 很容易流于形式，要紧抓"3 个三"

Gemba Walk 很容易流于形式化，看似在执行相关操作，但没有真正发挥作用。在 Gemba Walk 管理中，总结形成"3 个三"，促进走动管理的落地实施：第 1 个三是"三个关注"，在走动管理中要关注员工、关注产品、关注问题，在不同时期可以有不同的侧重；第 2 个三是"三化"，即走动管理要标准化、目视化和例行化，使其形成习惯；第 3 个三是"三现主义"，快速到"现场"、亲眼确认"现物"、认真探究"现实"，实事求是。

5. 在 Gemba Walk 中，要关注"员工"和"团队"

个体组成团队，团队组成部门，人的重要性在精益推进中不言而喻。管理者很多时候并不能关注每一个人或团队，特别是在任务紧急或人员变化频繁时。Gemba Walk 这个管理方式给管理者提供了一个平台和机会，让管理者可以在例行工作中关注个人和团队，在潜移默化中将自己的管理思路植入团队，形成上下一心的良好团队氛围。

8.2.3　Gemba Walk 案例

某公司开展的 Gemba Walk 思维运用并不是从零开始的，而是在之前工作的基础上（已有管理者标准作业、层级例会、安灯系统等）进行深入运用，更好地发挥精益工具和精益思维的作用。

1. 梳理 Gemba Walk 整体开展思路

在项目开展初期，组织所有管理者结合工具的运用和各自对工具的理解，讨论形成 Gemba Walk 的整体改善思路，并以此为基础逐步开展后续活动。输出形式也是用模型化的方式（在第 5.3.3 节中有详述）。某公司 Gemba Walk 整体推进思路如图 8-4 所示。

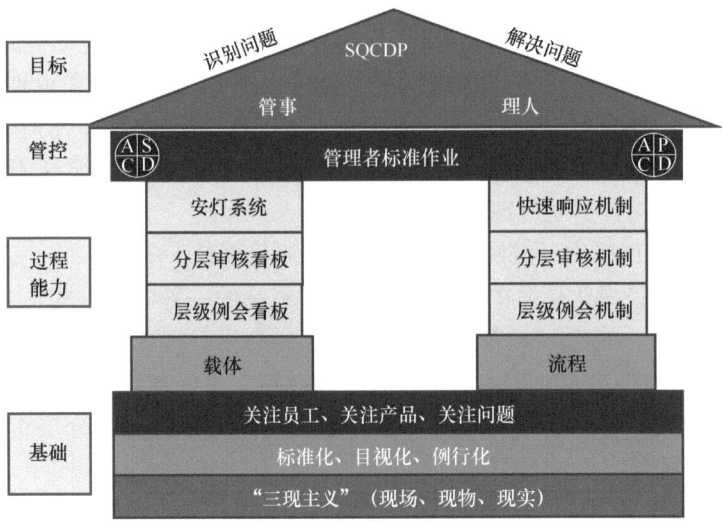

图 8-4　Gemba Walk 整体推进思路

1）屋顶为目标。以 SQCDP 为指引，规范个人管理工作，切实有效地推进现场走动管理，识别问题并督促解决问题。

2）横梁为管控。以管理者标准作业为管控手段，将现场走动管理的相关工作标准化、例行化，有条不紊地开展工作，不断推进 PDCA 和 SDCA 循环转动。

3）支柱为过程能力。以流程为指引，通过相应的载体加强过程能力管控，促进问题的发现和解决。流程包括层级例会机制、分层审核机制、快速响应机制等；载体包括层级例会看板、分层审核看板、安灯系统等。

4）地基为基础。强调"三关注"：关注员工、关注产品、关注问题，把准方向和目标；推进"三化"：标准化、目视化、例行化，规范过程管控；落实"三现主义"：现场、现物、现实，科学有效地处理问题。

2. 优化 Gemba Walk 载体

Gemba Walk 思维的运用体现在三类载体上，分别是层级例会看板、分层审核看板和安灯系统。团队对这三类载体进行分析，优化其内容，使其更便于使用。下面以分层审核看板为例，介绍对这一载体的优化。

1）更新分层审核表单：改善前审核表中缺少改善对策负责人、日期、状态等内容，没有形成闭环，改善后增加这些内容，使其形成闭环。

2）建立分层审核看板：在生产管理区建立分层审核看板，将审核机制、审核表单等内容目视化，并配备板夹（空白表单、签字笔）等基本用品，成为分层审核的开始点和结束点。分层审核看板实际布置图如图 8-5 所示。

除分层审核看板外，团队结合调整后的组织架构，重新设定安灯系统，恢

图 8-5 分层审核看板实际布置图

复其使用；更新层级会议看板及价值流改善管理看板，使之不仅是走动管理过程中的停止点，更是 Gemba Walk 思维的实际载体。

3. 优化 Gemba Walk 流程

在优化实际载体（实物）的同时，对各项流程进行梳理和优化，使之更便于操作，促进问题的暴露和解决。优化后的安灯系统快速响应流程如图 8-6 所示。

4. 强化管理者标准作业的使用

管理者标准作业是管理者的常规工作内容的集合，其中包含 Gemba Walk 的各个工具，是 Gemba Walk 的一种管控方式。虽然之前已经在推广管理者标准作业了，但并未形成具体的机制和流程，未强制使用，因此效果不佳。在走动管理改善中，要求所有管理者都使用管理者标准作业，并制定了与之匹配的检查、签字等流程，促进管理者使用。

各级管理者使用其标准作业的典型体现是：管理者任何时间到现场，都会随身带着管理者标准作业板夹，随时记录问题，同时平衡"救火"与"防火"，避免常规工作的遗漏，发挥走动管理的作用。

5. 落实 Gemba Walk 的基础

在 Gemba Walk 思维模型中，用 3 个"三"作为基础，团队将走动管理设计成标准化、目视化和例行化的活动，实施过程中管理者要随时关注员工、产品和问题，并用三现主义的方式促进问题的解决，使 Gemba Walk 思维真正落地运行。

运用 Gemba Walk 思维以及 Obeya 思维，既要理解和掌握其核心理念，又要

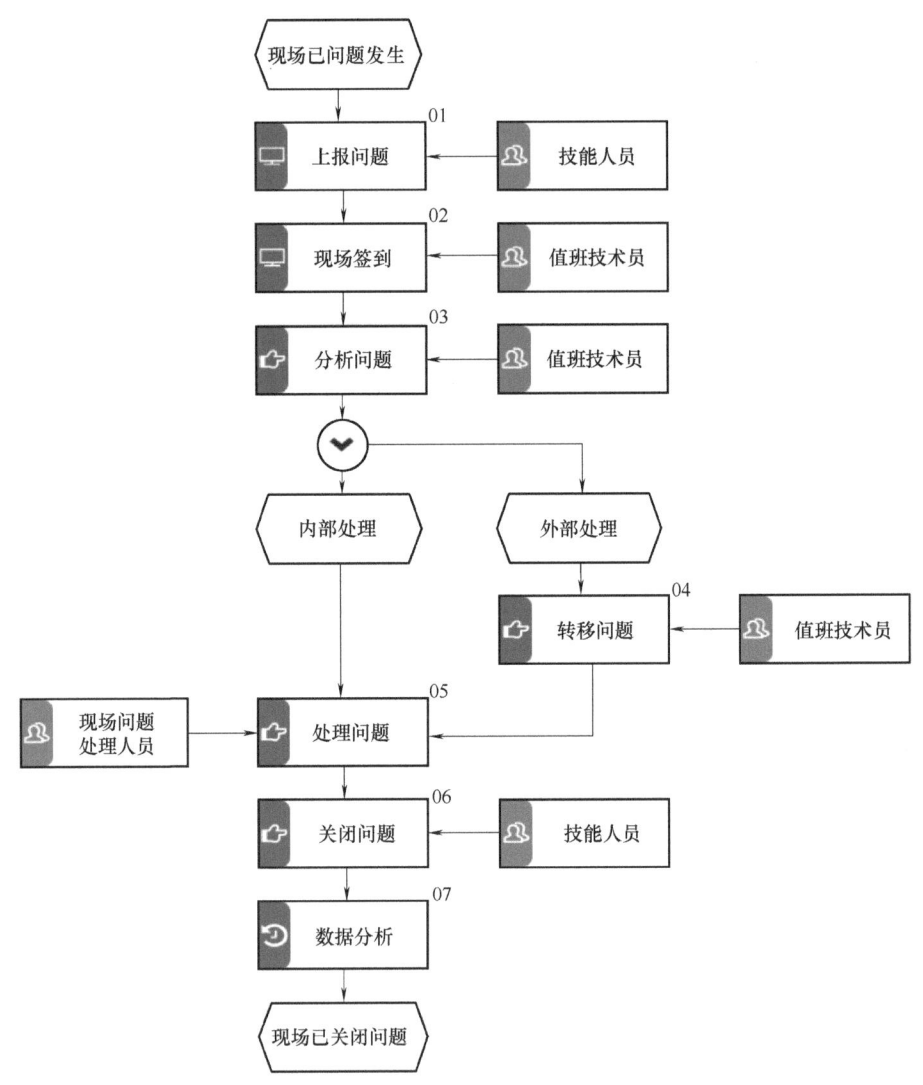

图 8-6 优化后的安灯系统快速响应流程

借助真实可靠的载体,才能更好地运用不同的精益工具,使精益思维落地。

8.3 Obeya 思维

不管是问题解决流动中的班组管理区、快反会议室,还是价值流流动中的改善项目作战室,其本质都是对项目或日常管理进行过程管控,是 Obeya 思维的载体。这些载体在前文已详述,本节将介绍 Obeya 思维的核心理念,并分享一个作战室的完整案例，便于读者理解和设计自己的作战室，理解实体背后的思维。

8.3.1　Obeya 思维的核心理念

从表面上看，Obeya 的载体是一个房间或者区域，只是将有关信息目视化，并组织团队按照一定的规则在其中进行各种活动，以此促进项目或日常管理的正常进行。但实际上，在实物的背后，有更深层次的管理理念。

1. 目视化管理是简单、有效、实用性最高的管理方式

首先，将项目的相关信息，特别是需要经常更新的信息，以目视化的方式张贴在作战室中，团队所有人员都可以随时看到实际进展与计划的差距，看到实际数据与目标的差距，从而引起后续的行动，这本身就是一种有效的方式。

其次，作战室中的目视化不是千篇一律的，而是要突出某些内容，以便更好地用目视化来进行管理。例如，项目里程碑计划是项目管理中的关键内容且需要频繁更新，因此将其放大并布置在明显的位置，以更直观的方式进行显示，便于更好地应用。

另外，目视化工作不需要外部供应商、不需要较大的投资，项目组成员即可实现，充分运用会有意想不到的效果，因此说目视化管理是简单、有效、实用性强的管理方式。

2. 通过控制过程来控制结果

任何一个项目都想有好的结果，但又不能直接控制结果。作战室基于目标对项目进行分解形成里程碑计划，再逐步分解成可执行的周计划或日计划，并不断进行检查和纠正，努力将每一个对策执行到位，通过好的过程控制得到好的结果。

例会机制是过程管控的体现，通过规律的、高频次的会议，不断进行 PDCA 循环。团队在跟进计划的同时，也不断识别项目中的潜在风险，将问题暴露和解决在萌芽状态。另外，在项目实施过程中，培养团队用正确的方式暴露问题、解决问题的能力，为项目的顺利进行提供了保障。反过来，如果没有计划分解、没有例会机制、没有团队成长，则项目不可能有好的结果。

3. 促进暴露问题和解决问题

作战室本身不能暴露问题和解决问题，但作战室的流程能促进暴露问题，还能促进团队解决问题。作战室要求进行目视化的计划管控，当实际进度与计划不符时，是问题；当实际指标与目标不符时，是问题；当进度没有及时更新时，也是问题。目视化的方式没有隐藏问题，而是充分暴露问题。问题不断出现，促使团队不断分析问题和解决问题，跃过过程中的一个个障碍，使项目正常进行。

作战室中的改善十大原则、A3思维、行为检验九宫格等精益思维方式，有助于团队用正确的方式解决问题。在项目作战室的建立和使用中，团队要努力实践这一理念，利用作战室不断地暴露问题，不断地解决问题。

4. 培养全局意识、目标意识、协作意识和纪律意识

要确保项目的成功，团队需要具备全局意识、目标意识、协作意识和纪律意识。作战室将项目概况、团队、整体思路等相关内容目视化并不断强调加深印象，培养团队的全局意识；将目标分解，梳理指标的各种信息，制定分解目标，通过实际行动来促进目标的达成，促使团队关注目标、以绩效为导向，培养目标意识；在项目分解中，不同的成员担任不同的角色，相互支持、相互促进，培养团队的协作意识；通过作战室的规章流程，规范团队成员的行为，培养纪律意识。这些意识是在作战室的建立、完善和使用中逐步形成的，是潜移默化的过程。四种意识的养成，反过来又会促进项目的正常进行。

5. 把更多的时间用于协调问题的解决，职能的障碍将最小化

项目团队通常由跨职能的成员组成，但是只要有职能的存在，职能间就会有边界，就会存在障碍。相对于职能内部的问题，职能间的障碍会更严重些。作战室用专属的空间和时间来协调问题的解决，努力将职能间的障碍最小化，促进项目的推进。

第4.4节中介绍的班组管理区、快反会议室和项目管理作战室等，在实体背后都有与其对应的例会机制，每一次例会都在致力于打破职能间的障碍，发挥团队的作用，更快速地解决问题。

6. 让流动驱动管理，而不是管理限制流动

项目管理本身就是一种流程，要让流程更顺畅地流动起来，就不能让管理来限制这种流动。这也呼应本文前言中强调的贯穿始终的思考：让流动驱动管理而不是管理限制流动。企业建立不同形式的作战室以及制定相应机制时可以简单且快速，但持续运行却不容易，甚至困难重重，原因之一就是没有相应的组织架构或管理机制的改变，让管理限制了各种流动。

8.3.2 Obeya 案例

某公司是国内生产汽车配件的专业上市公司，具有40多年生产汽车水泵的历史，主导产品为汽车水泵、发动机进排气歧管、飞轮壳等，市场占有率在国内居前列。公司总部在导入精益生产后，各车间在绩效、现场、流程、团队等方面都取得了较好的成果。本节将以该公司精益作战室为例，介绍Obeya思维的应用。

1. 精益作战室的概况

精益作战室整体上用为什么（Why）、做什么（What）、如何（How）的结

构,从"为什么"出发进行精益改善,展示要做什么,以及如何开展精益工作。精益作战室的具体内容包含整体目标、项目实施进度看板、生产部内控指标、周推进计划看板、精益办过程绩效管控区、会议区、办公区和精益知识宣传等。

在精益作战室就如同身在战场的作战室一样,能促使人不由自主地积极进取。这样的作战室有利于项目团队的沟通,成员一起围绕着在墙上挂的计划或方案讨论,随时知道项目的进展,识别方案的遗漏,能加快项目进度。

在作战室中主要进行 PDCA 中的 P-C-A,即进行计划、检查和纠正。通过不断开展大的 PDCA 循环和小的 PDCA 循环,推动精益工作的开展。下面将按照空间布局顺序介绍作战室的核心内容,包括管理内容部分、管控部分、核心内容及其他内容。精益作战室局部布局如图 8-7 所示。

图 8-7 精益作战室局部布局

2. 作战室的管理内容

作战室的第一部分为作战室管理内容,包含作战室规则、精益之路、推进机制等,这部分内容更新频率较低,提前为后续运用制定好了规则。

1)作战室规则。进门后左侧首先是作战室会场规则。无规矩不成方圆,精益推进团队特制定了作战室会场规则,如爱护室内设备设施、物品使用过后及时归位、不大声喧哗、衣着整齐等,确保在作战室开展的所有活动都能够有序进行。会场规则的一侧为签到表,在例行会议前成员主动签到,精益办也会对签到情况进行统计汇总和发布。作战室会场规则及签到表如图 8-8 所示。

2)精益之路。精益重在实践,但对于精益办而言也要重视宣传。精益办每月出版一期精益报刊,内容包括绩效达成、项目案例、精益感悟、知识学习等,让更多的人了解精益、参与精益。图 8-9 为精益之路报刊案例。

3)推进机制。好的机制支撑项目的实施,团队建立了推进机制,有奖有惩,促使项目有效推进。推进机制包括团队架构与职责、汇报机制、问题上升

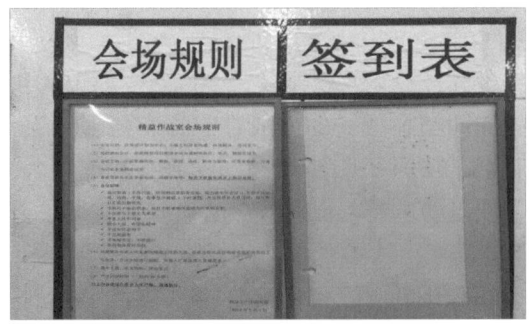

图 8-8　作战室会场规则及签到表

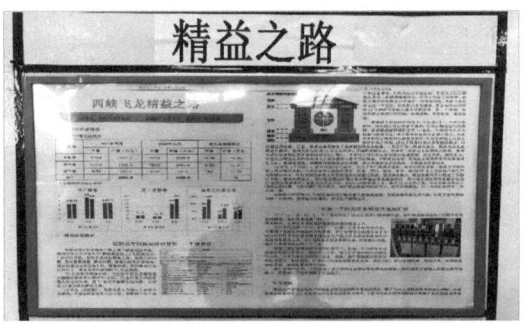

图 8-9　精益之路报刊案例

机制、激励机制等,是精益推进的主要支持管理文件。图 8-10 为项目推进机制案例。

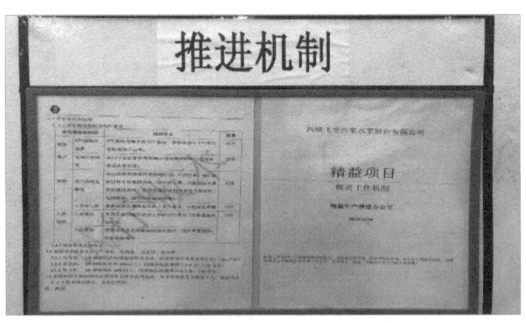

图 8-10　项目推进机制案例

4）作战室管控内容。作战室管控内容是精益办控制事项,主要有两项内容:精益办周推进计划和精益直接相关 KPI 指标。每周五制订下周工作计划并目视化在板上,各项目组围绕精益办的计划建立内部周计划,精益专员按照计划跟进，并在周五进行检查和总结。精益办周推进计划进度板如图 8-11 所示。

图 8-11　精益办周推进计划进度板

对于精益直接相关 KPI 指标，团队按周进行更新，并根据绩效趋势关注薄弱环节。精益办的过程绩效指标包括：周检查得分、月检查得分、提案实施率、标准覆盖率、专项改善数量、内训师数量等。相对于生产部的绩效指标，这些是过程管控指标。精益办过程绩效指标管理板如图 8-12 所示。

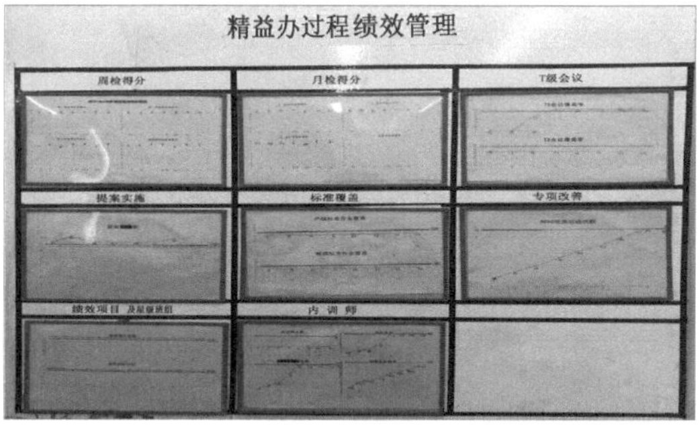

图 8-12　精益办过程绩效管理板

3. 作战室的重点内容

以上两部分还不是作战室的重点内容，该项目以整面墙的空间来突出其重点内容，其中最上面为精益开展主题，底下从左往右是项目目标、项目开展思维导图、精益开展主计划、生产部级绩效指标等。作战室重点内容墙如图 8-13 所示。

1）精益开展主题。墙的上方用较大字体展示精益开展主题：维持与改善。该项目是第三期，要维持前面两期开展的内容与成果，在维持的基础上再进行改善。维持与改善的两侧分别是 SDCA 和 PDCA，用这两个循环来体现维持与改善，这些也是本章所关注的精益思维。

图 8-13　作战室重点内容墙

2）项目目标。项目目标为优秀绩效：高标准的生产、质量、交付、安全等指标；优秀流程：好的推进机制、分层审核和知识总结；优秀团队：打造标准化的管理团队、建立星级班组，培养优秀的内训师队伍；优秀现场：打造干净整洁、舒适的工作场所。精益项目目标如图 8-14 所示。

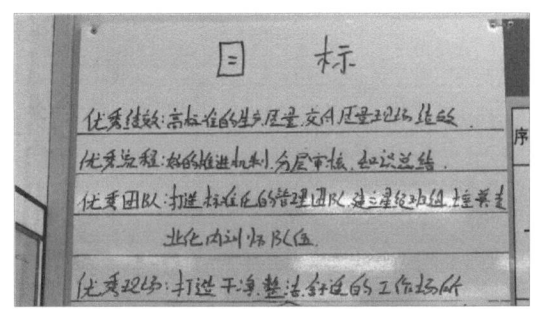

图 8-14　精益项目目标

3）项目开展思维导图。在项目开展初期，就在顾问的指导下形成项目开展思路，借鉴丰田精益屋的形式，以手绘方式展示整个项目的开展思路。项目开展思维导图可用房子的形式表示，体现各内容间的逻辑关系，如图 8-15 所示。

房顶为目标，在绩效、现场、流程、团队四个方面进行提升，打造四好工厂；地基为基础，以星级班组认证的方式，串联起基础管理工具，以评促改，夯实基础；横梁为管控，以作战室为 PDCA 载体，以分层审核为手段，拉动各项改善顺利进行，形成自运转机制；支柱是改善核心内容，分别为项目改善（PK）、日常改善（DK）和支持性改善（SK），三类改善协同进行，发挥系统作用。

在实际推进过程中，也是按照思维导图中的各项内容有序开展的。如果说

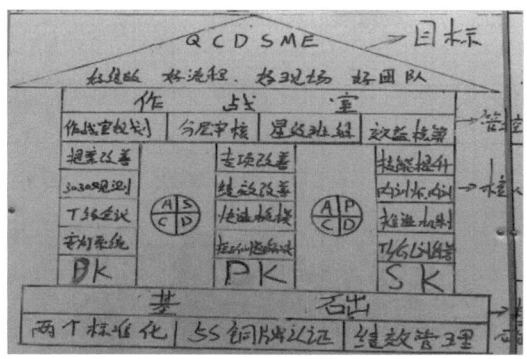

图 8-15 项目开展思维导图

目标是 Why,思维导图是项目开展的 What,接下来将要介绍的精益开展主计划则为 How。

4)精益开展主计划。根据推进方向建立了详细的推进计划,并将开展主计划进行目视化,建立时间轴,以周为频次将输出内容用便签进行标注。精益项目开展主计划案例如图 8-16 所示。这个主计划与精益办周计划相比,是大的计划,每周相关人员会更新各个项目进度,不断进行周度的 PDCA。

5)生产部绩效指标。各项工作都将影响绩效指标,为了验证改善工作的有效性将生产部的绩效进行目视化,以月为频次进行公示,并形成图表便于跟进趋势。生产部绩效管理板如图 8-17 所示。

4. 作战室的其他内容

以上三部分为精益作战室的主要部分,除此之外,精益作战室还有以下内容。这些内容虽不是重点,但也是作战室的组成部分。作战室非核心内容一角如图 8-18 所示。

1)文件柜,放置办公用品、书籍、资料等,重点是开展 5S 及目视化。

2)宣传栏,上部空间设置宣传类知识,如行为检验九宫格、作战十条等。

3)培训讨论桌椅,简单、小型可移动桌椅,用于沟通、培训等,可随时调整布局。

4)内训师技能矩阵,内训师的内训课程、时间、完成情况等。

5)绿植等,美化作战室,创建良好的会议、培训、沟通环境。

5. 作战室的使用

作战室建立后要不断地改善与使用,不断地进行 PDCA 循环。作战室最常见的使用方式就是开例会,精益办每周召集项目成员和管理者开例会,不断推进精益活动的进行。作战室周例会现场如图 8-19 所示。

序号	类别	项目	内容	输出资料	绩效指标	负责人	2月 W8 W9	3月 W10 W11 W12
一	日常改善	提案改善	督促各车间开展提案改善活动，月底跟进改善情况，汇总优秀提案并进行奖励	合理化提案汇总表	全年收集7000份以上	李××		
		3030观测	围绕消除浪费，协助车间持续开展3030观测活动	问题汇总表、改善计划	全年开展72次	黄××		
		层级会议	坚持召开精益例会，强调工作重点，组织每月开展T1、T2、T3级会议	会议纪要、总结PPT	1次/月	黄××		
二	项目改善	VA/VE项目	跟进并推进各车间/部门开展的VA/VE活动	项目汇总表	1次/天	李××		
			围绕VA/VE话动方案，按照经营指标分解，采用新技术、新工艺的方法对标开展改善活动		全年完成300万元效益节约	黄××、李××		
		自动化	分析生产过程，推进快速换产，做好局部自动化改造，增加自动去毛刺机	快速换模标准	完成5条产线快速换模改善	黄××、李××		
			机一机油泵线，机二欧三后盖线自动化改造	规划布局图	建立2条自动化产线	黄××、李××		
三	支持改善	课题	根据公司生产经营实际情况，督促各车间开展年度课题改善	立项书、结案报告	全年建立革新课题12个	黄××		
		员工技能提升	强化内训，开展各种精益工具、理念培训	培训课件/签到表	全年开展培训6次	李××		
			每月督促车间积极组织员工培训、提升一线员工技能	培训课件/签到表	全年开展培训72次	李××		
			积极配合人力资源部开展技能竞赛活动，为公司培养技术人才	成绩汇总表	评选工人技师2名	黄××、李××		
			利用网络直播的方式对管理人员开展培训学习，提升管理能力	学习记录/签到表	全年开展培训6次	李××		
		分层审核	每天对车间现场进行检查	5S问题汇总表	1次/天	李××		
			根据车间月生产计划制定审核计划并跟踪验证，月底得分展示	LPA分层审核计划表	全年开展审核12次	李××		
四	基础打造	班组建设	督促各车间每月对标开展班组活动，月底进行展示、分享	班组活动A3报告	全年开展班组活动12次	李××		
		考核/激励	每周对各车间管理情况进行打分，月底汇总得分情况，对优秀车间发放流动红旗	评分表	1次/月	李××		
			改善报告现场发布会	现场分享会	1次/月	黄××		

图8-16 精益项目开展主计划案例

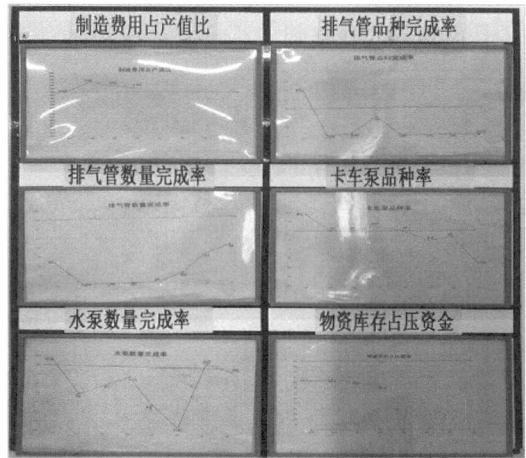

图 8-17 生产部绩效管理板

图 8-18 作战室非核心内容一角

图 8-19 作战室周例会现场

目视化+团队+使用机制，三者相结合发挥出作战室的作用，同时改善无止境，该公司在不断改进作战室的内容和形式，使其得到更好地运用。

第8章小结　守破离，从招式到心法

作为核心内容的最后一章，本章内容没有介绍具体的落地工具或系统，而是分享精益思维的核心理念，介绍了两种精益思维：Gemba Walk 和 Obeya，并用实际案例分享思维的载体，强调精益思维的落地之道。

本章利用冰山理论强调了精益思维，通常认为工具更实际而思维则较虚，其实每一个精益工具的背后都有精益思维，工具是"招式"，思维是"心法"，只有体会了心法，才能更好地用招式，反之则是有形无神。本章关注流动改善的工具，但更重视工具背后的思维，希望读者在学习"招式"的同时，更能收获"心法"。

在本章的流动改善模型中，精益思维是在最底层的土壤，是精益的本质，掌握了精益的本质能更好地促进精益工具的使用，结出更丰硕的果实。

后 记

  大批量生产满足了社会对产品的需求，但随着市场饱和、竞争加剧与技术进步，客户需求的多样性越来越高，多品种、小批量、定制化产品成为一种趋势。企业逐步从大批量生产往小批量生产方式转换以适应这一趋势。在笔者近几年的咨询项目中，有这种特点的企业，对改善的需求越来越强烈。本书针对多品种、小批量、定制化产品或科研型产品，系统分析了如何建立或优化精益流动管理体系。

  詹姆斯·沃麦克在精益经典《精益思想》一书中，提出精益思想的五大核心：价值、价值流、流动、拉动、尽善尽美。定义价值、识别价值流，并使整个价值流流动起来是精益企业追求的目标。丰田生产方式奠基人大野耐一说："我们所做的，其实就是注意从接到客户订单到向客户收账期间的作业时间，消除其中不能创造价值的浪费，以缩短作业周期。"精益就是不断识别与消除整个价值流中的浪费，加速过程流动以便更快地满足客户需求，提高企业竞争力。这是从"精益"的角度通过消除浪费来达到精益的目标状态。全球改善咨询集团创始人今井正明说："让流动驱动管理，而不是让管理限制流动。"这是从"改善"的角度，通过管理手段支持流动、加速流动，不断追求更高的水平。让价值快速、顺畅流动起来，是所有精益人的目标！

  多品种、小批量、定制化产品与大批量生产产品的精益推进有何不同？如何让这类产品也能顺畅地流动起来呢？本书从产线生产流动、内部物流流动、问题解决流动、价值流流动、日常管理流动五种流动出发，详细讲解了适合这种生产特征的流动改善方式。虽然相对小众，但趋势势不可挡。因此，笔者尽可能的深入和系统地讲解。在讲解理论的同时结合咨询实践，配以案例文件、照片、心得等，使读者更容易理解和参照。笔者深知，流动改善、落地为王，只有可借鉴、可参考，本书才能真正发挥指导作用。

  如果您的企业目前还是采用大批量生产方式，请参考本书，提前思考和规划柔性流动生产方式；如果您的企业已经生产多品种、小批量、定制化产品了，请参考本书，思考如何更顺畅地流动起来；如果您的企业正在转型之中，也请参考本书，助您在流动改善道路上少走弯路，更加顺利。

　　融合精益工具与系统，展示流动改善力量之强；沉淀顾问理论与实践，讲述流动改善落地之道，希望本书能助您一臂之力。

周彬彬